Heribert Kohl
Arbeit für alle

D1666741

Heribert Kohl

Arbeit für alle

Zukunftsbezogene Arbeitspolitik
im Interesse der Arbeitnehmer

Bund-Verlag · Köln

CIP-Kurztitelaufnahme der Deutschen Bibliothek

Kohl, Heribert:
Arbeit für alle: Zukunftsbezogene Arbeitspolitik im Interesse d. Arbeitnehmer / Heribert Kohl.
— Köln: Bund-Verlag, 1979. ISBN 3-7663-0246-9.

© 1979 by Bund-Verlag GmbH, Köln
ISBN 3-7663-0246-9
Lektorat: Heinz Weinert
Herstellung: Heinz Biermann
Umschlagfoto: Honeywell Bull AG, Köln
Umschlagentwurf: Design Herbst & Granzer, Köln
Zeichnungen: Hans Josef Bauer, Köln
Druck: H. Lammerich, Bonn
Printed in Germany 1979

Inhalt

Vorwort

Seit Beginn unseres Jahrzehnts wächst in den entwickelten Industriegesellschaften die Volkswirtschaft langsamer als die Arbeitsproduktivität in Wirtschaft und Verwaltung. Die Zahl der infolge technischer, arbeitsorganisatorischer und ökonomischer Rationalisierung und strukturellen Wandels vernichteten Arbeitsplätze übersteigt die der neugeschaffenen Arbeitsplätze erheblich: Der Mensch droht — weithin unabhängig vom Konjunkturverlauf — in zunehmendem Maße aus dem Arbeitsprozeß verdrängt zu werden.

Erbitterte Auseinandersetzungen zwischen Gewerkschaften und Arbeitgebern über die beschäftigungspolitischen Konsequenzen des technischen Fortschritts bis hin zu Streik und Aussperrung, wissenschaftliche und politische Konfrontationen über die ökologische Vertretbarkeit eines großen, beschäftigungswirksamen Wirtschaftswachstums, neue Diskussionen über die Jahrhunderte alte Forderung eines Rechts auf Arbeit und ein grundsätzlicher, die Verfassungsgerichtsbarkeit beschäftigender Streit über das „richtige" Gewicht der Arbeitnehmer und ihrer Gewerkschaften sind wesentliche Kennzeichen einer kritischen Phase unserer Gesellschaftsordnung.

Diese Situation, ganz besonders ihre mittel- und langfristigen Perspektiven, fordern von den gesellschaftlichen Kräften, den Rang der menschlichen Arbeit innerhalb des politischen Wertsystems zu überdenken. Neue Konzeptionen, praxisbezogene Anstöße sind lebensnotwendig, sollen die, unter anderem auch von Arbeitgeberseite, verbreiteten Horrorvisionen eines Arbeitslosenheeres von drei oder vier Millionen in der Bundesrepublik Deutschland in den achtziger Jahren nicht Wirklichkeit werden.

Der Problemdruck wächst, ohne daß bislang die von der traditionellen Arbeitsmarktpolitik und ihren Instrumenten gebotenen Lösungsmöglichkeiten mitwachsen. Hier tut sich eine gefährliche Kluft auf, die bei weiterem Untätigsein und fortschreitender Gewöhnung der Verantwortlichen an den bestehenden Zustand gesellschaftlichen Sprengstoff in sich birgt. Die Zahl der Erwerbstätigen schrumpft.

Unter den Arbeitslosen — den offiziell registrierten und den in der sogenannten Stillen Reserve versteckten — droht sich ein neues Subproletariat der Chancenlosen und Ausgemusterten von morgen zu entwickeln. Eine neue Klassentrennung in aktive und inaktive Gruppen der Leistungsgesellschaft mit entsprechenden sozialen Privilegien und Benachteiligungen zeichnet sich ab. Immer deutlicher schreitet dieser Prozeß abnehmender Arbeit für immer weniger Personen voran, immer nachhaltiger wird die ohnehin reformbedürftige Wirtschaftsstruktur in Frage gestellt. Aber auch die Legitimation der Demokratie selbst und die Glaubwürdigkeit der Gewerkschaften stehen auf dem Spiel. Nicht zuletzt aus dieser Erkenntnis heraus hat der Deutsche Gewerkschaftsbund im Sommer 1977 seine „Vorschläge zur Wiederherstellung der Vollbeschäftigung" vorgelegt und die Verantwortlichen nochmals zu konsequenterem Handeln aufgerufen.

Der Anstoß zu der umfassenderen Konzeption einer „Arbeitspolitik", die in Anknüpfung an vorhandene Praxiselemente und Erfahrungen zu gemeinsamem und übergreifendem Handeln aufruft, kommt nicht von ungefähr aus dem Wirtschafts- und Sozialwissenschaftlichen Institut des DGB. Der Begriff „Arbeitspolitik" soll nach dem Verlust der Vollbeschäftigung den wachsenden Zwang ausdrücken, alle Aktivitäten auf Betriebs- und Unternehmensebene, auf regionaler, gesamtgesellschaftlicher und staatlicher Ebene sinnvoll miteinander zu verknüpfen und unter das Ziel „Arbeit für alle" zu stellen. Der in der bisherigen Diskussion weitgehend vernachlässigten betrieblichen Beschäftigungspolitik als der eigentlichen Verursacherin der krisenhaften Erscheinungen kommt dabei eine zentrale Rolle zu. Der Begriff „Arbeitspolitik" verdeutlicht das bisherige Fehlen und die zwingende Notwendigkeit, neben die traditionellen Politikbereiche Wirtschaft, Finanzen und Soziales gleichgewichtig den Politikbereich „Arbeit" mit dem Ziel „Vollbeschäftigung" zu stellen. Das verlangt im Grunde schon das Stabilitätsgesetz von 1967; mit Blick auf das Morgen in einer sich wandelnden Welt sind jedoch umfassende Konsequenzen zu ziehen, die weit über die bisherige Konjunktur- und Arbeitsförderungspolitik hinausgehen. Hierzu will das Buch „Arbeit für alle" beitragen.

Dr. Wolfgang Spieker
Geschäftsführer des Wirtschafts-
und Sozialwissenschaftlichen
Instituts des DGB (WSI)

Einleitung

Die westlichen Industrieländer stehen der wachsenden Arbeitslosigkeit ohnmächtig gegenüber. Ihre traditionellen Gegenmittel wollen nicht mehr so richtig greifen, der Arbeitsmarkt funktioniert nicht mehr in gewohnter Weise. Gab es bisher eher einen Mangel an Arbeitskräften, so fehlt es heute in wachsendem Maße an Arbeit für die vorhandenen Menschen. Die Erkenntnis dieser *arbeitspolitischen Wende* beginnt erst allmählich samt ihren Folgen in das allgemeine Bewußtsein einzudringen.

Ein weiteres Vorgehen nach Marktgesetzen, wonach das Wechselspiel zwischen Angebot und Nachfrage immer über die jeweilige Preisbildung entscheidet, müßte logischerweise folgende Ablaufketten in Gang setzen: Verbilligung der Arbeitskraft entsprechend der sinkenden Nachfrage, damit weniger Einkommen, weniger Konsum und schließlich weniger Wachstum. Das Resultat eines derartigen arbeits*markt*konformen Verhaltens wäre: Schrumpfung statt Wachstum, gesellschaftlicher Rückschritt statt allgemeinem Fortschritt.

Genau darauf laufen indessen die Krisenrezepte der herrschenden traditionalistischen Ökonomie hinaus. Sie empfiehlt Zurückhaltung bei den Löhnen, Mäßigung der Tarifpolitik, Zurückschrauben der staatlichen Einnahmen (sprich: insbesondere Steuererleichterungen für die Wirtschaft), Ankurbelung der Investitionsneigung durch Gewinnsubventionen. Dies jedenfalls ist das kurzgefaßte Credo des die Bundesregierung laut gesetzlichem Auftrag beratenden Sachverständigenrates der sogenannten fünf Weisen. Dieser tut so, als wären die anhaltende strukturelle Anpassungskrise und die technologische bedingte Dauerarbeitslosigkeit nichts anderes als besondere Erscheinungsformen im gewohnten konjunkturellen Auf und Ab. Eine etwas differenziertere Betrachtung der arbeitspolitischen Wende ist dem öffentlich bestellten Sachverstand bisher — trotz jahrelangen Nachforschens — fremd. Die dritte technische Revolution läßt sich mit den Erkenntnissen eines Adam Smith offensichtlich nicht mehr bewältigen.

Solange diese Wirklichkeit nicht Ausgangspunkt und Allgemeingut der öffentlichen wie auch der wissenschaftlichen Diskussion geworden ist, wird sich auch in der praktischen Politik nichts Grundlegendes ändern. Die Konsequenz aus der derzeitigen Misere kann jedoch nur lauten: Wir brauchen eine neue Konzeption, eine Arbeitspolitik unter dem Leitmotiv ,,Arbeit für alle". Um die praktische Verwirklichung dieses Ziels geht es in diesem Buch. Eine sinnvolle, interessante, der menschlichen Kondition angepaßte Tätigkeit soll auch in Zukunft für jedermann möglich bleiben.

Dieses Ziel verlangt, einige der bisherigen arbeitsmarktpolitischen Tabuzonen mutig zu beschreiten. Diese befinden sich vor allem im Bereich der Unternehmenspolitik und der sie stützenden Betriebswirtschaftslehre. Die Arbeitsmarktpolitiker verhalten sich bisher etwa nach dem keuschen Motto: ,,Wie's da drinnen aussieht, geht niemand etwas an!" Genau darum muß es jedoch heute gehen. Wenn die Tatsache zutrifft, daß in den Vorstandsetagen und in den Personalbüros über Einstellungen und Entlassungen und damit das Schicksal der Arbeitnehmer entschieden wird, darf die Arbeitspolitik um diesen Bereich nicht länger freiwillig und ungestraft einen Bogen schlagen. Auf diesem Gebiet ist einiges aufzuarbeiten.

Der defensive Verweis auf den internationalen Geleitzug, an dem wir unsere Arbeits- und Einkommensbedingungen zu orientieren hätten, kann hier nicht weiterführen. Es wäre nichts anderes als das Eingeständnis des Versagens der sozialen Marktwirtschaft, die die für eine Neuordnung bereiten Massen in der Nachkriegszeit mit der Verheißung von ,,Wohlstand für alle" (*Ludwig Erhard*) für sich gewann, wenn nun gesagt werden müßte, unser Lebensstandard sei zu hoch; Arbeit für jedermann sei künftig nur denkbar, wenn diese niedrig zu entlohnen und einfach zu organisieren sei. Nur dann könnten wir zukünftig noch mit Standorten auf der südlichen Halbkugel konkurrieren. Diese Perspektive einer in ihrem Trend eher primitiven als anspruchsvollen Arbeit paßt mit den übrigen qualitativen Ansprüchen einer Gesellschaft, die ihre Überlebenschancen vor allem im Verkauf von technischem Wissen (,,Blaupausenlieferant") und qualitativ hochwertigen Produkten sieht, einfach nicht zusammen.

Die Ersetzung der Arbeit durch Kapital muß ihre Grenze dort finden, wo technischer Fortschritt in sozialen Rückschritt umschlägt. Wie der Taylorisierungsprozeß extremer Arbeitsteilung in den vergangenen Jahren bereits aus gesellschaftspolitischen Gründen abgebremst und eine Gegenbewegung durch die Tarifpolitik und durch staatliche Modellprogramme eingeleitet wurde, muß nun auch die Frage der Verteilung der Arbeit sowie des Anteils menschlicher Arbeit im Wirtschaftsprozeß überhaupt durch gesellschaftliche Vereinbarungen außerhalb einer reinen Rentabilitätsbetrachtung gelöst werden. Dies steht heute ganz obenan auf der Tagesordnung.

Dazu bedarf es freilich einer erweiterten, nicht lediglich betriebswirtschaftlichen Sicht der Ökonomie der Arbeit. Es zeugt beispielsweise nicht gerade von einer entwickelten gesellschaftlichen Logik, wenn die Angestellten und Arbeiter, die durch ihre Erfindungen und ihren Fleiß den technischen Wandel produzieren, sich dadurch quasi selbst aussperren und für die nationale Reservearmee rekrutieren sollen. Eine der notwendigen gesellschaftlichen Einsichten könnte es in Abwandlung eines Kanzler-Wortes hingegen sein, insgesamt lieber fünf Prozent mehr für die Güter (Preise) bzw. für den Staat (Steuern) anzusetzen und damit Arbeit für alle zu schaffen, statt wachsende Arbeitslosigkeit als das soziale Opfer der Rationalisierung einfach hinzunehmen.

Dies bedeutet keineswegs notwendigerweise ein Abstoppen des Wachstums, sondern vielmehr dessen langfristige Sicherung durch eine Orientierung zu mehr qualitativem, d.h. stabilem Wachstum. Voraussetzung ist unter anderem jedoch, daß die Mittel, die heute noch in einer arbeitspolitisch weitgehend unwirksamen staatlichen Wachstumspolitik in Form von Steuersenkungen und Subventionen vergeudet werden, für sinnvollere öffentliche Leistungen zur Verfügung stehen, die die Lebens- und Arbeitsqualität aller erhöhen.

Das Ziel, die Vollbeschäftigung zu erreichen, verlangt ein koordiniertes Vorgehen zwischen öffentlichen Instanzen, der Arbeitsverwaltung, privaten und öffentlichen Arbeitgebern und der Interessenvertretung der Arbeitnehmer. Nur auf diesem Weg erscheint der notwendige Schritt von Vollbeschäftigungsprogrammen zu konkreten Vollbeschäftigungsplänen vor Ort möglich. Wesentlich ist hierbei die sehr viel stärkere Beachtung der Personalplanung auf Unternehmensebene ebenso wie die bisher kaum vorhandene Verzahnung zwischen betrieblicher und gesamtgesellschaftlicher Arbeitspolitik. Nur wenn beispielsweise die personellen Aussonderungs- und Rekrutierungsprozesse in den Betrieben wirksamer kontrolliert werden können, ist das Anschwellen arbeitspolitischer Problemgruppen auf der einen Seite und das Herausbilden ,,olympiareifer Mannschaften'' in den Betrieben auf der anderen Seite zu unterbinden. Die Entscheidungen über den Abbau von Arbeitsplätzen werden nun einmal in erster Linie in den einzelnen privaten oder öffentlichen Unternehmen getroffen. Ohne integrierte Arbeitspolitik und mehr Feinsteuerung besteht immer die Gefahr, daß auch noch so gut gemeinte öffentliche Initiativen versickern oder bewußt unterlaufen werden.

Der vorliegende Band will die gegenwärtigen arbeitspolitisch neuralgischen Punkte problem- und praxisorientiert aufgreifen. Die Vielzahl offener Fragen wird dabei immer so angepackt, daß am Ende praktische zukunftsbezogene Lösungsmöglichkeiten stehen, die die Beteiligten zum Handeln auffordern. Wir brauchen eine konkrete Arbeitspolitik, um dem in einem noch nie gekannten Ausmaß gefährdeten Ziel ,,Arbeit für alle'' wieder näher zu kommen.

1. Die durchrationalisierte Gesellschaft — ohne Arbeitsplätze?

Nichts ist mehr, wie es war. Nur scheinen es noch nicht alle zu wissen — vor allem die, auf die es ankommt. Zumindest versuchen sie in der Öffentlichkeit den Anschein zu erwecken, alles sei nur ein Betriebsunfall, sozusagen ein Mangel im Steuerungssystem, ausgelöst von den überzogenen Forderungen der Arbeitnehmer und ihrer Gewerkschaften. Sie tun damit niemandem einen Gefallen, weil sie nur Illusionen und falsche Hoffnungen erzeugen. Am wenigsten nutzen sie dabei sich selbst, weil sie auf die Dauer immer unglaubwürdiger werden.

Gemeint sind jene, die die gegenwärtige Dauerarbeitslosigkeit verharmlosen wollen, weil sie sich mit ihr eingerichtet haben. Das Leben muß ja weitergehen, koste es, was es wolle. Es darf sich nur an der Verfügungsgewalt, Menschen einzustellen oder zu entlassen, an der „großen Freiheit" der risiko- und damit gesellschaftstragenden Kräfte, kurz: an unserer marktwirtschaftlichen Gesamtstruktur im Prinzip nichts ändern. Die Krise wird aus sich heraus schon ihre selbstheilenden Kräfte entfalten. Gesundschrumpfen, Abspecken, den Gürtel enger schnallen, wieder vertrauensvoll auf unsere Schicksalsmacher und in die Zukunft blicken, auf das zukünftige Wachstum setzen: Das ist, was uns not tut.

Die so denken, reden und schreiben, sind nicht nur die Arbeitgeber und deren professionelle Lobby. Vom Staat ernannte Sachverständige und „Weise", honorige und unabhängige Wissenschaftler also samt ihren publizistischen Multiplikatoren untermauern diese Rezeptur aufgefordert oder auch nicht mit immer wiederholten Lehrsätzen. Da der Erfolg ebenso hartnäckig ausbleibt, muß es sich hier offensichtlich mehr um Glaubenssätze handeln.

Wenn schon der herrschenden Lehre nichts Neues einfällt, darf man natürlich den auf die traditionelle Ökonomie eingeschworenen Wirtschaftspolitikern keinen Vorwurf machen, daß selbst mit noch so viel Aufwand und Mitteln herbeigeredete „Aufschwünge" die Vollbeschäftigung nicht wiederbringen. Den mageren Jahren werden auch wieder fettere folgen, so die verbreitete Hoffnung. Voraussetzung sei die richtige Einsicht, die vor allem den Arbeitnehmern fehle. Diese müssen erst einmal wieder — so ist es im Klartext oder zwischen den Zeilen zu lesen — das richtige Augenmaß für die Proportionen kriegen. Aufhören, über ihre Verhältnisse zu leben. Erkennen, wo die Grenzen ihrer Forderungen liegen. Respektieren, daß harte Entscheidungen von den ,,Verantwortlichen'' getroffen werden. Sich in das Unumgängliche, was technischer Fortschritt und erbarmungsloser Wettbewerb verlangen, klaglos schicken.

Wer klagt, ist selbst schuld. Denn die auf der Strecke bleiben, die Arbeitslosen, so verlautet es hinter vorgehaltener Hand oder auch in unverblümter Deutlichkeit, sind eben die Fußkranken unserer Leistungsgesellschaft. Körperliche Gebrechen oder Bildungslücken, im Zweifelsfall Drückebergertum, gelten als Hauptursachen für das derzeit praktizierte Ausmustern der Belegschaften. Für Sozialfälle gibt es das soziale Netz, das wir uns leisten müssen und können. Auch wenn es weh tut, daß sich manche darin genüßlich ausstrecken. Wer zu Taten aufrufe, solle zuerst einmal gegen die Arbeitsunwilligen zu Felde ziehen.

Dies ist in ein paar pointierten Strichen die krude Philosophie derer, die sich mit den offenen Fragen der Gegenwart abgefunden haben, die festgestellt haben, daß man auch mit hoher Arbeitslosigkeit — und dies gar nicht einmal so schlecht — leben kann.

Dieser Gewöhnungsprozeß an einen unhaltbaren Zustand in weiten Bereichen der Wissenschaft, der Wirtschaft, der Politik und der öffentlichen Meinung ist das eigentlich Skandalöse unserer Situation. Er ist schlimmer noch als die Vielzahl kurzatmiger Scheinlösungen. Er programmiert brutale Konflikte der Zukunft. Denn er übersieht, daß wir vor ganz und gar neuen Problemen stehen, die sich unmöglich im Selbstlauf erledigen können.

1.1 Der Wendepunkt: Von jetzt an zu viele Arbeitskräfte

Bisherige Krisen, genauer gesagt: Wirtschaftskrisen, spielten sich vor einem anderen, eher konjunkturbedingten Hintergrund ab. Die gegenwärtige Dauerkrise ist in erster Linie eine Beschäftigungskrise. Hätten wir nicht den hohen Sockel an Arbeitslosen, so wird da und dort schon argumentiert, wäre von ,,Krise'' eigentlich gar nicht viel zu spüren: Wir haben wenig Inflation und ein zwar geringes, aber ökologisch durchaus vertretbares Wirtschaftswachstum. Der Außenhandel floriert. Schließlich steigen auch die Arbeitnehmereinkommen im ganzen recht zufriedenstellend. Wäre die staatliche Steuerprogression nicht so ungünstig, sähe die Prüfliste im letztgenannten Punkt sogar noch besser aus.

Die Beschäftigungskrise seit 1974 hat uns vor ein Problem gestellt, das wir vorher nicht kannten. Arbeitslosigkeit und die Bedrohung bestehender Arbeitsplätze sind nicht länger mehr nur Folge eines konjunkturellen Tiefs. Sie sind vielmehr ein Dauerzustand. Bisherige Krisen waren gekennzeichnet durch einen nachfolgenden Arbeitskräftebedarf, ja Arbeitskräftemangel jenseits der Talsohlen. Für die hohen Wachstumsraten bedurfte es schließlich einer Vielzahl ausländischer Arbeitskräfte. Abgesehen von zyklischen Schwankungen des Wirtschaftsverlaufs war bisher immer *mehr* Arbeit vorhanden als die vorhandenen Arbeitskräfte zumal während eines Achtstundentages zu leisten vermochten.

Diese Perspektive wiegte auch die Gewerkschaften in Sicherheit. Um das Vollbeschäftigungsziel brauchte man sich in der vergangenen Phase extensiven Wachstums anders als bei den übrigen hauptsächlichen Arbeitnehmerzielen — also Einkommen und die Gesamtheit der Arbeitsbedingungen — offensichtlich kaum Sorge zu machen. Es ergab sich quasi von selbst als Abfallprodukt kräftiger wirtschaftlicher Expansion. Rationalisierungsschutz und Sozialplan taten im Ernstfall ein übriges. Neue Arbeitsplätze ließen sich in diesen Fällen in der Regel so lange finden, als die Zahl der offenen Stellen um ein Vielfaches über der der Arbeitslosen lag.

Dieses ist heute und in Zukunft nicht mehr der Fall. Die Gewerkschaften und viele Betriebsräte mußten in den Jahren seit dem Verlust der Vollbeschäftigung diese offene Flanke empfindlich verspüren. Sie mußten feststellen, daß die traditionellen Steuerungsmittel bei veränderten Rahmenbedingungen versagen. Insbesondere dann, wenn man statt mit weiterem Wachstum und Arbeitskräfteknappheit mit technologischer Arbeitslosigkeit und einem zusätzlichen Nachwuchsschub fertig werden muß.

Damit wurde ein Wendepunkt der bisherigen Erfahrungen durchlaufen. Auch ein Rückgriff auf die Erfahrungen der ,,klassischen'' Weltwirtschaftskrise hilft hier nicht sehr viel weiter. (Diese wurde ja letzten Endes auf eine sehr blutige Weise beendet.) Das Neue an der jetzigen Situation ist die Tatsache, daß die vorhandenen Arbeitskräfte bei gleichbleibenden Arbeitsbedingungen in Zukunft nicht mehr alle gebraucht werden. Auf diese Perspektive muß sich jede zukunftsbezogene Diskussion einlassen und sie zu ihrem Ausgangspunkt machen. Wir haben eine arbeitspolitische Wende hinter uns. Weder sind wir uns der Tragweite der Konsequenzen daraus bewußt, noch überhaupt in Theorie und Praxis gegen einen solchen Fall gewappnet.

Kein noch so starker und realistischerweise einschätzbarer und zugleich wünschbarer Wachstumsstoß ist ausreichend, die erforderlichen neuen Arbeitsplätze sowohl für die rationalisierungsbedingten jährlichen ,,Freisetzungen'' von schätzungsweise

200 000 Personen *und* für die zu dem vorhandenen Millionenheer von Arbeitslosen in den kommenden Jahren weiterhin hinzustoßende Million jugendlicher Arbeitssuchender zu schaffen. Zum einen hat es Wachstumsraten dieser Größenordnung (d. h. zweistelligen Umfangs) in der Bundesrepublik bisher noch nicht gegeben. Nostalgische Träume über ein neues Wirtschaftswunder können niemandem weiterhelfen. Zum zweiten verlagert sich der Schwerpunkt der Wirtschaftstätigkeit immer eindeutiger auf Rationalisierungsinvestitionen. In Industrie und Dienstleistungen wird ein höheres Produktionsergebnis in immer kürzerer Zeit von immer weniger Menschen erwirtschaftet (siehe Grafik). Letztens würde ein Wachstum um jeden Preis unsere Umwelt auf tödliche Weise belasten.

Die Produktivität, d. h. die Summe der von einem Arbeitnehmer pro Zeiteinheit erzeugten Güter und Dienstleistungen, wächst (mit gut 4 v.H.) gegenwärtig weit schneller als das seit Beginn der siebziger Jahre auch global erlahmende Wirtschaftswachstum. Das Rationalisierungstempo hat das allgemeine Wachstumstempo überholt. Diese Scherenbewegung frißt unsere Arbeitsplätze auf, wobei ein eher zunehmender als nachlassender Appetit bei den Verantwortlichen festzustellen ist. Insbesondere in der Industrie herrscht eine vergleichsweise hohe, je nach Branche wiederum sehr unterschiedlich ausfallende Produktivitätsrate vor. Unabhängig davon werden sämtliche personellen Rationalisierungsspielräume zu teilweise drastischem Personalabbau genutzt: In der Industrie produzierten 1 v.H. weniger Arbeitskräfte 1977 ein um gut 5 v.H. höheres Ergebnis je Beschäftigtenstunde als im Vorjahr (siehe Branchenübersicht). Die Behauptung, daß forcierte Innovationsstrategien per Saldo Arbeitsplätze sicherten, erscheint damit zumindest für die Gegenwart widerlegt. Selbst die EDV- und Büromaschinenindustrie mit ihren überdimensionalen Produktivitätssprüngen (1977: + 27,5 v.H.) benötigt längst nicht mehr ihr gesamtes Stammpersonal.

Der ,,Uhrenschock'' in der ersten Hälfte der siebziger Jahre scheint bereits wieder vergessen. Damals wurde als Folge der Umstellung von Mechanik auf Mikroelektronik fast die Hälfte der Belegschaften in der Uhrenindustrie eingespart. Bei Registrierkassen, Fernschreibern, Taxametern, elektronischen Drucktastentelefonen vollzog und vollzieht sich in aller Stille ein ähnliches Debakel. Unmittelbarer Arbeitsaufwand und Lohnkostenbestandteile sinken dabei oft auf Bruchteile des vorherigen Zustandes ab, da mechanische Einzelteile entfallen. Die Wartungsfreiheit der miniaturisierten Elektronik macht weiterhin Zehntausende qualifizierter Arbeitskräfte entbehrlich. Ein weiteres Ergebnis: Die reduzierten qualifikatorischen Anforderungen ermöglichten Herabstufungen bis zu mehreren Lohngruppen (im Einzelfall bereits bis zu fünf). In einem Betrieb der feinmechanischen Industrie in Villingen beispielsweise wurde der tarifvertraglich bemessene Lohngruppendurchschnitt im Gefolge technologischer Änderungen von 5,7 auf 4,3, d. h. also von Facharbeiter- auf Angelerntenniveau abgesenkt.

Produktivität wächst schneller als Produktion

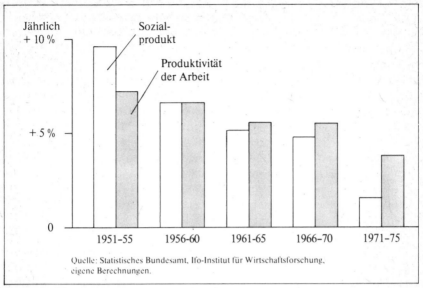

Jährlich
+ 10 %

Sozial-
produkt

Produktivität
der Arbeit

+ 5 %

0

| | 1951-55 | 1956-60 | 1961-65 | 1966-70 | 1971-75 |

Quelle: Statistisches Bundesamt, Ifo-Institut für Wirtschaftsforschung,
eigene Berechnungen.

Entnommen aus: Der Gewerkschafter 7/78

Hohe Produktivität sichert nicht unbedingt Arbeitsplätze

Anstieg der Produktion je Beschäftigtenstunde (Produktivität)
in der Industrie 1977 gegenüber 1976 in %

Abnahme/Zunahme
der Beschäftigten
− | +

Eisen und Stahl	1,2	3,2
Bekleidung	1,3	3,5
Maschinenbau	1,6	1,4
Chemie	1,6	0,1
Bergbau	2,1	2,8
Möbel	2,1	1,8
Textilindustrie	3,4	3,4
Auto	3,9	5,3
Feinmechanik, Optik	6,3	1,1
Nahrungs-, Genußmittel	6,9	2,9
Mineralöl	6,9	9,8
Steine und Erden	9,0	5,9
Eisen-, Blech-, Metallwaren	9,4	1,2
Papier, Papiererzeugung	9,6	2,7
Elektrotechnik	9,9	1,5
Glas	10,5	0 0
Druck	10,6	1,4
Kunststoff	11,3	2,3
Büromaschinen, EDV	27,5	3,7
INDUSTRIE INSG.	5,1	1,0

Quelle: Stat. Bundesamt (Fachs. 4, R. 2.1., Juni '78) und eigene Berechnungen.

17

Diese Prozesse, wie sie im Zusammenhang mit dem Druckerstreik 1978 verstärkt auch ins öffentliche Bewußtsein drangen, wurden durch erste erfolgreiche tarifpolitische Sicherungen in ihren Folgen eingedämmt. Die Entleerung von Arbeitsinhalten und damit Dequalifikation vollzieht sich dennoch selbst in den wenigen geschützten Bereichen tagtäglich weiter. Die Mikroelektronik (,,Mikros'') und die Industrieroboter (,,Robbys'') sind auf dem Vormarsch. Sie verlangen ihre Opfer in Branchen, die bisher noch nicht im Mittelpunkt der Auseinandersetzung standen. Zu nennen sind neben der Elektronikindustrie selbst (mit über 450 000 Beschäftigten) vor allem der Maschinenbau mit rund einer Million Arbeitnehmern und insbesondere der Werkzeugmaschinenbau. Der Vormarsch der Mikroprozessoren bei der Steuerung sowie Verkettung neuartiger Werkzeugmaschinen wird den Personalbedarf mittelfristig auf weniger als die Hälfte schrumpfen lassen. Menschenleere Produktionsstraßen sind damit in greifbare Nähe gerückt.

In den Konstruktionsbüros und bei der Arbeitsvorbereitung wird sich durch Computereinsatz der Rationalisierungs- und Polarisierungseffekt in Zukunft noch verstärken: Routinisierbare Tätigkeiten bei Angestellten (und in der Produktion folglich auch bei den Arbeitern) lassen den Personalbedarf quantitativ und qualitativ abschmelzen. Wenige Systemspezialisten, EDV-geschulte Konstrukteure oder Elektronikingenieure werden hingegen zusätzlich gebraucht. Die Trennung zwischen Planung, Vorbereitung und routinemäßiger arbeitsteiliger Ausführung wird noch deutlicher.

Nach Experimenten des Werkzeugmaschinenlabors der Technischen Hochschule Aachen in Zusammenarbeit mit einschlägigen Unternehmen kann durch rechnerunterstützte Erstellung technischer Unterlagen (Konstruktionsberechnung, Zeichnungserstellung, Dokumentation) der Einsatz menschlicher Arbeit und menschlichen Geistes auf einen Bruchteil abgesenkt werden. Durch Standardisierung (Baukastensysteme) läßt sich demnach der personelle Zeitaufwand bei der Erstellung eines Arbeitsplanes um bis zu 80 Prozent reduzieren (vgl. VDI-Nachrichten vom 14. April 1978).

Müssen die damit erzielbaren Rationalisierungsgewinne nur zu Lasten der betroffenen Arbeitnehmer gehen? Sind nicht gerechtere und gesellschaftspolitisch vertretbare Lösungen denkbar?

Arbeit hat im Zuge fortschreitender Automatisierung zunehmend mit Steuern, Bedienen, Verteilen und Überwachen zu tun. Die Arbeitsteilung macht die Arbeitsvorgänge mehr und mehr standardisierbar. In dem Maße, in dem der Preisverfall der Halbleiter-Bausteine den Einsatz von Mikrocomputern rentabel erscheinen läßt, wird menschliche Arbeit im Prinzip ersetzbar. Der Kostenvergleich Mensch — Maschine (Handhabungsautomat, Mikroprozessor, Roboter) fällt unter Berücksichtigung der Fertigungsgeschwindigkeit in wachsendem Maße zugunsten der letzteren aus. Die technische Alternative zum Menschen ist in vielen Fällen nur noch eine Frage der Zeit.

Am unmittelbarsten dürfte sich in näherer Zukunft zunächst der Einfluß der neuen Informationstechniken auf elektronischer Basis erweisen. Ganze Berufs- und Tätigkeitsbereiche im klassischen arbeitsteiligen Prozeß entfallen damit über kurz oder lang. (Vgl. *Busse, M.*, Arbeit ohne Arbeiter, Frankfurt 1978) Hauptbetroffene Branchen sind neben der Druck- und Vervielfältigungsindustrie der Handel (ca. 2,4 Millionen Beschäftigte *ohne* Verkäufer im Einzelhandel). Neue Verkaufs- und Lagersysteme werden die Grenzen zwischen dem klassischen Groß- und Einzelhandel verschwinden lassen. Kreditinstitute und Versicherungen mit knapp einer halben Million Arbeitnehmer sind ebenso rationalisierungsbedroht. Auch im öffentlichen Verwaltungssektor hält die Mikroelektronik ihren Einzug. Durch derartige Umstellungen *kann*, wie Unternehmensberater prophezeien, etwa die Hälfte der traditionellen Angestelltenarbeitsplätze in Verwaltungen und Betrieben eingespart werden. Nimmt man die besonders gefährdeten Bereiche im industriellen Sektor (Elektrotechnik und Maschinenbau) hinzu, so kann man davon ausgehen, daß über sieben Millionen Arbeitnehmer in unmittelbarer Zukunft in einen Kampf um ihre Arbeitsplätze verwickelt werden. Wie wird dieser Kampf ausgehen?

Man sollte, um weder in Fatalismus oder Resignation noch in ein Wunschdenken zu verfallen, die gegenwärtig ersichtlichen Entwicklungslinien einmal nach vorne weiterdenken. Dabei können zwei Gesamtbilder (Szenarios) der Entwicklung z. B. der nächsten zehn bis zwölf Jahre von Nutzen sein, und zwar unter den folgenden alternativen Annahmen:
— Was geschieht, wenn nichts geschieht? (Konservative Projektion)
— Was muß geschehen, damit das Ziel ,,Arbeit für alle'' kein Wunschtraum bleibt? (Wünschbare Projektion)
Beide Szenarios sollen nacheinander entwickelt und gegenübergestellt werden. Sie bilden eine anschauliche Grundlage für die Fragestellungen dieses Buches.

1.2 Im Jahre 1990: 15 Jahre Arbeitslosigkeit — und die Folgen?
Ungeahnte ,,Erfolge'' an der Produktivitätsfront sind das auffallende Ergebnis, das im Jahre 1990 als Zwischenbilanz der dritten industriellen Revolution zu vermelden ist: Halb soviel Beschäftigte stellen mehr als doppelt soviel her wie 15 Jahre zuvor. Insbesondere im industriellen Bereich sind die bahnbrechenden Veränderungen unverkennbar. Die Fertigungshallen sind über weite Bereiche menschenleer. Handhabungsautomaten (Roboter) haben, wie schon Mitte der siebziger Jahre von einschlägigen Wissenschaftlern prognostiziert, gut ein Drittel der konventionellen Arbeitsplätze übernommen. Menschen sieht man vor allem in Inseln der Kontrolle, der

Reparaturdienste, der Planung und der Forschung. Ansonsten gibt es nur eine Einsatzreserve für verbleibende manuelle Tätigkeiten, Personalengpässe oder auch Notfälle. Baukastensysteme und Modultechniken bestimmen weitgehend die Produktion. Der Dienstleistungsbereich gleicht sich durch die Fortentwicklung der neuen Informationstechniken diesem Erscheinungsbild deutlich an. In den Verwaltungen arbeiten immer weniger Menschen und immer mehr elektronische Gehirne. In vielen Behörden verkehren die Bürger mit Bildschirmen als Selbstbedienungsautomaten.

Die Auswirkungen auf die Beschäftigung, genauer: auf die verbleibenden Beschäftigten, sind fatal. Das Bangen um die Arbeitsplätze hat das Selbstbewußtsein der arbeitenden Menschen zermürbt. Die Angst macht sie gefügig und diszipliniert. Der Leistungsdruck hat zugenommen, gefördert durch die Ausweitung leistungsbezogener Entlohnungssysteme sowie die individuelle und die Gruppen-Konkurrenz. Letztere hat mehrere Ursachen. Die eine ist die Aufspaltung der Belegschaften in jeweils hochqualifizierte planende sowie in niedriger qualifizierte ausführende Arbeitskräfte. Ein anderer Grund ist das gegenseitige Ausspielen der einzelnen Arbeitnehmergruppen mit unterschiedlichen Beschäftigungsgarantien wie z. B. der Stammbelegschaften gegenüber den auf durchschnittlich 10 bis 15 v.H. angewachsenen Leiharbeitnehmern. Jeder sieht im anderen den Konkurrenten. Im beruflichen Alltag herrscht das Ellbogenprinzip. (Durch Kurzfristbeschäftigungen werden gesetzliche und tarifvertragliche Sicherungen unterlaufen.) Die Solidarität aller in einem Unternehmen Beschäftigten ist unter diesen Bedingungen brüchig geworden — ebenso die gewerkschaftliche Verhandlungsmacht. Die Gewerkschaften haben sich zwar unter Einsatz aller ihnen zur Verfügung stehenden Mittel gegen diese Entwicklung aufgebäumt. Eine Vielzahl von Aussperrungsfällen — von den Gerichten grundsätzlich als rechtens anerkannt — hat sie jedoch nicht zuletzt auch finanziell ausbluten lassen.

Die langen Jahre hoher Arbeitslosigkeit — deren Höhepunkt mit fast drei Millionen allerdings vorerst überwunden scheint — haben die gewerkschaftliche Mitgliederzahl, das Beitragsaufkommen und schließlich auch die Streikbereitschaft deutlich zurückgehen lassen. Brutale Aussperrungspraxis und die dauernde Drohung weiterer Investitionsflucht ins Ausland bewirkten ein übriges. Engagierte, kampfbereite Betriebsräte findet man selten. Sie sind entmutigt oder flüchten sich in die Kumpanei der Sozialpartnerschaft.

Trotzdem werden die Unternehmer des Rückgangs der Bedeutung des ,,Faktors Arbeit'' im Vergleich zu früheren Jahren und der Bannung des sogenannten Gewerkschaftsstaates so recht nicht froh. Sie haben es zwar geschafft, den Prozeß der an der Wende zu den achtziger Jahren aus Beschäftigungsgründen eingeleiteten Arbeitszeitverkürzungen unter Verweis auf Kostenargumente auf halbem Wege zum Stehen zu bringen. Auch ist es ihnen gelungen, den durch eine zweieinhalbstündige

Verkürzung der Arbeitswoche ausgelösten Druck auf Neueinstellungen durch weitere (vor allem arbeitsorganisatorische) Rationalisierungen aufzufangen. Ihre Skepsis gegenüber diesem Mittel der Beschäftigungssicherung hat sich insofern bewahrheitet.

Dennoch tritt etwas ein, was in dieser Form niemand erwartete: Die Lager füllen sich, der Absatz stockt neuerdings immer mehr — und zwar weltweit. Der Staat sieht sich außerstande, diesen Zustand mit weiteren Lagerhaltungssubventionen und dergleichen zu überbrücken. Der Sachverständigenrat stellt nach langen Recherchen fest, daß die Steigerung der allgemeinen Kaufkraft der Masseneinkommen nicht mit der durch die hohe Produktivität vorangetriebenen Erhöhung des Sozialprodukts Schritt gehalten hat. Außerdem habe sich das Phänomen des Angstsparens wegen der andauernd hohen Arbeitslosigkeit eher verstärkt. Er empfiehlt erneut Vermögensbeteiligung in Arbeitnehmerhand, und zwar in Form von Konsumgutschriften durch die Unternehmen sowie verstärkte Exportsubventionierung durch den Staat.

Die außenwirschaftliche Flanke bietet indessen immer weniger Entlastung. Denn der seit Beginn der achtziger Jahre verstärkte Protektionismus der unterschiedlichen Wirtschaftsblöcke samt ihrer Politik der Kontingentierungen hat den internationalen Güteraustausch in letzter Konsequenz abgewürgt. Nicht Schutz der heimischen Produktion war das Ergebnis, sondern ein wechselseitiges Abschotten der einzelnen Länder einschließlich der ehemaligen Entwicklungsländer. Die mächtigen neuen Rohstoff- und Gebrauchsgüterkartelle unter ihnen beantworten jede Lockerung des Welthandels mit einem gnadenlosen Verdrängungswettbewerb mit staatlicher Unterstützung.

Die lange Jahre gehegten großen Hoffnungen der Arbeitsmarktpolitiker wiederum auf eine spürbare Entlastung der Arbeitsverwaltung durch den Rückgang der in das Arbeitsleben drängenden geburtenstarken Jahrgänge („Lehrlingsberg") seit 1985 sind gleichzeitig in Nichts zerstoben. Die Rationalisierungsfortschritte haben die möglichen Entzugswirkungen weit überholt. Zu viele Berufsanwärter aus den vorhergehenden Jahren stehen noch auf der Warteliste. Der Rentenberg ebbte zwar ebenfalls ab, aber dafür auch die mögliche Nachfrage dieses Personenkreises. (Der nächste Rentenberg nach dem Jahre 2000 ist indessen schon in Sicht.)

Diese Vorgänge ziehen die Steuerungsfähigkeit des Staates bei breiten Massen in erhebliche Zweifel. Die Möglichkeiten der öffentlichen Hände scheinen in der Tat am Ende, da als Ergebnis der verfehlten Politik der völlig verpufften Steuerentlastungen und -geschenke des Staates an Unternehmer und Besserverdienende zu Beginn der achtziger Jahre die Kassen leer sind. Die staatliche Verschuldung hat mittlerweile ein schwindelerregendes Maß angenommen. In der Hoffnung auf einen baldigen

Aufschwung wurde der Staatsetat immer wieder erheblich überzogen. Dies hat zu guter Letzt einen fühlbaren Inflationsstoß ausgelöst.

Was jedoch schlimmer wiegt, ist die Unwirksamkeit der staatlichen Anreizpolitik auf dem Arbeitsmarkt. Die Eingliederungsbeihilfen für Angehörige von Problemgruppen — wie gesundheitlich Beeinträchtigte, Personen ohne abgeschlossene Berufsbildung, Ältere, Frauen, Jugendliche — sind bei den Arbeitgebern kaum gefragt. Auch öffentliche Umschulungsmaßnahmen führen keineswegs in dem gewünschten Umfang zu Neueinstellungen. Der Grund dafür ist, daß die großen Konzerne, die die Massen der Beschäftigten an sich binden, immer deutlicher interne, geschlossene Arbeitsmärkte gebildet haben. Sie koppeln sich mit eigenen personalplanerischen Rekrutierungs- und Berufsbildungsstrategien weitgehend vom allgemeinen Arbeitsmarkt ab. Andauernde ,,Freisetzungs''-Prozesse machen sie quasi autark. Notwendiger Nachwuchs an Spezialisten wird in strengen Ausleseverfahren ausgewählt. Die Arbeitswilligen der nationalen und internationalen Reservearmee andererseits bieten ein Menschenreservoir, zu dessen Aktivierung man kaum mehr die Arbeitsämter benötigt. Die Arbeitsbeschaffungsmaßnahmen, die die Arbeitsverwaltung zum Ausgleich der in der Privatwirtschaft verlorenen Arbeitsplätze vor allem im öffentlichen Dienst organisiert, helfen zwar Teilen des akademischen Proletariats und der übrigen Problemgruppen. Die viel zu kurze Finanzdecke des Staates schränkt solche zusätzlichen Möglichkeiten aber auch wieder drastisch ein. Der Vorstoß linker Parteien, eine Arbeitsmarktabgabe aus den Rationalisierungsgewinnen der größeren Unternehmen durchzusetzen, wird von den multinationalen Konzernen mit der Drohung beantwortet, ihre Firmensitze ins Ausland zu verlegen. Sie kontern ihrerseits mit der Forderung, die gesetzlich fixierten Lohnnebenkosten endlich abzubauen. Dies verlange der internationale Wettbewerbsdruck. Auch sei das soziale Netz an einigen Stellen viel zu engmaschig geknüpft. Nur wirkliche Härtefälle sollten seine Inanspruchnahme rechtfertigen. Das Prinzip individueller Vorsorge und Risikobereitschaft müsse Vorrang besitzen — auch im Bereich der Alterssicherung.

An dieser Stelle sei die Schilderung des Horrorbildes der zukünftigen Gesellschaft des Arbeitsmangels abgebrochen. Der Kollaps eines solchen Unternehmerstaates einschließlich der Marktwirtschaft wäre die unausweichliche Folge. Die Perspektivlosigkeit der Masse der Überzähligen müßte zur Flucht in politische Subkulturen und Terrorismus führen. Die Gewerkschaften gerieten ebenso wie die übrigen gesellschaftspolitischen Kräfte in die Schußlinie der Frustrierten, da sie bei der Durchsetzung des Menschenrechts auf Arbeit versagten. In dieser Situation wäre der Übergang zu einem neuen Faschismus der herrschenden Kräfte mit dirigistischen Arbeitsverteilungs- und -beschaffungsmaßnahmen (einschließlich der Wiedereinführung eines Arbeitsdienstes) ganz und gar nicht unwahrscheinlich. Was wäre dazu die Alternative?

1.3 1990: Arbeit für alle — eine Utopie und ihre Voraussetzungen

Ebenfalls im Jahre 1990 gibt es in Westeuropa ein Land, in dem Vollbeschäftigung kein Fremdwort ist. Alle arbeiten zwar weniger als früher, da die Arbeitszeiten periodisch verkürzt wurden, dafür aber unter weniger Streß. Das Arbeitspensum insgesamt ist reduziert. Die Einkommen sind in den letzten Jahren gleichzeitig etwas langsamer als früher gewohnt gestiegen. Dies hat sich aber nicht negativ auf das Konsumverhalten ausgewirkt. Die Sparrate ist sogar deutlich gesunken. Eine Vielzahl mit Elektronik ausgestatteter Gebrauchsgeräte wiederum kostet weniger als noch Jahre zuvor.

Auf der anderen Seite herrscht wegen der Arbeitszeitverkürzungen nun wesentlich mehr Freizeit. Die Bürger wissen deren Vorteile zu schätzen. Diente ihnen früher die freie Zeit in erster Linie zum Ausspannen und Wiederherstellen ihrer Arbeitskraft — was hauptsächlich vor dem Bildschirm geschah —, so besteht nun wegen geringerer Arbeitsbelastung viel weniger eine Notwendigkeit zu reiner Erholung. Die arbeitsfreie Zeit läßt bedeutend mehr Raum für körperliche und geistige Aktivitäten. Unter anderem ist die Bildungsbereitschaft aller Altersgruppen enorm gestiegen. Die Gebietskörperschaften mußten diesen veränderten Bedürfnissen durch mehr infrastrukturelle und personelle Angebote Rechnung tragen. Dies erleichtert es andererseits den Bürgern, die verhältnismäßig hohe Steuerlastquote zu tragen. Um ihr materielles Wohlergehen — auch im Alter — brauchen sie sich keine Sorge zu machen.

Die verstärkten Bildungsaktivitäten bei Jugendlichen und vor allem Erwachsenen haben positive Folgen auch in einem Bereich hervorgerufen, die man in dieser Form dort gar nicht erwartet hätte. Das höhere Qualifikationsniveau ließ nämlich auch die Ansprüche an die Arbeitsplätze wachsen. Zerstückelte, monotone und abwechslungsarme Arbeit erscheint den meisten nicht länger akzeptabel. Die Aufhebung extremer Arbeitsteilung wurde gefordert und in vielen Bereichen schon verwirklicht. Daß dadurch die Produkte teilweise geringfügig teurer werden, wurde in Kauf genommen. Interessante Arbeit, womöglich in Gruppen, mit eigenen Gestaltungsmöglichkeiten, kurz: mehr Freiheit am Arbeitsplatz, erscheint wichtiger.

Durch die erweiterte Freizeit verspüren die Menschen auch, daß sie mehr auf ihre Umwelt angewiesen sind, die sie insgesamt gestalten müssen. Der Rückzug ins Privatleben wird nicht länger als probates Mittel gegen gesellschaftlich bedingte Probleme angesehen. Viele nehmen sich daher auch mehr Zeit für gesellschaftliches Engagement in der Kommune, in Verbänden und Parteien.

Diese im Vergleich zu der Entwicklung in anderen Ländern erfreuliche Gesellschaftsverfassung ist indessen nicht das Ergebnis eines einmaligen Willensaktes oder

Parlamentsbeschlusses, sondern entscheidender Weichenstellungen lange Jahre zuvor.

Am Anfang dieses Prozesses der Sicherung der Vollbeschäftigung auch unter ungünstigen Strukturbedingungen stand die sich spätestens in der zweiten Hälfte der siebziger Jahre allgemein verbreitende Erkenntnis, daß die ,,Arbeitsfrage'' die wesentliche und durch diese Generation zu bewältigende Hauptaufgabe ist. Ihre Lösung wurde rechtzeitig als neue Jahrhundertaufgabe erkannt. Jahrhundertelang gab es immer eher zu viel als zu wenig Arbeit. Dieses Verhältnis hat die arbeitssparende Technik erstmals umgekehrt. Sollte weiterhin ausreichend Arbeit für alle da sein, müßte in der Konsequenz bei gleichbleibenden Bedingungen die Erwerbsbevölkerung in dem Maße schrumpfen, in dem der Produktivitätsfortschritt die Rationalisierungswelle vorantreibt. Dies sollte und konnte man jedoch nicht akzeptieren. Die Grenzen des Wachstums sollten nicht durch die Anpassung des Menschen an die Produktion diktiert werden.

Die Gewerkschaften stellten sich als erste auf diese neue Situation ein. Das Recht auf Arbeit für alle wurde als Ziel Nummer eins jeder Interessenvertretung proklamiert und mit allen zur Verfügung stehenden Mitteln verfochten. Die Gewerkschaften gingen in diesem Punkt mit Unterstützung einer kritischen Öffentlichkeit aufs Ganze, wissend, daß an das Gelingen dieser zentralen Aufgabe die Schicksalsfrage vieler Arbeitnehmergruppen wie auch ihre eigene Existenz gekoppelt ist. Zur Durchsetzung dieses Ziels besannen sie sich auf die ureigenen Mittel, aus denen gewerkschaftliche Kraft resultiert: die Mobilisierung der Arbeitnehmermassen zur Erreichung beschäftigungssichernder vertraglicher Vereinbarungen auf Branchen- und Betriebsebene. Ausgangspunkt war ein Rahmenabkommen mit der Arbeitgeberseite (,,Arbeitssicherungsabkommen''), in dem die allgemeine Marschrichtung zur Wiedererlangung und Sicherung der Vollbeschäftigung sowie des gesellschaftlichen Wachstums abgesteckt wurde.

Mit dieser Absichtserklärung war allerdings nur ein erster Schritt getan und für die Praxis noch nicht viel gewonnen. Denn die Arbeitgeberseite zeigte sich in konkreten Fragen, wenn es zum Schwure kam, weiterhin ,,betriebsblind'' und dachte nur an ihre Vorteile für den Augenblick. Hierin lag die entscheidende Schwierigkeit. Die Unternehmer hatten zwar die Vollbeschäftigungslösung als die entscheidende gesellschaftspolitische Zielsetzung im Prinzip akzeptiert, zu der auch sie ihren Beitrag zu leisten hatten. Die Systemlogik einzelbetrieblichen Konkurrenzdenkens ließ deren Umsetzung allerdings zu einem äußerst schmerzhaften Prozeß geraten. Denn immerhin ging es um die Argumente wie die Erhaltung der internationalen Wettbewerbsfähigkeit, die Frage der Verteilung der Lasten auf wessen Schultern, des Festhaltens an der freien Verfügbarkeit über das ,,Personal'' und schließlich der Zuständigkeit der Privatwirtschaft zur Lösung sog. demografischer Probleme überhaupt. Es ertönte der Ruf nach dem Staat. Mit ,,Land''- und Steuerflucht wurde gedroht, desgleichen mit massenhaften Aussperrungen. Der Widerstand bei der Verhandlung praktischer Lösungen war unübersehbar

Diese traditionsverhaftete Abwehrfront brach erst auf, als sich in der öffentlichen Meinung und bei den politischen Parteien ein entscheidender Umschwung anbahnte. Die fortschreitenden Wahlerfolge von Linksparteien — darunter eine neugegründete ,,Partei der Arbeit'' —, die sich nicht scheuten, bei der Formulierung von Überlebensstrategien auch die Systemfrage zu stellen und die Vergesellschaftung der marktbestimmenden Unternehmen auf ihre Fahnen zu schreiben, veranlaßte die kapitalorientierten Interessenverbände zu einem Umdenken in Richtung Systemrettungsstrategien. Zahlreiche Demonstrationen für das Recht auf Arbeit, stets erneut aufflackernde Streiks für die Sicherung der Arbeitsplätze und nicht zuletzt die Unterstützung der Arbeitnehmerforderungen durch immer weitere Teile der (noch unabhängigen) öffentlichen Meinung taten ein übriges. Konkrete Verhandlungen zwischen den Sozial- und Tarifparteien waren nicht mehr zu umgehen. In Einzelfragen wurden auch Vertreter der Arbeitsverwaltung hinzugezogen.

Ebenso unumgänglich wurde nun auch die Konzeption einer durchgängigen ,,Arbeitspolitik'' als verbindende Klammer zwischen der Betriebs- und der klassischen Arbeitsmarktpolitik. Damit zog man die Konsequenz aus der lange beklagten Kluft zwischen der autonomen betrieblichen und der überbetrieblichen öffentlichen Beschäftigungspolitik. Deren praktisches Auseinanderklaffen wurde zu Recht als Hauptursache dafür angeprangert, daß die öffentlichen Arbeitsmarktprogramme nicht griffen und entsprechende Anreize oder auch Auflagen unterlaufen wurden. Man sah ein, daß in einer Arbeitnehmergesellschaft — fast 90 v.H. der Erwerbstätigen sind nun abhängig Beschäftigte — auch eine Politik im Interesse der Arbeitnehmer formuliert werden müsse. Ähnlich der Stoßrichtung, die die Gewerkschaften bewog, sich für mehr Entscheidungsrechte bei der Arbeitspolitik auf betrieblicher Ebene einzusetzen, verfocht mit dem neuen Programm auch der Staat die Tendenz, die bisherige indirekte Politik der Lohn- oder Bildungskostensubventionierung durch arbeitsplatz- und personalplanungsbezogene Auflagen zu erweitern.

Zielrichtung war eine bessere Verzahnung der jeweiligen Ebenen Einzelbetrieb bzw. Region sowie Branche. Die öffentlichen Maßnahmen sollten durch das arbeitspolitische Programm besser mit den erkennbaren einzelbetrieblichen Planungen abgestimmt werden. In Verknüpfung mit den gewerkschaftlichen arbeitspolitischen Aktivitäten vor allem auf tarifvertraglicher Ebene wurde damit der Mitteleinsatz der Arbeitsverwaltung und des Staates wesentlich effektiver, eine arbeitspolitische Feinsteuerung möglich. Ein zusätzlicher Beitrag des Staates war die Ausweitung der Stellenpläne des öffentlichen Dienstes mit dem Zweck einer besseren Versorgung der Bevölkerung mit öffentlichen Leistungen als Voraussetzung eines stärker qualitativen Wachstums.

Die Akzente des Verteilungskampfes hatten sich unter der vorrangigen Fragestellung ,,Arbeit für alle'' naturgemäß verlagert. Eine solidarische Lohnpolitik sorgte dafür, die Streubreite der Einkommen um das Durchschnittsmaß nicht allzusehr ausufern zu lassen. Dieser für das Bewußtsein der Solidarität der Arbeitnehmer gefährliche Trend wurde dadurch vielmehr angehalten. Gleichzeitig erfolgte ein Prozeß, der mit dem Schlagwort umrissen werden könnte: Von der Quantität zu mehr Qualität. Wichtiger als die materielle Besitzstandssicherung (Lohnsatz, Geldfaktor) gilt nun in den Verteilungsrunden die umfassende Sicherung des sozialen Besitzstandes. Berufliche Belastungsgrenzen, Gesundheitsschutz, Qualifikation, mehr Freizeit, die Sicherung der Arbeitsplätze, kurz: Die Qualität und Sicherheit der Arbeit rückten in den Mittelpunkt. Immer mehr Arbeitnehmern war klar geworden, daß diese erhöhten Ansprüche an die Arbeit, die Selbstverantwortung, Entfaltung und auch gewisse Erfolgserlebnisse erlauben sollen, nur durch kollektiv-solidarische Orientierung und Organisation einlösbar sind.

Diese Orientierung trug auch dazu bei, über den begrenzten Tellerrand des unmittelbaren individuellen Nutzens zu schauen. Die Erde sollte auch noch in Zukunft bewohnbar sein, den Enkelkindern der Spaß am Leben bleiben. Diese Erkenntnis verbot jedoch eine weitere gnadenlose Ausbeutung von Rohstoffen und Umwelt nach der Maxime: Nach uns die Sintflut. Ein vernünftiges Haushalten mit den vorhandenen räumlichen und natürlichen Ressourcen unter Anerkennung notwendiger ökologischer Grenzen hieß aber, das Wachstum in seinem quantitativen Rahmen zu verlangsamen und auf andere, qualitative Bereiche zu lenken.

Ein Ausweg mit nicht unerheblichen Möglichkeiten des Arbeitseinsatzes wurde in dieser Perspektive unter anderem auch darin gesehen, die Arbeits- und Lebensbedingungen in der Dritten Welt unter dem Schlagwort verstärkter Hilfe zur Selbsthilfe in kooperativer Form durch vermehrten personellen und technischen Einsatz in ihrer Entwicklung voranzutreiben. Dies geschah nicht aus reiner Uneigennützigkeit, denn es war einleuchtend, daß der durch den raschen technischen Wandel sich vergrößernde Nord-Süd-Konflikt zwischen industriellen und Entwicklungsländern für alle Seiten immer mehr Nachteile als Vorteile bot. Dauerhafte und aufreibende politische Spannungen, sich aufschaukelnde Handelskriege und nicht zuletzt die für die gewerkschaftliche Interessenvertretung schädliche internationale Lohnkonkurrenz, mit der die multinationalen Gesellschaften die nationalen Gewerkschaftsbünde gegeneinander auszuspielen versuchten, geboten vielmehr ein globales solidarisches Denken und Handeln. Die internationale Zusammenarbeit zur Lösung der weltweit

brennenden Arbeits- und Umweltfrage war nicht länger nur ein Thema von Spitzen-
funktionären, sondern erfuhr merklichen Nachdruck auch von breiten Bevölkerungsgruppen.

In dem Maße, in dem die koordinierte Arbeitspolitik Früchte zu tragen begann, die
trotz aller Konflikte ersichtlich wurden, der Geißel der Arbeitslosigkeit also ihr
Schrecken genommen werden konnte, schwand auch im allgemeinen Bewußtsein die
Angst vor technischen Neuerungen. Der technische Fortschritt forderte nicht länger
das Opfer vieler, sondern wurde im Gefolge der Arbeitspolitik allen nutzbar gemacht. Seine soziale Kontrolle verhütete das Entstehen neuer Problemgruppen. Das
Gefühl des Überzähligseins konnte bei dieser Perspektive nicht aufkommen.

★

Das optimistische Gegenbild des soeben geschilderten zweiten, wünschbaren Szenarios ist kein purer Wunschtraum — zumindest sollte es dies nicht sein. Es ist eine
Perspektive, eine reale Utopie dessen, was möglich erscheint, wenn man die Zukunft als gestaltbar ansieht und alle Kräfte dafür einsetzt. Die Lage ist (noch) nicht
so, daß alle Hoffnung aufgegeben werden müßte. (Es sei denn, man wartet auf den
großen Zusammenbruch in der Annahme, daß nach der Stunde Null alles anders
und besser wird.) Der Wert einer angewandten Zukunftsforschung besteht immerhin darin, daß durch ihre Ergebnisse klarer gesehen werden kann, was bei gleichbleibenden Bedingungen aller Wahrscheinlichkeit nach eintreten wird. Die Möglichkeiten werden zugleich deutlicher, wo und wie gegengesteuert werden kann. Notwendige Zielsetzungen drängen sich bei solchen Betrachtungen eindeutiger auf.

Neben der ,,richtigen" Konzeption kommt es bei gesellschaftspolitischen Fragestellungen aber immer auch auf die Machtverteilung und die Durchsetzungsfrage an.
Beides, Programmatik und Durchsetzungschancen, müssen berücksichtigt werden,
wenn die konkreten Anforderungen an eine Arbeitspolitik und deren Durchsetzbarkeit nun im einzelnen zu schildern sind. Bevor auf diese konzeptionellen und strategischen Fragen näher eingegangen werden kann, ist allerdings zunächst eine realistische Analyse über die Bestimmungsfaktoren der Arbeitsplätze und über deren
Steuerung durch die bisherige Arbeitsmarktpolitik fällig. Die öffentliche Debatte ist
geneigt, über bestimmte Tatsachen schnell hinwegzugehen. Sie gibt sich und die betroffenen Bürger damit nur allzu leicht Selbsttäuschungen hin.

2. Wer bestimmt über unsere Arbeitsplätze?

2.1 Falsche Reaktionen auf die neue Lage

Der Wendepunkt in der Sozialgeschichte der Nachkriegszeit, der Verlust der Vollbeschäftigung seit 1974, wurde anfänglich weder von der Wissenschaft noch in der politischen Praxis so richtig wahr- und ernstgenommen. Jedermann dachte zunächst an einen ähnlichen ,,Betriebsunfall'' wie in der Rezession 1966/1967 und erwartete demgemäß also auch das alsbaldige Eintreffen eines ebenso kräftigen nachfolgenden Aufschwungs. Der Automatismus der Konjunkturzyklen wirkte insofern immer beruhigend. Der preispolitische Ehrgeiz der Wirtschaftspolitiker, die Inflation zu bremsen, hatte infolgedessen 1974/1975 Vorrang vor über die üblichen Maßnahmen wesentlich hinausgehenden arbeitsmarktpolitischen Initiativen. Die autonome Bundesbank tat das Ihre dazu, indem sie die Geldmenge weiter verknappte und die Zinssätze zu lange rigoros hoch hielt. Eine gezielte, antizyklische Arbeitsmarktpolitik hätte natürlich genau umgekehrt einen erhöhten Geldeinsatz gefordert.

In genau diesen Jahren mit ihren unbestrittenen Erfolgen an der Preisfront erfolgte ein Beschäftigungseinbruch, an dem wir heute noch zu laborieren haben. Die seitherige Zahl von über einer Million Arbeitslosen täuscht nämlich darüber hinweg, daß 1974/1975 schlagartig 1,6 bis 1,7 Millionen Arbeitsplätze wegfielen, die seither nicht mehr besetzt oder mittlerweile vernichtet wurden. (Diese und die folgenden Zahlenangaben entstammen sämtlich der offiziellen Statistik einzelner Bundesministerien, des Statistischen Bundesamtes oder der Bundesanstalt für Arbeit (BA), insbesondere den Mitte 1978 erschienenen ,,Überlegungen II zu einer vorausschauenden Arbeitsmarktpolitik'' der BA, Nürnberg.) Man schätzt, daß etwa die Hälfte dieser Arbeitsplätze an sich noch vorhanden sind und bei erhöhter Auslastung der vorhandenen Kapazitäten wieder besetzt werden könnten.

Bei diesen Zahlen ist zu berücksichtigen, daß seither etwa 600 000 ausländische Arbeitnehmer in ihre Heimat zurückgekehrt sind. Weitere 400 000 Inländer (vor allem Frauen) resignierten am Arbeitsamt und erscheinen nicht mehr in den Statistiken der Arbeitslosen. Dafür drängen nun mehr Jugendliche in den Arbeitsprozeß. Man kann also sagen, daß die aktuelle Unterauslastung des vorhandenen Arbeitskräftepotentials ebenso wie auch der bestehenden wirtschaftlichen Kapazitäten gut 10 v.H. im Vergleich zu den Zeiten der Hochkonjunktur beträgt. Was liegt also näher, als erhöhtes Wachstum um jeden Preis zu fordern? Damit wäre doch wohl ebenso schlagartig das gesamte Problem erledigt?

Dieses einfache und immer noch einleuchtend erscheinende Rezept übersieht allerdings, daß durch beschleunigtes Wachstum auch das ,,Freisetzungs''-Tempo infolge arbeitssparender Techniken und sonstiger Rationalisierungsmöglichkeiten verschärft wird. Das erste Beispiel dafür war das ,,Zwischenhoch'' des Aufschwungs von 1976 mit + 5,5 v.H. BSP-Wachstum (aus einer relativ tiefen Talsohle heraus), das indessen an den Arbeitsmarktdaten im wesentlichen nichts geändert hat. Die Million Stellungsloser blieb unverändert bestehen. Man muß bei allen praxisbezogenen Überlegungen davon ausgehen, daß jetzt und in Zukunft bei normalem Wachstum und ansonsten gleichbleibenden Bedingungen in der Bundesrepublik jährlich per Saldo etwa 200 000 Arbeitsplätze infolge Rationalisierung verlorengehen.

2.2 Hoffnungen an die falsche Adresse

Sicher wäre es zu einfach, in dieser Situation nur auf die Wunderwaffe Wachstum zu setzen, denn es müßte in der Tat gigantisch ausfallen, soll es die genannten Rationalisierungseffekte überspielen und zugleich das wartende Arbeitslosenheer sowie die vor der Tür stehenden Hunderttausende von Jugendlichen absorbieren. Was dabei an Gütern und Umweltzerstörung produziert werden müßte, übersteigt das Notwendige und Vorstellbare. Dennoch beherrscht die Wachstumslösung weithin die allgemeine Diskussion — im wesentlichen mit Ausnahme nur der Gewerkschaften (und vielleicht einiger Umweltschützer). Rechnerisch müßte das Wachstum bei dieser Erwartungshaltung mindestens verdoppelt werden und zudem bei beschleunigter Rationalisierung noch ständig weiter ansteigen. In diese Logik paßt es nun ganz und gar nicht, daß von dieser herrschenden Meinung (der ,,Sachverständigen'', Unternehmer, Politiker) die tragenden Säulen des zu errichtenden Wachstumsgebäudes — nämlich die privaten und öffentlichen Nachfrageimpulse — gleichzeitig herauskatapultiert werden: Lohnzurückhaltung und Steuernachlässe für Unternehmer werden nämlich bei jeder sich bietenden Gelegenheit in der Öffentlichkeit lautstark gefordert. Die Schwächung der Massenkaufkraft und des staatlichen Ankurbelungsmotors, die dies notwendigerweise im Gefolge haben müßte, werden dabei bewußt verschwiegen.

Widersprüchliche Patentrezepte helfen ebensowenig weiter wie die Hoffnung auf globale Lösungen ,,auf einen Streich''. Der Eindruck ist ja immer noch bei breiten Bevölkerungskreisen verbreitet, die Regierung müßte es nur richtig wollen und die Unternehmer zwingen, etwa auch einen Lohnstopp durchsetzen oder die Banken vergesellschaften, die Frauen wieder an den heimischen Herd führen oder für die Jugendlichen eine öffentliche Arbeitspflicht einführen. Die kleinen Münzen unreflektierter Argumente von gestern oder übermorgen zählen nicht nur auf der Ebene politischer Biertische als Ersatz für fehlende Perspektiven von heute. Nicht ganz so trivial, aber gleichen Denkmustern entspringend, erscheint jene Hoffnung auf den Staat, wie sie sich z. B. auch bei den traditionellen gewerkschaftlichen Verlautbarungen gegenüber Regierungen oder auch supranationalen Gremien und Gipfeln artikuliert. Wären Staat und Regierungen gerade auf diesem Gebiet nicht so ohnmächtig (zumindest solange sich strukturell nichts ändert), würden sie den verbreiteten Hoffnungen möglicherweise sogar weit stärker entgegenkommen.

Diesem Erwartungshorizont liegt teilweise eine Überforderung der Struktur- und Arbeitsmarktpolitik in einer kapital- und privatwirtschaftlich bestimmten Gesellschaft zugrunde. Der Staat hat gerade in der Frage der Arbeitsplätze nicht die Macht, die er gern hätte oder die ihm gerne zugeschrieben würde. Denn nicht die Regierungen oder die Gebietskörperschaften sind die das Geschehen auf dem Arbeitsmarkt im wesentlichen bestimmenden Arbeitgeber, sondern juristische Privatleute, die es sich ihrer Rechtsnatur nach verbitten, wenn ihnen jemand im unternehmerischen Umgang mit ihrem Eigentum Vorschriften irgendwelcher Art machen möchte.

Das Eigentum ist geschützt und heilig. Für seine Verwendung, Bearbeitung, Mehrung und Veränderung gibt es spezifische Märkte: Gütermärkte, Dienstleistungsmärkte, Immobilienmärkte, Arbeitsmärkte. Wer dagegen aufbegehrt, ist im Verständnis der jeweiligen Eigentümer ein Feind der Ordnung oder zumindest ein lebensfremder Bürokrat. In diesen Augen wird ein Staat, sobald er die Interessen der Mehrheit der Arbeitnehmer nur ernsthaft vertritt, ein Gegenspieler. Man muß sich ihm daher entziehen oder ihn (vielleicht gerade deshalb) auf seine Seite ziehen. Klüngeln mit dem Staat und Erpressung des Staates liegen nahe beieinander und sind typische Unternehmerreaktionen gerade der jüngeren Vergangenheit.

2.3 Unternehmen und Arbeitsmarkt

Wenn man fragt, wer eigentlich über unsere Arbeitsplätze bestimmt, erhält man eine Reihe Antworten. Die einen sagen, die Unternehmer und ihr Management. Diese wiederum behaupten, sekundiert unter anderem durch den sogenannten Sachverständigenrat, entscheidend seien vielmehr die Gewerkschaften mti ihrem vorgeblichen Arbeitsmarktmonopol. Tarifverhandlungen glichen ja oft ,,Selbstbedienungsläden" (so DIHT-Präsident Wolff von Amerongen), deren sich die Arbeitgeber kaum noch zu erwehren wüßten. Die liberale Mitte meint, der einzelne entscheide hauptsächlich durch Leistung und Qualifikation über sein berufliches Schicksal. Und alle zusammen stimmen in den Ruf nach dem Staat ein, wenn es wirklich ernst wird. Vergessen wird dabei vielfach, daß die Arbeitsverwaltung eigentlich ein Selbstverwaltungsinstrument darstellt.

In allen Positionen steckt ein Körnchen Wahrheit, nur heißt es hier zu differenzieren. Das ,,Mehr'' oder ,,Weniger'' ist entscheidend. Der Versuch, die Wechselbeziehungen der Einflußgrößen grafisch etwas zu veranschaulichen, führt zu folgendem Bild:

Bestimmungsfaktoren über Arbeitsplätze

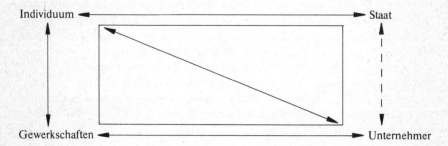

Geht man von der individualrechtlichen Vertragstheorie aus, so definiert jeweils der einzelne in seinem Arbeitskontrakt mit dem Arbeitgeber die Bedingungen seines Dienstverhältnisses. Juristisch handelt es sich um souveräne Partner, zwischen die sich im Laufe der Zeit nur der Staat mit seinen Arbeitsgesetzen (individuelle und später kollektive Schutzrechte) sowie die Gewerkschaften mit ihrer Tarifvertragspolitik eingeschaltet haben. Faktisch handelt es sich hierbei jedoch aufgrund der gegebenen Macht- und Eigentumsverteilung im Prinzip um ein einseitiges Abhängigkeitsverhältnis, in dem unternehmerische bzw. Kapitalstrategien jenseits der individuellen Leistungserbringung den Ausschlag geben. Bei Stillegungen — z. B. nach einer Fusion — oder bei technologisch bedingten Änderungen verhindert auch noch so viel persönliche Tüchtigkeit nicht eine fällige Entlassung.

Arbeitsverträge in der Privatwirtschaft sind ihrem Wesen nach Verträge auf Zeit. Sie beziehen sich nicht auf den ganzen Menschen, obwohl er den meisten Teil seiner wachen Zeit am Arbeitsplatz verbringt, sondern nur auf einen bestimmten, verwertbaren Ausschnitt seiner kreativen und produktiven Fähigkeiten. Seine humanen, mit dem Arbeitsverhältnis verknüpften, gesellschaftspolitischen Interessen vertritt der einzelne Arbeitnehmer vorrangig mit Hilfe seiner Gewerkschaften, die die Rahmenbedingungen der Arbeit neuerdings verstärkt einschließlich der Arbeitsbelastung und der Arbeitsplatzsicherung mit dem Arbeitgeber (bzw. dessen Verbänden) vereinbaren. Der Staat hat demgegenüber — soweit er nicht selbst als Arbeitgeber auftritt — einen eher indirekten Einfluß auf den Unternehmer. Er legt zwar Mindestnormen (z. B. hinsichtlich der Vertragsbedingungen, der Arbeitszeit, des Urlaubs, der Betriebsverfassung bzw. der Personalvertretung) fest, hat aber keinen Einfluß auf die Art und Zahl der Vertragsverhältnisse. Über Einstellungen und Entlassungen entscheidet letztlich allein der Arbeitgeber nach wirtschaftlichem Ermessen. Der staatliche Einfluß auf die Arbeitsplätze selbst ist insofern vergleichsweise am schwächsten unter den genannten Einflußfaktoren.

Die Betrachtung des Menschen als austauschbarer ,,Faktor Arbeit'' reißt naturgemäß den Menschen als Persönlichkeit und seine Arbeitsleistung auseinander. Insofern gibt es auch keinen autonomen Arbeitsmarkt quasi als Menschenmarkt, sondern nur abgeleitete, von vielen Zufälligkeiten abhängige und bei weitem nicht immer nur öffentliche Leistungs- und Funktionsteilmärkte.

Das Problem dieser Praxis ist allerdings, ob man das Schicksal des Menschen in jedem Falle einem solchen Markt übertragen kann. Die Antwort in einem Sozialstaat kann nur ,,Nein'' lauten. Denn auf jedem Markt besteht logischerweise das Gesetz von Angebot und Nachfrage. Knappheitserscheinungen auf einer Seite müssen nach traditioneller ökonomischer Lehre immer über die Preise reguliert werden. Überwiegt das Angebot an Arbeit — wie gegenwärtig — dauerhaft die Nachfrage nach Arbeitsleistung durch die Unternehmen, so ist die Arbeitskraft billiger zu verkaufen, sprich: Lohnsenkung auf der Tagesordnung. Genau das ist das wirtschaftliche Credo der überwältigenden Mehrheit unserer fünf ,,Weisen'' samt der Wirtschaftslobby. (*Kurt Biedenkopf* spricht diesen Gedanken in unverhohlener Offenheit aus, wenn er als eines der Mittel zur Überwindung der Arbeitslosigkeit fordert, die Löhne der unteren, weniger qualifizierten Arbeitskräfte ,,stärker nach wirtschaftlichen Maßstäben'' zu bemessen, d. h. entsprechend ihrem Produktivitätsbeitrag zu senken, und als Ausgleich für die dann fälligen Einkommensausfälle meint, in Analogie zum Wohngeld ein von der Öffentlichkeit aufzubringendes Lohngeld zur Sicherung des Existenzminimums in die Debatte bringen zu sollen — vgl.: Wege aus der Arbeitslosigkeit, 1978, S. 75 f.)

Ein solches Vorgehen wäre gleichzeitig uneingestandenermaßen das Ende der viel propagierten Leistungsgesellschaft. Denn nicht länger soll fürderhin die individuelle Leistung über die Höhe der Entlohnung entscheiden, sondern die zufälligen Schwankungen des demografischen Potentials und die Zahl der Konkurrenten um die Arbeitsplätze! Daß daraus notwendigerweise ein Verdrängungswettbewerb der Arbeitnehmer untereinander entsteht, wie wir ihn heute erleben, wird hierbei natürlich nicht ausgesprochen. Die Gefahr marktregulierender Eingriffe könnte ja damit heraufbeschworen werden. Solche staatlichen Eingriffe wurden in der Vergangenheit allerdings gestartet, um Spekulationswellen nach oben zu bremsen (Beispiel: Knappheitssektor Grund und Boden). Hier allerdings geht es um das umgekehrte Problem, nämlich um die Sicherung des Lebensunterhalts für alle. Die Verdrängungsbewegung hat immerhin schon zum Entstehen immer weiter anwachsender, früher unbekannter oder zumindest weniger ins Gewicht fallender Problemgruppen auf dem Arbeitsmarkt geführt. Der Knappheitsfaktor ,,Arbeit'' führt nach Marktgesetzen zwangsläufig zum unerbittlichen Aussondern der Schwachen.

Die Rede vom ,,Arbeitsmarkt'' übersieht ferner, daß die Unternehmen es in jüngster Zeit immer erfolgreicher verstanden haben, sich vom öffentlichen Arbeitsmarkt in der Organisationsform der Arbeitsverwaltung der Bundesanstalt für Arbeit abzukoppeln. Der Trend zu einer geschlossenen, unternehmensinternen Arbeitsregulierung in Verbindung mit dem Ausbau des Systems betrieblicher Personalplanungen ist unübersehbar. Am deutlichsten zeigt sich dies in dem niedrigen Einschaltungsgrad der Arbeitsämter von knapp 25 v.H. bei Vermittlungen von Arbeitsverhältnissen über sieben Kalendertage durch die Unternehmen und insbesondere in der Halbierung der Vermittlungsquote (von 60,4 auf 34,1 v.H.) in den letzten 15 Jahren. Dies bedeutet in der Praxis, daß zum Abschluß längerfristiger Arbeitsverhältnisse firmenseitig nur in jedem vierten Fall die Arbeitsverwaltung erfolgreich bemüht wird; dabei kommt nur ein Drittel der registrierten Arbeitssuchenden zum Zuge, während es in der Rezession der sechziger Jahre noch etwa die Hälfte waren.

Darin liegt keine Schuld der Bundesanstalt für Arbeit. Auch war die Arbeitslosenzahl in den letzten 25 Jahren noch nie so hoch wie jetzt. Die Nachfrage nach Kräften für Dienstleistungs- und Verwaltungsberufe war in den sechziger Jahren bekanntlich ebenfalls noch stark.

Dennoch ist unübersehbar, daß die Unternehmen zunehmend autonomer von außen werden. Dies ist erklärtes Ziel ihrer Personalpolitik — und zwar in dem Maße, in dem diese sich auch auf die qualitative Ebene erstreckt. Dieser Prozeß ist näher zu erläutern.

2.3.1 Arbeitspolitische Strategien der Unternehmen

Die ,,Personalwirtschaft'' oder das ,,Personalwesen'', wie sie im traditionellen Jargon des Managements heißen, spielten und spielen im Zusammenhang mit dem Arbeitseinsatz schon immer eine wesentliche Rolle in der Unternehmensorganisation und -planung. Fehlendes oder unzufriedenes Personal kann den Betriebsablauf erheblich stören und den Unternehmenserfolg (Absatz- und Ertragsplanung) damit nachhaltig gefährden. Diesen Störfaktor zu minimieren und den sog. Faktor Arbeit zu effektivieren ist Aufgabe jeder betrieblichen Personalabteilung und des vielfach eigens geschaffenen Personalvorstandes (Personal- und Sozialwesen, ,,Arbeitsdirektor'') im Unternehmen.

Ausgangspunkt des Wirkens dieser leitenden Angestellten waren zunächst Probleme, die heute gebannt erscheinen. Firmenchroniken der Jahrhundertwende berichten beispielsweise von jährlichen Fluktuationsquoten um 100 Prozent. Dies bedeutete also den Umschlag praktisch des gesamten Personals in einem Jahr und eine kaum zu bewältigende Vielzahl sehr kurzfristiger Einstellungen. Der Anlernaufwand und vor allem die Fluktuationskosten waren beträchtlich. Die Personalwerbung und -beschaffung war die Hauptsorge damaliger Personalbüros. Mit Stolz vermerken beispielsweise die Sozialberichte der Bayer-Werke, von einer solch hohen Quote auf 8 v.H. Anfang der siebziger Jahre angelangt zu sein.

Zu diesem Zwecke wurde von den Unternehmen eine Palette sozialpolitischer Maßnahmen eingesetzt, die alle darauf abzielten, die Werksbindung zu erhöhen. Werkswohnungen, Kantinenessen, betriebliche Gesundheitsstationen und Pensionsfonds wurden eingerichtet. Damit wurden die damals noch wesentlich stärker gefährdeten Grundbedürfnisse, wie Wohnen, Nahrung, Gesundheit, Alterssicherung der Beschäftigten, befriedigt. Hinzu kamen später Aus- und Weiterbildungs- sowie Freizeitangebote (Kurse, Büchereien, kulturelle Angebote, betriebliches Vereinswesen usw.). Solche betriebliche Sozialpolitik mit der Wirkung ,,goldener Ketten'' geschah nicht aus reiner Menschenfreundlichkeit. Sie flankierte lediglich die betriebliche Personalpolitik. Die entsprechenden Aufwendungen könnte man als menchliche ,,Wartungskosten'' abbuchen. (Es gibt allerdings auch die Möglichkeit einer arbeitnehmerorientierten Ausgestaltung der betrieblichen Personal- und Sozialpolitik unter Nutzung übernationaler Umlagefonds wie z. B. in der mitbestimmten Stahlindustrie — vgl.: *Engere Mitarbeiter der Arbeitsdirektoren Eisen und Stahl,* Zur Organisation des Vorstandsressorts Arbeitsdirektor, Köln 1977.)

Derartige Bemühungen erscheinen dem ,,modernen'' Management angesichts gesicherter Leistungen des Sozialstaats heute vielfach überholt. Die Personalstrategien werden direkter angesetzt. Fürsorglicher Patriarchalismus ist nicht mehr gefragt. Zwar bestanden in der unmittelbaren Nachkriegszeit noch ähnliche Notwendigkeiten, aber zu dieser Zeit gab es dank vielfältigen Zuzugs von Vertriebenen und Flüchtlingen gleichzeitig auch genügend Arbeitskräfte. Diese Situation änderte sich Ende der fünfziger und zu Beginn der sechziger Jahre. Mit dem Übergang zur Fünf-Tage-Woche und dem Abblocken der innerdeutschen Wanderungsbewegung (Mauerbau) trat nunmehr ein empfindlicher Personalmangel auf.

Zur Steuerung der Anwerbeprozesse auf internationaler Ebene — vor allem aus den Mittelmeer-Anrainern — sowie zur Beseitigung entstehender Qualifikationsengpässe („Bildungsnotstand") begannen nunmehr verstärkt vor allem die größeren Unternehmen, ihre vorhandenen Personalstatistiken zu einem System vorausschauender Personalplanung auszubauen. Das Betriebsverfassungsgesetz 1972 trug dieser Entwicklung Rechnung. Auf Druck der Gewerkschaften erweiterte es die personellen Mitbestimmungsrechte der Betriebsräte unter ausdrücklicher Verwendung des Begriffs „Personalplanung" (vgl. §§ 92, 106, 111 BetrVG). Viele Arbeitnehmervertreter wußten und wissen damit allerdings wenig anzufangen, obwohl es hier um ganz konkrete Arbeitnehmerschicksale geht.

2.3.2 Personalplanung und Rationalisierung

Nach der arbeitspolitischen Wende mit dem Ausbruch der Krise und dem nun einsetzenden Arbeitskräfteüberfluß erhielt das Instrument der Personalplanung für das unternehmerische Management eine neue Qualität. Vorrangige Frage dieser neuen Konstellation ist nun die der Arbeitskräfteeinsparung. Verlangsamtes Wachstum, nachlassende Nachfrage, verschärfter internationaler Konkurrenzdruck auf bestimmten Märkten, die mit einer erfolgreichen Einkommenspolitik der Gewerkschaften einhergehenden erhöhten Arbeitskosten veranlaßten eine arbeitspolitische Doppelstrategie, die die Krise letzten Endes nur noch verschlimmerte. Dem allgemein propagierten Druck zur personellen Rationalisierung, der mit den arbeitssparenden Wirkungen eines massiven EDV-Einsatzes vor allem im Angestelltenbereich und dem Einbruch der jüngsten Rezession zeitlich zusammenfiel, wurde in einer Weise entsprochen, die unverhofft erfolgreich war.

Die von der Unternehmensberatung in all ihren Schattierungen verkündete Formel der Personalkostenreduzierung bei *gleichzeitiger* Leistungssteigerung (die einem Laien zunächst wie die Quadratur des Zirkels anmuten mag) wurde tatsächlich Wirklichkeit. Nach dem Ausweis statistischer Reihen leisten in Industrie und Dienstleistung heute wesentlich weniger Arbeiter und Angestellte erheblich mehr als die zahlenmäßig stärkeren Belegschaften zur Zeit der Vollbeschäftigung. Im Jahre 1978 produzierten sechs Prozent weniger Arbeitnehmer ein um gut neun Prozent höheres Ergebnis als 1973. Die Geschwindigkeit dieser Scherenbewegung zwischen Beschäftigungsstand und Produktionsausstoß ist bei einer Verlängerung dieses Trends in die Zukunft nachgerade beängstigend.

Ursache dafür ist nicht nur der kapitalintensive Einsatz neuer Technologien, sondern auch die „billige" Rationalisierung durch eine immer ausgeklügeltere Arbeitsorganisation, auf die sich die Organisationssystematiker der von jeder besseren Firma angeheuerten Beratungsgesellschaften spezialisiert haben. Die Ergebnisse dieser arbeitspolitischen Strategien liegen auf der Hand:

● geplante Unterdeckung der Belegschaftsstärke zwischen 10 und 20 v.H. unter dem technisch notwendigen Normal-Soll mit der Konsequenz fortwährend anfallender, hoher Mehrarbeit und einer ständigen Leistungsverdichtung;

● Einplanung personeller, kurzfristig kündbarer ,,Abbaureserven'' (Personalpuffer), um den Belegschaftsstand jederzeit flexibel an den Auslastungsgrad der Produktions- oder Dienstleistungskapazitäten anpassen zu können;

● damit verbunden die Aufteilung der beschäftigten Arbeitnehmer in verringerte Stammbelegschaften mit höherer Qualifikation oder Berufserfahrung und flexibel einsetzbare Randbelegschaften mit durchschnittlich niedrigerer Werkszugehörigkeitsdauer und Qualifikation (wie Leiharbeitskräfte, Arbeitnehmer mit befristeten oder Werkverträgen, Teilzeitbeschäftigte, Hausfrauen, Jugendliche, Ausländer, Rentner);

● Ausbau der quantitativen und qualitativen Personalplanung unter Zuhilfenahme EDV-unterstützter Personal-Informationssysteme mit dem Ziel einer längerfristig angelegten personalpolitischen Entwicklungs- und Nachfolgeplanung (insbesondere der Führungs- und Nachwuchskräfte). Zugleich soll damit eine größere Unabhängigkeit von dem qualitativen Angebot des externen Arbeitsmarktes erzielt werden. Dies ist vor allem bei größeren Unternehmen festzustellen;

● Aussonderung und Ausmusterung gesundheitlich beeinträchtigter (leistungsgeminderter, älterer) Arbeitnehmer, Austausch un- und angelernter Kräfte durch extern rekrutierte Facharbeiter in bestimmten Branchen, Umwandlung von Vollarbeits- in Teilzeitstellen je nach Kapazitätsanfall, Nichtübernahme jugendlicher Ausgebildeter und Vorzeitpensionierung; damit Entstehung und Vergrößerung der Problemgruppen.

Die Arbeitgeber hatten immer schon ein Interesse an fachkundigen Stammbelegschaften in ihren Betrieben, die sie nach Möglichkeit auch in Krisenzeiten durchgehalten haben. Erfahrene Facharbeiter oder spezialisierte Sachbearbeiter mit längerer Werkszugehörigkeit bilden beispielsweise einen solchen Kern. Darum herum gruppieren sich ungelernte und angelernte Kräfte, von denen man sich eher trennen kann, da sie um so schneller ersetzbar erscheinen, je kürzer die Anlernzeit für die benötigte Tätigkeit ist. So hat zum Beispiel auch die Zahl der Fälle der sog. Arbeitnehmerüberlassung im zweiten Halbjahr 1977 gegenüber dem Vorjahr um 17,3 v.H.

und gegenüber 1975 um 61,2 v.H. (d.h. um 47 279 Fälle) zugenommen. Das Volumen der Beschäftigungstage dieser Leiharbeitnehmer in den Entleihbetrieben verdoppelte sich in diesen beiden Jahren sogar auf knapp zwei Millionen. Damit werden ohne jeden Zweifel viele Vollarbeitsplätze bedroht.

Bei diesen Daten handelt es sich im übrigen nur um die offiziell registrierte gewerbsmäßige Arbeitnehmerüberlassung, sie erfassen also nicht das illegal betriebene Leiharbeiterunwesen mit seiner erheblichen Dunkelziffer. Die Gewerkschaft Bau — Steine — Erden schätzt, daß gegenwärtig bereits etwa 20 v.H. der Bauarbeiter von Leihfirmen gestellt werden (Der Grundstein, 5/1978). In manchen Chemiekonzernen und Erdölraffinerien macht der Anteil der ,,Kontraktoren'' mit ominösen Werkverträgen schon fast ein Drittel aus (Der Gewerkschafter, 9/1977). Dieser Prozeß hebelt die Schutzrechte der Arbeitnehmervertretung immer weiter aus, weshalb die Gewerkschaften ein gesetzliches Verbot dieser Praxis fordern. Bisher allerdings ohne Ergebnis.

Die technische Entwicklung, die die Verminderung bestimmter Anforderungen ermöglicht und damit Niedrig- und Dequalifizierung begünstigt, unterstützt einen Prozeß der Polarisierung der Belegschaften und damit einer Aufspaltung des Arbeitsmarktes. Darüber klagt eine immer breiter anschwellende und auch durch neuere empirische Betriebsuntersuchungen belegte Literatur (statt vieler: *Mickler, O. u.a.,* Produktion und Qualifikation, Göttingen 1977).

In den periodischen Strukturanalysen der Bundesanstalt für Arbeit über die Arbeitslosen und die offenen Stellen spiegelt sich das Ergebnis dieser arbeitspolitischen Strategien folgendermaßen wider:

Von den 913 000 Arbeitslosen im Mai 1978 z.B. wiesen 29 v.H. (263 000) gesundheitliche Einschränkungen auf (Männer allein: 35 v.H.). Knapp 13 v.H. waren über 55 Jahre, etwas weniger, 8,4 v.H. unter 20 Jahre alt. Mehr als die Hälfte (55,5 v.H.) verfügte über keine abgeschlossene Berufsausbildung.

Die Vermittelbarkeit auf dem Arbeitsmarkt wiederum verringert sich dadurch, daß die Betriebe einschränkende Bedingungen für eine Arbeitsaufnahme stellen: Bei über 38 v.H. der offenen Stellen wird z.B. ein Höchstalter (von überwiegend 40 bis 45 Jahren), bei knapp 35 v.H. ein Mindestalter (von meist 20 Jahren aufwärts) festgesetzt. Damit kommen Auswahlgesichtspunkte ins Spiel hinsichtlich Alter, Qualifikation und nicht zuletzt Gesundheit, die normalerweise kein Betriebsrat billigen dürfte und würde.

Im Verständnis so mancher Personalabteilung ist der Arbeitsmarkt ein Austauschreservoir, aus dem man sich die Rosinen zur Verjüngung und qualitativen Aufbesserung des eigenen Personals herauspickt. Gibt der Arbeitsmarkt dann im Bedarfsfall nicht genug her, ist es sehr leicht, über Unfähigkeit oder mangelnden Arbeitswillen der Arbeitslosen zu klagen.

Die Personalplanung berührt in hohem Maße die Arbeitnehmerinteressen. Sie ist daher ein besonderes Konfliktfeld dann, wenn selbstbewußte Betriebsräte diese Interessen beharrlich und unter Nutzung sämtlicher tarifvertraglicher und gesetzlicher Gegebenheiten vertreten. Die Bedeutung dieser Interessenvertretung wird in Zukunft angesichts der beschäftigungspolitischen Großwetterlage ganz zwangsläufig zunehmen. Die erste und wesentliche Verteidigungslinie für die Erhaltung der Arbeitsverhältnisse befindet sich nun einmal in den Unternehmen selbst.

2.4 Die Rolle der Gewerkschaften — Rückblick und neue Aufgabenstellungen

Die Gewerkschaften als Interessenvertretung der Arbeitnehmer und damit als Arbeitsmarktpartei haben im Verlauf ihrer über einhundertjährigen Geschichte eine Vielzahl von Schutz- und Beteiligungsrechten mit Bezug auf die unternehmerische Arbeitspolitik durchsetzen können. Ihre Entstehung ist, historisch gesehen, eine Reaktion auf die existentielle Abhängigkeit von der Arbeitssituation und die dadurch bedingten Wechselfälle. Die besitzlosen Proletarier des letzten Jahrhunderts sahen sich zunächst gezwungen, Selbsthilfeeinrichtungen auf Gegenseitigkeit zu schaffen für die Fälle von Arbeitslosigkeit, Unfällen, Krankheit, Invalidität, Alterssicherung oder auch Streiks. Die Kraft dieser solidarischen Zusammenschlüsse auf berufsständischer Basis versetzte die ,,Gewerkvereine'' sodann in die Lage, die wesentlichen Fragen des Lohns, der Arbeitsbedingungen, insbesondere der Arbeitszeit (Durchsetzung des Achtstundentags, des Rechts auf Urlaub) auf dem Wege des Kollektivvertrags zu regeln.

Der nächste Schritt in dieser Entwicklung der Gewerkschaften zur Tarif- und Arbeitspartei war die Forderung nach einer Vertretung der Arbeitnehmerschaft in Form von Räteeinrichtungen auf betrieblicher und überbetrieblicher Ebene. Davon wurde die Forderung der Mitbestimmung in Betrieb und Unternehmen teilweise verwirklicht. Auf überbetrieblicher Ebene gibt es den Torso der drittelparitätischen ,,Selbstverwaltung'' der Arbeitsverwaltung (BA) und der sozialen Sicherung (Krankenkassen, Rentenversicherung usw.). Die weitergehende Zielsetzung der Schaffung paritätischer Wirtschafts- und Sozialräte auf Landes- und Bundesebene blieb bis auf die kurze Episode des Reichswirtschaftsrates in den zwanziger Jahren bislang eine noch nicht eingelöste Wunschvorstellung. Dies mochte solange noch eher zu verschmerzen sein, als noch Vollbeschäftigung herrschte. Die fehlende überbetriebliche Mitbestimmung, für die die Konzertierte Aktion nie auch nur annähernd einen Ersatz darstellen konnte, erschwert nun eine wirksamere arbeitspolitische Interessenvertretung der Arbeitnehmer vor allem auf regionaler Ebene.

In den Jahren der Arbeitskräfteknappheit (zwischen 1960 und 1973) wurde den Gewerkschaften gelegentlich ihr vorgebliches „Arbeitsmarktmonopol" von der Arbeitgeberseite vorgehalten, das durch die Tarifvertragspolitik praktiziert werde. Die Inhalte der Tarifvereinbarungen richteten sich jedoch in dieser Zeit in erster Linie auf die klassischen Ebenen der Lohngestaltung, der Regulierung der allgemeinen Arbeitsbedingungen und der Arbeitszeit. Stärker auf die Arbeitsinhalte und die Arbeitsgestaltung („Humanisierung der Arbeit"), die Arbeitsbelastung und damit das Arbeitsvolumen und den konkreten Personalbedarf selbst bezogene Vereinbarungen sind neueren und neuesten Datums. Dies hängt unter anderem auch mit den nunmehr veränderten Rahmenbedingungen der Rationalisierungsprozesse zusammen. In den sechziger Jahren wurden durch Mechanisierung und Teilautomatisierung in erheblichem Ausmaß menschenunwürdige Arbeitsplätze, die Knochenarbeit erforderten, abgebaut. Dafür standen auf der anderen Seite vor allem im Dienstleistungssektor Ersatzarbeitsplätze bereit. Die gewerkschaftliche Tarifpolitik betätigte sich insofern auch gemäß ihrem eigenen Verständnis als „Rationalisierungspeitsche". Angesichts der heutigen leistungspolitischen Offensive in den Unternehmen und hoher Dauerarbeitslosigkeit gehen nun die Uhren auf diesem Gebiet etwas anders.

Zwar gab es bereits seit Mitte der sechziger Jahre immer zahlreichere sog. Rationalisierungsschutzabkommen, die gegenwärtig etwa für die Hälfte der Arbeitnehmer Gültigkeit besitzen. Ihre Hauptzielsetzung ist es jedoch, die *Folge* der Rationalisierung zu mildern, z.B. durch Verlängerung der Kündigungsfristen, Verdienstsicherung bei Umsetzungen, Abfindungszahlungen, Ausschluß der ordentlichen Kündigung für ältere Arbeitnehmer oder besondere Umschulungsmaßnahmen des Arbeitgebers. Die Bedeutung einer derartigen sozialen Absicherung wurde durch die gesetzliche Verpflichtung des Arbeitgebers, bei Betriebsänderungen eines gewissen Ausmaßes mit dem Betriebsrat einen Interessenausgleich (Sozialplan) herbeizuführen, unterstrichen (vgl. §§ 111 und 112 BetrVG). Ein *vorbeugender* Rationalisierungs- und Arbeitsplatzschutz ist damit allerdings bekanntlich nicht gewährleistet. Hieraus ergeben sich für die Tarifpolitik neue Aufgabenstellungen, die unten (s. 3.2) näher und eingehender zu beleuchten sind.

In den vergangenen Jahren hoher Arbeitslosigkeit ist die Klage über das sog. Monopol der Gewerkschaften auf dem Arbeitsmarkt (wie auch der im gleichen Atemzug hervorgebrachte Vorwurf des „Gewerkschaftsstaates") nahezu verstummt. Sie ertönt allenfalls noch im Zusammenhang harter Arbeitskämpfe. Zu deutlich ist demgegenüber die Arbeitsmarktmacht der Unternehmen im Verlauf der Krise geworden, die zudem durch die neuere Praxis des harten Konterschlags ruinöser Aussperrungen wirkungsvoll unterstrichen wird.

In der Arbeitsverwaltung sind die Arbeitsmarktparteien entsprechend der Selbstverwaltungskonstruktion neben Vertretern der öffentlichen Körperschaften in den Vorständen und Verwaltungsausschüssen der BA, der Landes- sowie der örtlichen Arbeitsämter zu je einem Drittel vertreten. Ihre Handlungsmöglichkeiten sind jedoch wegen der wechselseitigen Kontrolle der Arbeitsmarktparteien untereinander sowie der relativ engen rechtlichen Spielräume, die das maßgebliche Arbeitsförderungsgesetz (AFG) bietet, begrenzt. Einschränkend wirkt sich auch die Aufsichts- und Weisungsbefugnis des Bundesarbeitsministers aus. (Näheres dazu siehe im folgendem Punkt 2.5.)

Dennoch haben die Arbeitnehmervertreter in diesem Rahmen eine wichtige Funktion, die konzeptionell und strategisch noch längst nicht ausgeschöpft ist. Diese Frage wird unten bei der zukünftig stärker notwendigen Verzahnung zwischen betrieblicher und überbetrieblicher Arbeitspolitik noch aufzugreifen sein.

Greifbare Erfolge der Arbeitsplatzsicherung bzw. der Aufrechterhaltung von Arbeitsverhältnissen lassen sich darüber hinaus insbesondere im Gefolge der direkten Aktivitäten gewerkschaftlicher Funktionsträger in Betrieb und Unternehmen nachweisen.

Belege dafür bieten zwei neuere Untersuchungen bei Betriebsräten bzw. im arbeitsdirektorialen Bereich in der Stahlindustrie. Zum einen handelt es sich hierbei um eine ,,Erhebung über personalplanerische Aktivitäten in der gewerkschaftlichen Praxis'', durchgeführt bei etwa 120 auf dem Gebiete der Personalplanung aktiven Betriebsräten aus unterschiedlichen Branchen in Industrie und Dienstleistung. (Ergebnisse im einzelnen siehe WSI-Mitteilungen 4/1978.) Das wesentliche hier zu zitierende Ergebnis ist, daß die Arbeitnehmervertretung da, wo sie Initiativen der Gestaltung einer vorausschauenden Arbeitskräfteplanung entfaltete und zugleich entsprechende Betriebsvereinbarungen (über Einstellung, Umsetzung, Kündigung sowie das Personalplanungsverfahren insgesamt) abschloß, die Chancen der Arbeitsplatzsicherung bis hin zum erfolgreichen Widerspruch gegen Kündigungsabsichten des Arbeitgebers im Ernstfall bedeutend erhöht wurden. Der kollektivrechtliche Kündigungsschutz durch den Einsatz der Betriebsräte erwies sich dabei als bedeutend wirksamer als der lediglich individuelle Klageweg bei dem Arbeitsgericht, der überwiegend mit einem Vergleich (Abfindung) und damit Verlust des Arbeitsplatzes endet.

Eine arbeitnehmerorientierte Arbeitspolitik erfährt naturgemäß qualitativ weit bessere Ausgangsbedingungen bei Vorliegen der paritätischen Mitbestimmung wie im

Falle der Eisen- und Stahlindustrie. Bekanntlich befindet sich dieser Industriezweig in seiner bisher härtesten und längsten Krise beginnend seit 1975. Der durchschnittliche Auslastungsgrad schwankt seither um 70 Prozent. Obwohl beispielsweise die Produktion 1975/1976 um über 20 v.H. zurückging, wurde der Personalbestand in dieser Zeit nur um knapp fünf v.H. reduziert. Dies erfolgte über Einstellungsstopps, vorzeitige Pensionierung und ein hohes Maß an Kurzarbeit. Entlassungsaktionen wurden vermieden. Die Automobilindustrie hingegen, die 1974/1975 einen Produktionseinbruch in ähnlicher Größenordnung erfahren mußte, baute ihr Personal seinerzeit rigoros um über zehn v.H. ab. Mit dem Ergebnis übrigens, daß mit dem nachfolgenden Aufschwung fast ebenso viele Arbeitnehmer wieder neu eingestellt werden mußten und die Automobilindustrie bis heute Personalbeschaffungsprobleme hat. (Vgl. *Michaels,* H., Arbeitslosigkeit — und doch keine Arbeitskräfte, Düsseldorf/Wien 1978.)

Die Beeinflußbarkeit der beschäftigungspolitischen Grundsätze und Strategien in den Unternehmen ist also entscheidend für die gewerkschaftliche Interessenvertretung. Neben den genannten Ergebnissen hat eine Totalerhebung der ,,Engeren Mitarbeiter der Arbeitsdirektoren'' (unter Mitwirkung der IG Metall und des WSI) über die ,,Personal- und Qualifikationsplanung in der Eisen- und Stahlindustrie'' im Jahre 1977 auch den Nachweis erbringen können, daß die Zahl der Auszubildenden trotz allgemeinem Beschäftigungsrückgang gegenläufig zu diesem Trend vor allem im gewerblichen Bereich kontinuierlich ausgeweitet wurde. Dies wurde von den befragten 30 Unternehmen (mit knapp 300 000 Beschäftigten) vor allem mit einer gesellschaftspolitischen Verpflichtung begründet. (Näheres siehe in dem am Ende dieses Buches unter ,,Weiterführende Literatur'' angegebenen Titel.)

2.5 Der begrenzte Aktionsradius des Staates und der Arbeitsverwaltung

In der obigen Grafik ,,Bestimmungsfaktoren über die Arbeitsplätze'' ist der Pfeil zwischen Staat und Unternehmen nur gestrichelt eingezeichnet. Dies entspricht der Logik der auf dem Privateigentum basierenden Marktwirtschaft. Kein Unternehmer kann durch den Staat unmittelbar gezwungen werden, Leute einzustellen. (Der Versuch wurde bisher jedenfalls noch nicht unternommen.) Die unternehmerischen Freiheiten hinsichtlich Produktion, Preisfestsetzung, Gewinnverwendung und Investition umfassen auch die Beschäftigungsautonomie. Bei Einstellungen und Entlassungen müssen lediglich die staatlichen Rahmengesetze sowie die geltenden tarifvertraglichen Bestimmungen beachtet werden.

Dies erklärt im wesentlichen auch die Schwäche, um nicht zu sagen die Ohnmacht der öffentlichen Arbeitsmarktpolitik.

Ähnlich wie die betriebliche Personalplanung in der Praxis eine nachgelagerte Folgeplanung der längerfristigen ökonomischen Unternehmensplanung darstellt, ist die Arbeitsmarktpolitik auch im Funktionsgefüge der bestimmenden Politiken auf Bundesebene eine selbst ihrer Organisationsform nach nachgeordnete Größe. Als entscheidend gelten allgemein die staatliche Wirtschafts- und Finanzpolitik. Wachstumsankurbelung und antizyklische Fiskal- und, wenn es hoch kommt, auch antizyklische Konjunkturpolitik gelten als Patentmittel, um der Arbeitslosigkeit Herr zu werden. Im Urteil der Bundesanstalt für Arbeit erwies sich das öffentliche Beschäftigungsverhalten in der Krise demgegenüber sogar ,,im Ergebnis als prozyklisch'', also als krisenverschärfend statt -mildernd (vgl. Überlegungen II, S. 40).

Die Vollbeschäftigung ist im vorherrschenden Politikverständnis im wesentlichen ein Abfallprodukt der genannten Politiken. Greifen die staatlichen Investitionsankurbelungs- und die Steuerentlastungsinstrumente nicht, ist man mit dem Latein schon fast zu Ende. Schuldige werden dann reihum gesucht und benannt. Die Sündenböcke sind im Zweifelsfalle die Betroffenen selbst, die durch die Maßlosigkeit der gewerkschaftlichen Forderungen ihre Ansprüche überzogen. Oder man bezweifelt schlicht ihre Arbeitswilligkeit. Mit einer solchen Publikumsbeschimpfung ist allerdings kein Staat zu machen.

Die öffentliche Arbeitsmarktpolitik ist ein Stiefkind der Wirtschaftspolitik. Ihre organisatorische Struktur ist demgemäß heterogen. Es gibt zwar ein Bundesministerium für Arbeit und Sozialordnung (BMAS). Dies vereinigt aber eine Vielzahl von Ressorts in sich, wobei die soziale Sicherung die Hauptmasse des Etats wie auch der politischen Energien verschlingt. (Die Probleme der Finanzierung der Rentenversicherung hängen indirekt allerdings sehr wohl mit der Vollbeschäftigungsfrage zusammen.) Für die Arbeitsmarktpolitik im engeren Sinne ist eine aus- und nachgelagerte Behörde mit formaler Selbstverwaltung zuständig, die Bundesanstalt für Arbeit (BA). Sie untersteht der Rechtsaufsicht des BMAS. Ihre finanziellen Spielräume bemessen sich nach ihren Einnahmen aus Arbeitnehmer- und Arbeitgeberbeiträgen. Kann der Haushalt nicht ausgeglichen werden, wie z.B. infolge andauernd hoher Arbeitslosigkeit, muß der Bund einspringen. Zur Entlastung des Bundesetats werden dann aber auch Kürzungen der Aufwendungen und Leistungen vorgenommen, wie z.B. im Haushaltsstrukturgesetz 1976 und der damit bewirkten Änderungen im Leistungsumfang des Arbeitsförderungsgesetzes (AFG). Diese finanzielle Bremse wirkt also gerade dann, wenn Gasgeben besonders not täte.

Neben dem Bundesarbeitsministerium und der Bundesanstalt für Arbeit befassen sich noch eine Vielzahl anderer Institutionen mehr oder weniger direkt mit Arbeitsmarktpolitik: die Arbeitsministerien der Länder, die Wirtschaftsministerien des Bundes und der Länder, die Wohnungsbauressorts, die Kultusbürokratien und das

Bundesbildungsministerium (samt dem Bundesinstitut für Berufsbildung), das Jugend- und Gesundheitsministerium mit seinen nachgeordneten Behörden und nicht zuletzt die Innen- und Verkehrsressorts auf Bundes- bzw. Landesebene. Sie alle sind zusammen mit den Gebietskörperschaften Arbeitgeber von Millionen Beschäftigten im unmittelbaren oder mittelbaren öffentlichen Dienst. Sämtliche genannten Instanzen verfügen über arbeitspolitisch wirksame Mittel und Kompetenzen. Eine wechselseitige Abstimmung der jeweiligen Strategien oder gar ein Finanzausgleich zwischen den einzelnen Töpfen ist diesen Institutionen selbst in der Krise unbekannt.

Bevor einige Schlaglichter auf den Mittelaufwand dieser Vielzahl von Instanzen geworfen werden sollen, ist zunächst jedoch der politische Handlungsspielraum des unmittelbaren arbeitsmarktpolitischen Hauptakteurs, nämlich der BA in Nürnberg, noch etwas näher abzuklopfen.

Die BA ist das historische Endprodukt einer Linie, die im Prinzip mit der Kaiserlichen Botschaft Bismarcks 1881 einsetzte. Das damalige Sozialprogramm, das die ärgsten Gefährdungsbereiche der wachsenden Arbeiterklasse in staatsbürgerlicher Absicht anpacken wollte, sparte allerdings die konkrete Lösung der Arbeitslosenversicherung noch aus. Diese wurde erst mit der Schaffung der Reichsanstalt für Arbeitsvermittlung und Arbeitslosenversicherung im Jahre 1925 endgültig erreicht. Sie gründete auf dem Versicherungsprinzip (mit paritätischer Beitragszahlung und entsprechender Verwaltungsbeteiligung beider Arbeitsmarktparteien). Ihre Wirksamkeit beschränkte sich also immer auf den Fall eintretender Erwerbslosigkeit. Dieses Prinzip galt auch in der 1957 geschaffenen gleichnamigen Bundesanstalt fort. Es erfuhr erst 1969 mit der Verabschiedung des AFG und der Umbenennung in Bundesanstalt für Arbeit eine gewisse Akzentverlagerung: Nunmehr sollte nach dem erfolgreichen Beispiel der schwedischen ,,aktiven Arbeitsmarktpolitik'' nicht mehr der Ausgleichs- und Hilfsgedanke im *nachhinein* ausschlaggebend sein, sondern die *Vorbeugung* vor allem durch die qualifikatorische Anpassung der Arbeitskräfte an veränderte Anforderungen. Fortbildung und Umschulung, Hilfen für die Arbeitsaufnahme spielten als ,,operatives Programm'' nun die Hauptrolle gegenüber den Lohnersatzleistungen. 1973, zum Ausgang der Vollbeschäftigungsära, betrug der Mitteleinsatz für Arbeitslosengeld und -hilfe z.B. nur noch gut ein Viertel des gesamten Programmhaushalts der BA.

Diese Umorientierung hatte allerdings nur in ,,Friedenszeiten'' Bestand — aus erkennbaren finanziellen Gründen. 1977 war das Verhältnis wieder genau umgekehrt: Das operative vorbeugende Programm schmolz auf gut ein Drittel zusammen, die Lohnersatzleistungen bilden nun wieder naturgemäß das Gros des Aufwandes. Dies ist solange unausweichlich, als bei der Finanzierung immer noch die Höhe des Beitragsaufkommens entscheidend ist, was gerade bei länger anhaltender Arbeitslosigkeit keine antizyklische, nun notwendigerweise verstärkt vorbeugende Politik erlaubt, sondern nur noch Nothilfe im nachhinein.

Dieser durch das Haushaltsstrukturgesetz 1976 noch verstärkte Wandel des Mitteleinsatzes wirkte sich unmittelbar auch auf den Endverbraucher aus. Die Inanspruchnahme von Vollzeitunterricht zur beruflichen Bildung, überwiegend immer von Arbeitslosen genutzt, sank so in den Jahren 1977 und 1978 mit jeweils 69 000 um fast die Hälfte gegenüber 1975. Damals konnten sich noch 130 000 Personen (darunter knapp 100 000 Arbeitslose) in Ganztagskursen auf eine neue berufliche Karriere präparieren. Lediglich die Maßnahmen zur Arbeitsbeschaffung (ABM) wurden in diesem Zeitraum von 16 000 auf 47 000 erhöht. Dies ist jedoch angesichts der Millionenzahl von Arbeitslosen wiederum nicht sehr beträchtlich. Die Ausgaben für ABM betrugen 1977 beispielsweise nur knapp fünf v.H. des gesamten Programmetats der BA. Die Förderung der Arbeitsaufnahme (Eingliederungsbeihilfen wie z.B. für Ältere usw.) blieb mit 2,8 v.H. des Haushalts ebenfalls recht gering. (Vgl. Überlegungen II, S. 32 und 125.) Dies ist jedoch nicht Ergebnis mangelnder Hilfswilligkeit oder fehlenden Problembewußtseins, sondern weitgehend Folge der begrenzten Finanzierungsquellen dieser Selbstverwaltungseinrichtung. Vorstand und Verwaltungsausschuß der BA sehen eine ihrer Hauptaufgaben darin, den Etat aus den Mitgliederbeiträgen ausgeglichen zu halten. Die Probleme der Art der Finanzierung des sozialen Netzes zeigen sich gerade hier mit besonderer Deutlichkeit. Der dem Versicherungsdenken entspringende umstrittene Runderlaß Nr. 230 vom Sommer 1978, der den Druck auf die Arbeitsaufnahme („Zumutbarkeit") auch unter erheblich verschlechterten Bedingungen zu Lasten der Arbeitslosen über Gebühr strapazierte, wurde in der breiten Öffentlichkeit zu Recht als Produkt einer ihren Auftrag verfehlenden bürokratischen Gremienpolitik angeprangert. Laut Geschäftsbericht hat die Bundesanstalt für Arbeit im Krisenjahr 1977 ihren Personalbestand darüber hinaus sogar um 600 Bedienstete (auf 51 139) verkürzt und zugleich einen Haushaltsüberschuß von über 286 Millionen DM erwirtschaftet!

2.5.1 Die Vielzahl und die Konkurrenz der Instanzen

Hinzu kommt, daß zwischen BMAS und BA ein dem Beobachter normalerweise verborgen bleibendes Konkurrenzverhältnis besteht. Die Bundesanstalt besitzt nach dem AFG eine Reihe eigener Entscheidungskompetenzen, sie unterliegt jedoch gleichzeitig der Aufsicht des Arbeitsministers. Dieser wacht mit Argusaugen darüber, daß das Präsidium der BA keine eigenständigen konkurrierenden Initiativen entwickelt, die Richtigkeit bundespolitischer Arbeitsmarktentscheidungen nicht durch alternative Äußerungen oder Forschungsaussagen kritisiert und sich im übri-

45

gen/nicht zu eigenwillig vor dem Fernsehvolk in Szene setzt. Dies geht dem Vernehmen nach soweit, daß das BA-eigene Institut für Arbeitsmarkt- und Berufsforschung in Nürnberg (IAB) sich nach kritischen Bemerkungen gelegentlich Pressionen hinsichtlich der Autonomie und Profilierung seiner Forschungstätigkeit seitens Bonn ausgesetzt sieht.

Einschränkungen erfährt die rechtlich und politisch nachgeordnete Bundesanstalt auch durch einen weiteren Strukturdefekt, auf dessen Beibehaltung gerade die Arbeitgeberseite drängt. Die Arbeitsverwaltung und die einzelnen Arbeitsämter kooperieren zwar mit Betrieben und Unternehmen, aber immer in einer gewissen Distanz. Ihre Servicefunktion wird zwar von den Werksleitungen akzeptiert, aber immer nur auf freiwilliger Basis. Betriebsbesuche oder gar -erkundungen etwa des zuständigen Sachbearbeiters eines Arbeitsamtes über innerbetriebliche Beschäftigungsfragen werden mit Verwunderung quasi als Schnüffelei aufgenommen. Eine solche Einmischung in das Betriebsgeschehen erschiene nachgerade als deplaziert. Schon die kritischen Prüfung eines Antrages auf Massenentlassung — notwendig nach § 17 Kündigungsschutzgesetz — durch das Landes- oder das örtliche Arbeitsamt wird vielfach als Zumutung angesehen und läuft in der Praxis überwiegend als ebensolche Routineangelegenheit ab wie die Erledigung eines Antrages auf Kurzarbeit. Dabei könnte die kritische Durchsicht der Auftrags- und Ertragslage gerade dann, wenn man nicht nur die betriebliche, sondern die gesamte Unternehmens- oder Konzernsituation ins Auge faßte, im Einzelfall durchaus andere Schlüsse der Arbeitsverwaltung rechtfertigen. Dafür müßten die Arbeitnehmervertreter in den lokalen und regionalen Selbstverwaltungsgremien aber auch zusätzliche konzeptionelle Initiativen entwickeln und Vorbereitungsarbeit leisten. Die vorhandenen Kompetenzen der Arbeitsverwaltung sind gerade in diesem Punkte zu eng.

Auf der gleichen Ebene liegt, daß beispielsweise § 8 AFG in der Praxis so gut wie nicht, die §§ 9 und 10 AFG überhaupt nicht angewandt werden. Der erstgenannte Paragraph beinhaltet die Vorankündigungspflicht des Arbeitgebers gegenüber der Arbeitsverwaltung, wenn ,,erkennbare Veränderungen des Betriebes *innerhalb der nächsten zwölf Monate* voraussichtlich dazu führen, daß Arbeitnehmer in der in § 17 ... des Kündigungsschutzgesetzes bezeichneten Zahl entlassen oder auf eine andere Tätigkeit umgesetzt werden". Für den Fall, daß diese Mitteilung, wie das AFG es formuliert, ,,vorsätzlich oder grob fahrlässig" unterbleibt, sieht § 8 Abs. 3 eine Rückerstattungspflicht der Kosten einer aus diesen Gründen verspätet in Gang gesetzten Umschulung bis zur Dauer von sechs Monaten vor. Es ist indessen bisher kein Fall bekannt, daß diese Sanktion angewandt wurde! Durch rechtzeitige Information würde gewiß manches Arbeitnehmerschicksal anders verlaufen.

§ 9 AFG räumt dem Arbeitsminister die Möglichkeit einer Meldeverpflichtung des Arbeitgebers über alle offenen Arbeits- sowie Ausbildungsplätze ein. Die dafür notwendige Rechtsverordnung fehlt bis heute und erlaubt z.B. das jährlich weitergehende Erpresser- und Roßtäuscherspiel mit den Lehrstellen. Niemand weiß genau, wie viele es davon gibt. Es wird nur nachträglich bekannt, wie viele wiederum gefehlt haben. Die BA verlegt sich lieber aufs Bitten, statt ihre Rechte energisch durchzusetzen (vgl. Anhang V).

§ 10 AFG wiederum verlangt grundsätzlich eine Meldepflicht *sämtlicher Einstellungen und Entlassungen* durch den Arbeitgeber. Auch die dafür notwendige Rechtsverordnung durch den Arbeitsminister harrt seit 1969 ihrer Verwirklichung. Realisiert ist bis heute (beginnend mit dem Jahre 1976) lediglich ein Hilfsinformationssystem, das mit einer gewissen Zeitverzögerung die Entwicklung der Zahl der sozialversicherungspflichtig beschäftigten Arbeitnehmer in den einzelnen Wirtschaftszweigen (ohne Differenzierung zwischen den Groß- und Kleinbetrieben, Berufen, Altersgruppen usw.) nachträglich wiedergibt.

Ebenfalls sind Forschungen über z.B. betriebliche Personalplanung durch das IAB nur beschränkt möglich. Die Unternehmen wollen sich nicht in die Karten schauen lassen, obwohl gerade ihre Arbeitskräfteprojektionen für eine sinnvoll abgestimmte Arbeitspolitik notwendig wären. Zwar ließe sich eine entsprechende Auskunftspflicht aktivieren. Die Rechtsmittel sind vorhanden, werden jedoch nicht ausgeschöpft. Hiergegen würden sich die Arbeitgebervertreter in der Arbeitsverwaltung naturgemäß sperren.

Man begnügt sich statt dessen mit sporadischen Repräsentativbefragungen über allgemeine Beschäftigungsabsichten und vermutliche Reaktionen der Betriebsleitungen. Solche Ergebnisse wären bei periodischer Fortführung immerhin von Nutzen. Sie würden nämlich den zu erwartenden Gesamttrend besser abzeichnen und in bestimmten Fällen rechtzeitige Reaktionen erlauben. Immerhin hat der ehemalige BDI/BDA-Präsident Schleyer quasi als Vermächtnis einen Aufruf an die Betriebe hinterlassen, verstärkt mit der Arbeitsverwaltung zu kooperieren und dabei auch die vierteljährliche Erfassung ausgewählter Personalplanungen begrüßt. (Vgl. Anhang II) Würde man auf diesem Wege voranschreiten, wäre dies sicherlich für alle Beteiligten positiv.

Die öffentliche Arbeitsmarktpolitik in ihren einzelnen Facetten ist im wesentlichen *oberhalb der Unternehmen* angesiedelt und betreibt zudem, wie noch zu zeigen sein wird, eine vor allem *indirekte* Politik. Es gibt eine breite Palette von Maßnahmen der Wirtschafts-, Mittelstands-, Struktur- und Technologieförderung mit einer Vielzahl von Direktsubventionen und Bürgschaften, die im Zweifelsfalle mit der notwendigen Sicherung von Arbeitsplätzen begründet werden. (Eine Nachprüfung im

Detail findet allerdings nie statt. Entsprechende direkte beschäftigungssichernde Auflagen fehlen.) Es gibt die Bund-Länder-Gemeinschaftsaufgabe ,,Verbesserung der regionalen Wirtschaftsstruktur" für die anerkannten strukturschwachen Gebiete, die jährlich viele Milliarden verschlingt und dem durch Statistiken belegten Ziel der Schaffung und Erhaltung vieler Arbeitsplätze dient. 1972 bis 1976 wurden beispielsweise jährlich rund zehn Milliarden DM an öffentlichen Mitteln aufgewandt, wodurch pro Jahr durchschnittlich 99 000 Arbeitsplätze geschaffen und 68 000 bestehende gesichert wurden. Der laufende 6. Rahmenplan (1977-1980) mußte demgegenüber trotz hohen Mittelaufwandes die Erwartungen auf die erhofften Arbeitsplatzwirkungen zurückschrauben. Man rechnet gegenwärtig nur noch mit der Schaffung von 75 000 neuen Stellen pro Jahr durch die Regionalförderung. Der 1979 auf 2,9 Milliarden ansteigende ERP-Wirtschaftsplan umfaßt ein breites Bouquet an Mittelstands- und Innovationsförderung, ohne daß die damit verbundenen arbeitspolitischen Effekte in irgendeiner Form prognostizierbar oder steuerbar wären.

Die Berufsbildungspolitik verfügt über diesen Mitteleinsatz nicht, verzichtet jedoch gleichzeitig auf die Erhebung der im Ausbildungsplatzförderungsgesetz 1975 vorgesehenen Ausbildungs-Umlage. Der Bundesbildungsminister folgt dabei den Empfehlungen des selbstverwaltungsähnlichen Bundesinstituts für Berufsbildung in Berlin (mit starker Beteiligung der Bundesländer).

Die im Bereich des Arbeitsministeriums liegende Aufgabe der Beschränkung der Überstunden-Kontingente durch eine Veränderung der Arbeitszeitordnung (AZO), die aus dem Jahre 1938 datiert, ist bereits seit Jahren überfällig. Hierbei handelt es sich um eine indirekte Rahmenfestlegung, die im betrieblichen Alltag immer noch variabel bleibt und ohnehin durch die Praxis der Gewerbeaufsicht weitgehend durchlöchert wird. Aber selbst nicht einmal diese Revision scheint durchsetzbar.

Die Vielzahl der Instanzen zeigt sich gegenüber der großen Herausforderung des letzten Viertels dieses Jahrhunderts immobil. Ist die Ohnmacht der Arbeitsmarktpolitiker ein im Ernstfall besonders wirkender vorprogrammierter Strukturdefekt unserer Wirtschafts- und Gesellschaftspolitik? Was muß geschehen, um diese Strukturmängel zu beheben?

2.5.2 Durch indirekte Politik zur Vollbeschäftigung?

Schaut man sich die ergriffenen Maßnahmen, die verausgabten Milliarden der letzten Jahre zur Krisenbewältigung etwas genauer an, so zeigen sich offensichtliche Unstimmigkeiten. Man kann das Problem am besten am Beispiel der Frage erläutern: Was kostet ein neuzuschaffender Arbeitsplatz?

Hier gibt es eine erhebliche Streubreite der Daten und der zu kalkulierenden Wirkungen. In der Industrie rechnet man mit einem durchschnittlichen Kapitalaufwand pro Arbeitsplatz zwischen 100 000 und 160 000 DM — je nach technischer Ausstattung. Diese Durchschnittswerte sind für eine vergleichende Betrachtung jedoch weniger aussagefähig als das Kalkül der sog. *Grenzkosten der Arbeit.* Man versteht darunter die Fragestellung, in welchem Umfang es sich lohnt, bei vorhandenem (oder zu erweiterndem) Maschinenpark und expandierender Auftragslage zusätzliche Arbeitskräfte bei entsprechendem Mehrprodukt mit Gewinn zu beschäftigen. Die Antwort darauf hat umgekehrt auch etwas mit der Frage des ,,Durchhaltens" von Arbeitskräften in der Flaute (d.h. mit Produktivitätsreserven) zu tun.

Unter diesem Aspekt läßt sich ein Kostenvergleich verschiedener staatlicher beschäftigungsbezogener Anreizmaßnahmen durchführen. Der Staat kann die Grenzkosten der Arbeit beispielsweise direkt subventionieren wie etwa durch Eingliederungsbeihilfen oder sonstige Lohnkostenzuschüsse z.B. bei Arbeitsbeschaffungsmaßnahmen (ABM). Er kann aber auch die personelle Auslastung und damit den Arbeitskräftebedarf indirekt stimulieren durch öffentliche Aufträge oder Investitionshilfen an die Wirtschaft (Zulagen, zinsverbilligte Kredite, Bürgschaften usw.). Dementsprechend soll für unsere Fragestellung zwischen *direkten* und *indirekten* Maßnahmen der Arbeitsbeschaffung unterschieden werden.

Zwischen 1974 und 1977 sind durch den Staat etwa 25 Milliarden DM zur Verbesserung der Lage auf dem Arbeitsmarkt aufgebracht worden. (Unter Einschluß des 1977 bereits anlaufenden Vier-Jahres-Investitionsprogramms waren es sogar knapp 30 Milliarden DM.) Das Gros dieser Mittel wurde für öffentliche Konjunktur- und Infrastrukturprogramme, nach der obigen Definition also für indirekte Beschäftigungsmaßnahmen eingesetzt.

Rechnet man den Mitteleinsatz dieser Investitionsförderungsprogramme (zur Wachstumsvorsorge, Verbesserung der regionalen Wirtschaftsstruktur usw.) auf die damit geschaffenen Arbeitsplätze um, so beträgt der durchschnittliche Aufwand zur Einrichtung oder Besetzung eines Arbeitsplatzes etwa 65 000 DM. Zur Wiedererlangung des Vollbeschäftigungsziels auf diesem Weg wäre also bei gegenwärtig einer Million Arbeitslosen ein öffentlicher Ankurbelungsstoß von gut 65 Milliarden DM vonnöten. Diese Berechnung entspricht im Ansatz auch der Projektion des Berliner DIW (auf der Basis von Input-Output-Tabellen). Danach werden als Ergebnis des Programms für Zukunftsinvestitionen und die 1977 erfolgten Steuerentlastungen (mit einem Nachfragestoß von insgesamt 15,5 Milliarden DM) im Jahre 1978 indirekte Beschäftigungswirkungen in Form eines zusätzlichen Personalbedarfs von maximal 200 000 Erwerbstätigen prognostiziert. Die hohen Arbeitskraftreserven wegen des niedrigen Auslastungsgrades in den Unternehmen mindern vermutlich noch diesen Effekt (vgl. DIW-Wochenbericht 2/1978).

Im gleichen Zeitraum (1974-1977) wurden durch direkte beschäftigungspolitische Sonderprogramme (über den normalen Etat der BA hinaus) mit einem vergleichsweise geringeren Mittelaufwand von knapp fünf Milliarden DM wesentlich mehr Arbeitsverhältnisse durch Maßnahmen für Arbeitsbeschaffung und erleichterte Arbeitsaufnahme, Förderung der Mobilität und der beruflichen Aus- und Weiterbildung insbesondere auch mit dem Blick auf Problemgruppen (Jugendliche, Behinderte) erhalten (genauer: durchgehalten) und geschaffen. Das operative Programm der BA im Normalhaushalt (ABM, Bildungsförderung, Kurzarbeitsgeld) bewirkte einen Schaffungs- und Sicherungseffekt für rund 250 000 Jahresarbeitsverhältnisse. Der durchschnittliche Mitteleinsatz hierfür beträgt pro Arbeitsplatz vergleichsweise wenig — nur ca. 16 000 DM gegenüber den oben erwähnten 65 000 DM bei indirekten Steuerungsmaßnahmen.

Umgekehrt zu diesem Verhältnis zur Entlastung von Arbeitslosigkeit ist das Übergewicht des indirekten gegenüber dem direkten Mitteleinsatz überwältigend. Es beträgt mit gut 25 Milliarden DM gegenüber fünf Milliarden DM etwa 5 : 1. Die damit erzielten positiven Beschäftigungswirkungen entsprechen jedoch nachweislich einem umgekehrten Größenverhältnis von etwa 1 : 3.

Nun sollen durch diese Rechenexempel keineswegs die einzelnen Maßnahmenbündel gegeneinander ausgespielt werden. Sie bedingen sich ja gegenseitig. Es geht hier nur um die Dimension der Verteilung der Maßnahmen und Mittel — hier auf Unternehmen und Privatwirtschaft, dort direkt auf die betroffenen Arbeitnehmer oder Arbeitslosen. Das Ärgerliche ist, daß bei der Wirtschaftsförderung, der Subventionierung oder der steuerlichen Entlastung unternehmerischer Politik durch die öffentliche Hand so gut wie keine Erfolgskontrollen existieren. Die Gelder können versickern, beschäftigungssichernde Auflagen bestehen so gut wie nicht. Es ist dies eine Politik gemäß dem Prinzip Hoffnung. Irgendwann wird die angestachelte Investitionslust ja wieder so richtig erwachen müssen.

Die Bundesanstalt für Arbeit meint im Gegensatz dazu realistisch, die Haushaltsmittel beispielsweise für die regionale Wirtschaftsförderung, die Unsummen verschlingt, ,,stellen laufende Ausgaben dar, die kaum als zusätzliche Beschäftigungshilfen in der Rezession wirken'' (Überlegungen II, S. 40).

Es ist offensichtlich, daß sowohl öffentliche Arbeitsbeschaffungs- als auch Weiterbildungsmaßnahmen in der Krise hätten bedeutend stärker ausgeweitet werden müssen und können. Statt dessen wurde gerade hier gespart. Am falschen Ende, wie sich als Ergebnis einer Befragung von Arbeitslosen, Arbeitsämtern und Betrieben im Jahre 1978 durch ,,Infratest'' im Auftrage des BMAS zu guter Letzt herausstellte. Die Weiterbildungsbereitschaft der Stellungslosen ist außerordentlich hoch, ihr

Qualifikationsstand niedrig. Die Bildungsanforderungen der nachfragenden Unternehmen wiederum sind enorm hochgeschraubt. Nun soll also künftig besser vermittelt und die Werbetrommel für mehr lebenslanges Lernen gerührt werden, wie Arbeitsminister *Ehrenberg* diese Ergebnisse kommentierte.

Diesem zwiespältigen, konzeptionslosen Bild politischer Lernunfähigkeit in der Vergangenheit entspricht das Beschäftigungsverhalten der öffentlichen Körperschaften selbst. Die Stellenpläne im öffentlichen Dienst wurden zwischen Juni 1976 und Juni 1977 um 27 000 Personen gekürzt, insbesondere bei der Bundesbahn und der mittlerweile wieder gewinnträchtigen Bundespost. Die Zahl der Arbeiter bei Vater Staat wurde in diesem einen Jahr sogar um 3,4 v.H. abgebaut. Bis 1982 will die Bundesbahn ihren Personalbestand sogar um 16 v.H. kürzen.

Dabei hätte der Staat am wenigsten Anlaß, sich so zu verhalten. Arbeitslose Lehrer kosten genausoviel wie arbeitleistende, unterrichtende Lehrer. Sie bringen sogar wieder neue Steuern und Sozialversicherungsbeiträge ein. Die Kostengleichheit zwischen Aufwendungen für öffentliche Arbeitsbeschaffung und für Arbeitslosigkeit ist überzeugend und oft genug demonstriert worden. Dennoch sind die öffentlichen Instanzen unter dem Druck der interessierten, subventionsheischenden öffentlichen Meinung bislang zu einem Umdenken noch nicht in der Lage. Berechnungen, wie umgekehrt sie etwa das WSI vorlegte, wonach mit einer Milliarde DM Mehrausgaben für zusätzliches Personal im öffentlichen Dienst gesamtwirtschaftlich über 41 000 Arbeitsplätze, also das Doppelte als durch öffentliche Aufträge (z.B. an die Bauwirtschaft) und das Dreifache als bei staatlichen Subventionsleistungen an die Wirtschaft geschaffen werden, blieben bei den politischen Machern bislang ohne Resonanz. Dabei war in diesem Falle das publizistische Echo sogar sehr rege (vgl. WSI-Mitteilungen 6/1977).

Das Ziel der Wiedererlangung der Vollbeschäftigung wird bei uns trotz das Gegenteil beteuernder Sonntagsreden offensichtlich nicht richtig ernst genommen. Der Staat wird seiner Verpflichtung als Sozialstaat nicht gerecht.

Das liegt — wie die bisherige Darstellung ergab — gar nicht unbedingt am fehlenden guten Willen, zumal der Arbeitsmarktpolitiker. Überspitzt formuliert, aber in der Kernaussage zutreffend: Die BA darf keine Politik machen, obwohl sie welche machen muß. Arbeitsmarktpolitik ist ein Stiefkind der Wirtschafts- und Preisstabilitätspolitik. Arbeitsmarktsteuerung findet ergo nicht statt, so notwendig sie auch wäre. Man setzt eher auf die indirekte Wirkung eines wirtschaftlichen und steuerlichen Anreizsystems, mit dem man so nebenbei Arbeitsplätze zu generieren hofft. Eine Arbeitspolitik, die koordiniert und geplant vorgeht, gibt es nicht. Sie müßte es fertigbringen, in die Tabuzone unterhalb der Unternehmensebene vorzudringen, an die sich niemand so richtig heranwagen will. Die fehlende Verzahnung zwischen betrieblicher und überbetrieblicher Arbeitspolitik und deren mangelnde Steuerbarkeit durch demokratische Entscheidungs- und Kontrollgremien ist das entscheidende Manko. Solange dies so bleibt, ist der wachsenden Arbeitslosigkeit nicht beizukommen.

3. Arbeitspolitik — das Gebot der Stunde!

Absatz- und Gewinnchancen gelten als Motor der Marktwirtschaft und damit auch des Arbeitsmarktes. Soziale Marktwirtschaft sollte ihrem eigenen Anspruch nach dabei entstehende beschäftigungspolitische und sonstige soziale Härten für die Arbeitnehmer verhüten oder doch in jedem Falle abmildern. Diesem Anspruch kann sie bei weiterem arbeitskräftesparenden technischen Fortschritt und bei gleichzeitig zunehmender Erwerbsbevölkerung immer weniger genügen. Ein Arbeitsmarkt, der nur noch als Austauschreservoir oder Rangierbahnhof mit überwiegendem Einbahnverkehr dient, funktioniert nicht mehr, soweit er zunehmend zu einem Sammelbecken sogenannter schlechter Risiken wird. Mit marktwirtschaftlichen Instrumenten ist ihm immer schwieriger beizukommen, je länger dieser Prozeß währt.

Die das Arbeitslosenheer ganz überwiegend bestimmenden Problemgruppen entstehen durch Aussonderung (Selektion, Segmentarisierung in Stamm- und Randbelegschaften) sowie durch Abschottung der Betriebe nach draußen als Folge eines massiven Einstellungsstopps. Dabei bestimmt nicht nur nachlassende Leistungsfähigkeit oder fehlende Qualifikation, sondern — wie das Generationsproblem auf dem Arbeitsmarkt zeigt — noch nicht voll entwickelte Leistungsfähigkeit, Berufserfahrung und Anpassungsbereitschaft die Auswahlkriterien. Die mittleren Jahrgänge werden z.B. generell bevorzugt. Sie haben sich schon eher an die Leistungsanforderungen und Belastungen gewöhnt. Sie besitzen — anders als Jugendliche oder Hochschulabsolventen — Monotonietoleranz, Verantwortungsbewußtsein und Einordnungsbereitschaft. Diese Qualifikationen garantieren einen störungsfreien Prozeßablauf und hohe Leistungserbringung.

Solange Vollbeschäftigung herrschte, blieb das Wolfsgesicht des Kapitalismus etwas verdeckter. Jedermann wurde gebraucht. Jedermann-Qualifikationen waren gefragt. Unter verschärften Konkurrenz- und Verteilungsbedingungen tritt der Konflikt zwischen Ökonomie und Humanität, zwischen ,,Unternehmerstaat'' und ,,Sozialstaat'' mit erneuter, längst überholt geglaubter Härte zutage. Die klassische Arbeitsmarktpolitik in ihrer ausgleichenden Lückenbüßerfunktion ist zum Scheitern verurteilt, schon allein, weil ihr zunehmend der finanzielle Atem auszugehen droht. Die seit 1969 (mit der Verabschiedung des AFG) eingeschlagene vorausschauende, aktive Arbeitsmarktpolitik wird mit der wachsenden Last der Lohnersatzleistungen wieder zurückgeworfen zu einer reaktiven Vermittlungs-, Versicherungs- und Sozialpolitik.

Das Recht auf Arbeit wird durch dieses Rollback der Arbeitsmarktpolitik bestenfalls umfunktioniert zu einem Recht auf Unterstützung durch staatliche Garantie des Existenzminimums. Eine Fortführung der marktorientierten, indirekten Arbeitspolitik muß in der Konsequenz dahin führen, daß der arbeitende Mensch mit seinen ureigenen human-sozialen Ansprüchen auf der Strecke bleibt. Das Anspruchsrecht auf Arbeit verbietet es, die öffentliche Beschäftigungspolitik unter Verletzung des Sozialstaatsgebots weiterhin im Schlepptau der dominierenden ökonomischen Globalsteuerungspolitiken zu belassen. Dieses originäre Menschenrecht ist nicht als eine abgeleitete Größe zu verwirklichen. Es darf nicht an jene abgetreten werden, die unter anderen Gesichtspunkten die Weichenstellungen vornehmen. Es verlangt vielmehr eine Weiterentwicklung zu einer originären Arbeitspolitik, die der Befriedigung gefährdeter menschlicher Grundbedürfnisse dient und in ihrer Rangordnung Finanz- und Wirtschaftspolitik zumindest ebenbürtig ist. Eine so verstandene Arbeitspolitik ist keine Alternative zur ökonomischen Steuerung, sondern muß vielmehr mit dieser verknüpft werden. Wegen der Vorrangigkeit des Vollbeschäftigungsziels kommt ihr zukünftig eine Leitfunktion zu, die sie gegenüber anderen Politikbereichen beanspruchen und die auch in die Betriebe hineinwirken muß.

Das Recht auf Arbeit als bisher — trotz über einhundertjähriger Debatte — nicht eingelöster sozialer Programmsatz kann nicht juristisch durchgefochten werden, sondern muß sich in einer Arbeitnehmergesellschaft auf den politischen Anspruch des Ziels ,,Arbeit für alle'' gründen. Da es hierbei um die Interessen der Mehrheit geht, muß dieser Anspruch und das damit verbundene, im Stabilitätsgesetz 1967 verankerte Vollbeschäftigungsziel auf demokratischem Wege auch mit unkonventionellen Mitteln zäh und zielstrebig verfolgt werden.

Das Recht auf Arbeit als aktueller Auftrag an den Sozialstaat hat eine sowohl individuelle als auch kollektive Dimension. Es ist Bestandteil der grundgesetzlich verankerten allgemeinen Persönlichkeitsrechte, die die Würde und die Entfaltungschancen des Menschen respektieren. Berufliche Betätigung dient nicht nur dem Broterwerb allein, sondern der Verwirklichung der Persönlichkeit. Sie ist laut einem neueren Urteil des Arbeitsgerichts Stuttgart ,,nicht nur Mittel zur Beschaffung des Lebensunterhalts, sondern auch Selbstbewußtsein und Identität bildende und erhaltende Teilnahme an gesellschaftlicher Produktion'' (3 Ca 3/78). Das Arbeitsverhältnis erschöpft sich demnach ,,nicht im Austausch bestimmter einzelner Leistungen'', sondern erfaßt die ganze Person des Arbeitnehmers und gestaltet wesentlich dessen Lebensführung. Daraus entstehen Beschäftigungsansprüche und Beschäftigungspflichten (mit bestimmten Konsequenzen bis zum Kündigungsrecht und zu Verfahren nach § 102 Abs. 5 BetrVG).

Die kollektive Seite des Rechts auf Arbeit wiederum besteht darin, die Rahmenbedingungen zur Verwirklichung dieser inhaltlichen Bestimmung der Arbeit durch eine entsprechende Gesellschaftspolitik zu schaffen. Ein Kernelement dieser heute notwendigen Gesellschaftspolitik ist die bisher nur in unkoordinierten Ansätzen vorhandene Arbeitspolitik.

Arbeitspolitik als Fortentwicklung und Aufhebung der Arbeitsmarktpolitik heißt, unter der Zielsetzung der Wiedererlangung und dauerhaften Sicherung der Vollbeschäftigung alle Handlungsbereiche und die sie bestimmenden Kräfte, die für das individuelle und kollektive Arbeitsvolumen, dessen Verteilung und die Arbeitsinhalte maßgeblich sind, zu koordinieren und zu steuern. Diese gesellschaftspolitische Aufgabe erster Ordnung verlangt eine Verzahnung der Handlungsbereiche in Unternehmen und Gesamtwirtschaft. Sie erfordert eine Einflußnahme auf alle diejenigen menschlichen und sachlichen Faktoren, die über das Schicksal der Arbeitsplätze sowie über deren inhaltliche Gestaltung wesentlich entscheiden.

Hierbei tauchen eine Reihe von Fragen auf: Wer soll die arbeitspolitischen Steuerungsziele formulieren? Wie und auf welchen Ebenen sind diese durchzusetzen? Welche Bedürfnisse sind dabei ausschlaggebend? Geht es dabei nur um ,,Beschäftigung‘‘, um ausschließlich monetär bewertete (Lohn-)Arbeit oder sind auch Zwischenformen der Erwerbstätigkeit als gesellschaftlich nützliche Betätigung jenseits den Gegensatzpaares Arbeit und Freizeit denkbar? In solchen Fragen, die gegenwärtig wegen ihres Neuheitsgrades noch keineswegs auf bestimmte Alltagserfahrungen gestützte Antworten erlauben, stecken eine Menge Denkanstöße für die weitere Zukunft. Ihre Lösung ist gleichwohl nicht beliebig aufschiebbar, sondern muß jetzt schrittweise angepackt werden.

3.1 Ausgangspunkt: Die Arbeitnehmerbedürfnisse

Das Wort ,,Arbeit‘‘ leitet sich etymologisch aus einer alten Wurzel ab (germ. arb = verwaist), die vor allem den Charakter der Mühsal, Pein, Not, Last körperlicher Tätigkeit betont. Ins Slawische ist der Stamm als Rabota = Knechtsarbeit, Frondienst eingegangen (,,Roboter‘‘). Das entsprechende lateinische Wort Labor, aus dem das englische Labour gebildet wurde, für körperliche Arbeit (im Gegensatz zu Negotium = geistige Arbeit), bedeutet ursprünglich das Wanken unter einer Last. Das französische Travail wird auf das lateinische Trabs, Trabes oder Tripalium zurückgeführt = Balken, insbesondere das Gerät, um Ochsen und Pferde beim Beschlagen festzuhalten.

In all diesen Wortbedeutungen kommt zum Ausdruck, daß der Arbeitsvollzug vom Menschen als mühevoll, als Last empfunden wird (im Gegensatz zum Ergebnis des Arbeitens: Opus, Work, œuvre = die Leistung, das fertige Werk). Man wird allerdings diesen Aspekt der Mühsal, der besonders der körperlichen Arbeit anhaftet, nicht als konstitutiv für den Arbeitsbegriff überhaupt ansehen. Der Mensch hat auch ein natürliches Bedürfnis nach Arbeit. Dies wird deutlich zu Zeiten einer Arbeitslosigkeit, in der das Nicht-Arbeitenkönnen — auch unabhängig von der Einkommenseinbuße — als bedrückend empfunden wird.
Aus: Handwörterbuch des Personalwesens (1975)

Hier ist nicht der Ort, eine Philosophie der Arbeit zu entwickeln. Darüber gibt es bereits Bibliotheken. Der Arbeitsbegriff selbst hat, wie das obige Stichwort aus einem Handwörterbuch belegen mag, im Lauf der Jahrhunderte — von Sokrates bis Karl Marx — einen erheblichen Bedeutungswandel durchgemacht. Vom Fluch der Vergangenheit wird sie zum begehrten knappen Gut der Zukunft. Die wachsende Freizeit läßt darüber hinaus Arbeit in einem anderen Licht erscheinen.

Es gab offenbar schon immer zwei Arten von Arbeit: die körperliche, „knechtliche", ausführende, entfremdete, und die geistige, anleitende, gestaltende und eher selbständige Arbeit. Die Abgrenzungen der Inhalte der Arbeit werden zwar durch die verschiedenen industriellen Revolutionen fließender; zugleich nimmt mit wachsender Verflechtung der Wirtschaft der Umfang abhängiger Arbeit zu. Die Zahl der selbständig Erwerbstätigen befindet sich (mit Ausnahme einiger freier Berufe) in einem ständigen Schrumpfungsprozeß. Läßt man die Landwirtschaft mit ihrer eigenen Struktur außer Betracht, so bilden die Arbeitnehmer schon jetzt 93 v.H. der Erwerbstätigen sowie über drei Viertel der Gesamtbevölkerung. Dieser Anteil wird in Zukunft sogar noch weiter ansteigen. Über das berufliche Schicksal dieser abhängig Beschäftigten entscheidet eine schwindende Minderheit von Arbeitgebern privatwirtschaftlichen oder öffentlichen Charakters unter Zuhilfenahme des von ihnen eingestellten Managements. Daraus begründet sich der verständliche Ruf nach Mitbestimmung in einer demokratischen Gesellschaft.

Eine Arbeitspolitik im Interesse der Mehrheit und damit der Gesellschaft muß den im Vergleich zum Mittelalter oder zur frühindustriellen Gesellschaft erheblichen Veränderungen Rechnung tragen. Die Trennung in Oben und Unten, Herr und Knecht, ist nicht länger mehr haltbar. Jenseits der quantitativen soziologischen Verschiebungen bestimmt nämlich immer nachhaltiger die Nutzung der Produktivkraft Wissenschaft in Verbindung mit dem qualitativen Niveau der Arbeit das Gesicht der Gesellschaft nach drinnen und draußen. Der technische sowie der gesamte Lebensstandard werden wesentlich vorangetrieben durch die Anwendung und Verwertung wissenschaftlicher Innovationen bei der Erzeugung von Gütern und Dienstleistungen. Nicht sosehr das Kapital wie die Ideen sind heute Mangelware. Ihre Existenz entscheidet über unsere zukünftige Position im weltwirtschaftlichen Verbund. Die notwendige Forschung und Entwicklung wird aber nicht von „freischwebenden" Geistern, sondern in aller Regel von Personen in einem abhängigen Arbeitsverhältnis geleistet. Der durch sie bewirkte technische Wandel macht sie aber im Zweifelsfalle selbst arbeitslos, wie die jüngsten Erfahrungen lehren.

Der hier deutlich werdende Widerspruch zeigt, woran sich die notwendige Arbeitspolitik der Zukunft orientieren muß. Nicht der Kostenfaktor, sondern der produktive Faktor der Arbeit und die damit verbundenen gesellschaftlichen Interessen müssen den Ausschlag geben. Erträge aus dem technisch-organisatorischen Fortschritt dürfen nicht auf Kosten eines sozialen Rückschritts, wie ihn die wachsende Arbeitslosigkeit darstellt, erwirtschaftet werden. Eine auf einem erweiterten Verteilungsbegriff gegründete Arbeitspolitik muß dieser Fehlentwicklung entgegensteuern.

Nicht gegen, sondern im Interesse weiteren Wachstums und zukünftiger Produktion muß Arbeitspolitik von den Interessen der Arbeitnehmer ausgehen. Denn deren existenzentscheidenden Bedürfnisse der Arbeitsplatzsicherung, der Arbeitsgestaltung, der Qualifikation und der angemessenen Entlohnung sind gegenwärtig durch die Struktursprünge der dritten, technischen Revolution am ärgsten bedroht. Die Gefährdungen dieser lebenswichtigen Interessen sind zugleich die problematischen Erscheinungen wie auch die Ursachen der weiteren Verschärfung der gegenwärtigen Anpassungskrise. Die Ungewißheit über die Zukunft dämpft nicht nur die Nachfrage. Sie verkürzt die Perspektiven, lähmt wirtschaftliche und gesellschaftliche Initiativen. Krisenstimmumg untergräbt die notwendige Reform- und Entwicklungsfähigkeit unserer Gesellschaft.

Es kommt demnach vor allem darauf an, den drohenden Gefahren des Arbeitsplatzverlustes, unzumutbarer Arbeitsbelastung und Arbeitsteilung, der Entqualifizierung, des Gesundheitsverschleißes sowie der Minderung des sozialen Besitzstand, durch arbeitspolitische Initiativen entgegenzuwirken. Diese Gefahrenherde sind miteinander verknüpft und verstärken sich in ihren subjektiven Wirkungen wechselseitig. Sie ängstigen die Arbeitnehmer immer mehr und bestimmen damit den Grundtenor der Gesellschaft. Ob sie gebannt werden, entscheidet sich vorrangig in den Betrieben und Unternehmen. Hier muß eine von den Grundbedürfnissen in de Gesellschaft ausgehende Arbeitspolitik ansetzen. Hier liegt ihr wesentliches Aktions- und Gestaltungsfeld, das es zu stützen und auszuweiten gilt.

Die Verwirklichung der Interessen der Arbeitnehmer an sicherer, humaner, kreativer, interessanter Betätigung und höherem Lebensstandard innerhalb dieses Verteidigungsrings, d.h. also durch eine aktive Arbeitspolitik an der Basis, ist allerdings nicht sosehr von dem good will der Unternehmensleitungen oder des Managements, sondern vielmehr von der Stärke des von den Arbeitnehmern selbst ausgeübten

Drucks abhängig. Adressat für die Befriedigung ihrer humanen Bedürfnisse ist in erster Linie der Arbeitgeber. Das Hauptinstrument zur schrittweisen Erweiterung der eigenen Spielräume, der individuellen Freiheit und Sicherheit ist die kollektivvertragliche Gestaltung der Arbeit. Die neue arbeitspolitische Lage weist der betrieblichen und gewerkschaftlichen Interessenvertretung und vor allem der Tarifpolitik neue Aufgaben zu.

3.2 Neue Anforderungen an die Tarifpolitik

Die Arbeitskämpfe im Frühjahr 1978 waren von besonderer Härte gekennzeichnet. Dabei ging es nicht um mehr Lohn, sondern um die soziale Beherrschung der neuen Techniken. In dieser Auseinandersetzung um Grundsatzfragen zukünftiger Arbeitspolitik gingen die Kontrahenten aufs Ganze. Hunderte von Millionen Mark wurden auf beiden Seiten eingesetzt für bzw. gegen einen neuen Rationalisierungsschutz. Die Unternehmer und ihre Verbände witterten offensichtlich Morgenluft bei diesem Arbeitskampf. Sie setzten auf die Verängstigung der durch das Arbeitsmarktgeschehen verunsicherten abhängig Beschäftigten und bezweifelten deren Streikbereitschaft und Durchhaltevermögen bei einem länger anhaltenden Ausstand. Ihre durch umfangreiche Aussperrungen gezeigte Demonstration der Härte sollte den Anfängen wehren und im Effekt die gewerkschaftliche Organisation schwächen.

Die Arbeitgeberseite setzte ihr ökonomisches und politisches Machtpotential in dieser entscheidenden arbeitspolitischen Situation voll ein. Es reicht von der flächendeckenden Aussperrung, dem Angriff auf die Bundesanstalt wegen Zahlung von Kurzarbeitergeld im Arbeitskampf bis zu der Mitbestimmungsklage und dem Versuch politischer Erpressung. (Beispiel: Der jahrelange Konflikt um die Steuerung der Ausbildung, die Drohung der Verlagerung weiterer Investitionen ins Ausland.) Der Machtkampf eskaliert auf Kosten der Sache.

Die betroffenen Arbeitnehmer haben in dem erwähnten Arbeitskampf aber auch gezeigt, daß sie die Zeichen der Zeit erkannt haben. *Franz Steinkühler* kommentierte dies in einer ARD-Sendung während des Tarifkonflikts in der Metallindustrie (,,Im Brennpunkt'' am 10. März 1978): ,,Ich denke, die Urabstimmung signalisiert neben der hohen Streikbereitschaft auch, daß die Arbeitnehmer entschlossen sind, Widerstand zu leisten gegen alle jene, die mittels der Arbeitslosen die Arbeitnehmer disziplinieren wollen.''

Dies ist eine aus der Sicht der Arbeitnehmer wichtige und notwendige Reaktion. Denn das Aussieben der Belegschaften in den Unternehmen, die Spaltung in ,,olympiareife Mannschaften" auf der einen und mehrmals Arbeitslose und Dauerarbeits-lose (ungelernte, gesundheitlich verschlissene Arbeitskräfte, Frauen, Jugendliche) auf der anderen Seite ist zweifellos geeignet, die Arbeitnehmerschaft zu entsolidari-sieren. Sie leistet einer bewußtseinsmäßigen Spaltung (nach dem Motto: ,,Wir sind noch einmal davongekommen" bzw. ,,Den letzten beißen die Hunde") Vorschub. Die unternehmerischen beschäftigungspolitischen Strategien der Aufteilung der Be-legschaften in relativ stabile Stammbelegschaften (mit hohen Überstundenkontin-genten) und einen flexiblen Rest von kurzfristig Beschäftigten oder Leiharbeitneh-mern erzeugt derartige Denkmuster.

Technologische Rationalisierungsschübe mit arbeitsorganisatorischen Auswirkun-gen entreißen jedoch immer neue Arbeitnehmergruppen (wie z.b. Angestellte, Schriftsetzer, Feinmechaniker, Maschinenbauer) ihrer vermeintlichen Sicherheit im Arbeitsmarktgeschehen. Die Arbeits- und Beschäftigungspolitik wird durch derarti-ge bedrohliche Perspektiven eine entscheidende Größe für die zukünftige soziale Entwicklung ebenso wie für die persönliche Entfaltung des einzelnen.

Die Verletzung und Bedrohung von Interessen der abhängig Beschäftigten hat ihren Ursprung letzten Endes in Entscheidungen auf der Ebene der Unternehmenspolitik. Diese legitimieren sich durch die in der gegebenen Wirtschaftsordnung garantierten unternehmerischen Freiheiten zu investieren, zu produzieren und dafür Menschen einzustellen oder zu entlassen. Der Staat beschränkt sich hierbei auf bestimmte wirt-schaftliche, steuerliche und arbeitsrechtliche Rahmenregulierungen. Den Betriebs- und Tarifparteien bleibt im konkreten Fall eine Regelung der Interessenkonflikte überlassen. Dies gilt für inhaltliche Entscheidungen des Betriebsrats ebenso wie im Tarifkonflikt. Gewerkschaftliche Gegenstrategien gegen die durch unternehmeri-sche Entscheidungen ausgelöste Beschäftigungskrise müssen sich nach Lage der Dinge daher zukünftig in erster Linie auf der Ebene der Tarifvertragspolitik ent-wickeln.

Die Hoffnungen auf eine wirksamere Durchsetzung von Arbeitnehmerinteressen können und dürfen sich in der gegenwärtigen Situation — gerade auch angesichts der bestehenden und in Zukunft absehbaren politischen Kräftekonstellation — we-niger auf den Staat richten. Sie müssen sich vielmehr auf die unmittelbar mit eigener Kraft realisierbaren Möglichkeiten konzentrieren. Diese beziehen sich neben der Mitbestimmung in Betrieb und Unternehmen vor allem auf die Tarifverträge, die angesichts der sich verschärfenden Rationalisierung in Zukunft immer deutlicher mit beschäftigungspolitischen Inhalten ausgestattet sein müssen. Ein derartiger Ak-zentwandel hat sich seit der Tarifauseinandersetzung 1978 schon angebahnt. (Ver-gleiche dazu auch Anhang III.)

3.2.1 Verhandlungsziel: Verteilung der Arbeit

Obwohl es in der Geschichte der Arbeiterbewegung bei Tarifvertragsforderungen schon immer auch um Fragen der Arbeitsgestaltung und der Arbeitszeit ging, richtete sich das Verteilungsinteresse in der Nachkriegszeit in erster Linie zunächst einmal auf die Einkommensseite. Die aktive Lohnpolitik der fünfziger und der sechziger Jahre besorgte die dem Wiederaufbau und dem sogenannten Wirtschaftswunder zugrunde liegende kaufkräftige Nachfrage. Dies entsprach realen Bedürfnissen der Arbeitnehmerschaft. Arbeitszeitverkürzungen (Fünftagewoche, Verdoppelung des Urlaubsumfangs) schlossen sich massiert seit Beginn der sechziger Jahre an. Sie waren (in Verbindung mit der allgemeinen Erweiterung der Berufsbildungszeiten) geeignet, die Rationalisierungsprozesse im gewerblichen Bereich und insbesondere den Konjunktureinbruch 1966/1967 in ihren negativen sozialen und arbeitspolitischen Auswirkungen abzufangen. Diesem Ziel dienten übrigens auch Sozialpläne und Rationalisierungsschutzabkommen, die in dieser Zeit vereinbart wurden, nach den jetzigen Erfahrungen im Kampf um die Durchsetzung des Rechts auf Arbeit allerdings nicht mehr ausreichen. (Motto: Kein Verkauf von Arbeitsplätzen für Geld!)

Tarifverträge programmieren den allgemeinen sozialen Fortschritt. Gesetzlich festgeschriebene Besitzstände wurden vielfach erst durch besondere gewerkschaftliche Aktivitäten und unmittelbar unter Streikdruck durchgesetzt, wie beispielsweise

— der Achtstundentag,

— der bezahlte Urlaub,

— die Lohnfortzahlung im Krankheitsfall für alle,

— die Mitbestimmung in der Montanindustrie.

Tarifverträge sind immer auch Meilensteine im Verteilungsprozeß. Kollektivvertragliche Regelungen (einschließlich der Betriebsvereinbarungen) haben unmittelbare oder mittelbare materielle Konsequenzen für die Betroffenen. Bezugspunkt dieses Verteilungsprozesses ist der Produktivitätszuwachs, d.h. das in einer Zeiteinheit durch gemeinsame Anstrengung erwirtschaftete gesteigerte Ergebnis. Dieser Produktivitätszuwachs resultiert überwiegend aus einem veränderten technischen oder arbeitsorganisatorischen Einsatz (z.B. aufgrund von Rationalisierungsinvestitionen). Die notwendigen technischen Verbesserungen und Erfindungen werden jedoch nicht von den Arbeitgebern als solchen, sondern immer von den Angestellten und Arbeitern gemacht. Aus diesem Arbeitseinsatz entspringt das Recht der jeweils Beschäftigten und der Arbeitnehmer insgesamt, am allgemeinen Fortschritt gemäß ihrer eigenen Interessenlage beteiligt zu werden. Tarifvertragliche Verteilungsforderungen haben daher keine Bittstellerfunktion, die von irgendwelchen Kapitaleignern zu ,,gewähren'' sind — und von diesen immer als überzogen und unangemessen, ja als Zukunftsbedrohung empfunden werden —, sondern entspringen konkreten Ansprüchen im praktischen Prozeß der Wertschöpfung.

Das Hauptinteresse jedes Arbeitnehmers richtet sich naturgemäß auf das Vorhandensein geeigneter Arbeitsplätze. Ohne diese kann er weder seinen Besitzstand erhalten noch verbessern. Es ist daher eine notwendige Konsequenz und nur zu verständlich, wenn die Arbeit und die Arbeitsplätze selbst zunehmend zu einem wesentlichen tarifvertraglichen Verteilungsbereich neben dem Entgelt und der Arbeitszeit werden. Dabei geht es sowohl um die Arbeitsgestaltung (,,Humanisierung der Arbeit'') als auch um die zulässige Arbeitsbelastung. Daraus wieder bemißt sich die Besetzung von Arbeitsplätzen nach Personen und Qualifikation.

Die enge Verknüpfung der einzelnen Verteilungsebenen skizziert die folgende Übersicht:

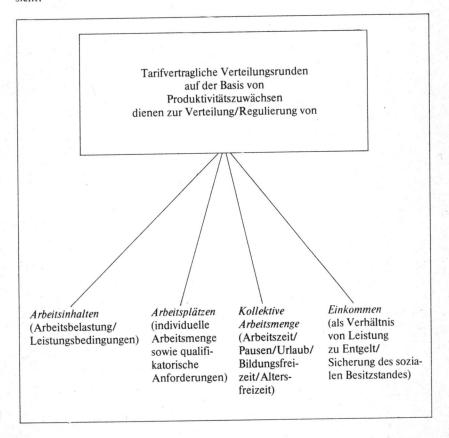

Tarifvertragliche Verteilungsrunden
auf der Basis von
Produktivitätszuwächsen
dienen zur Verteilung/Regulierung von

Arbeitsinhalten
(Arbeitsbelastung/
Leistungsbedingungen)

Arbeitsplätzen
(individuelle
Arbeitsmenge
sowie qualifi-
katorische
Anforderungen)

*Kollektive
Arbeitsmenge*
(Arbeitszeit/
Pausen/Urlaub/
Bildungsfrei-
zeit/Alters-
freizeit)

Einkommen
(als Verhältnis
von Leistung
zu Entgelt/
Sicherung des sozia-
len Besitzstandes)

Bei den skizzierten Verteilungsgegenständen handelt es sich nicht um isolierte Größen. Die Arbeit bildet vielmehr ein Verbundsystem verschiedener Dimensionen, von denen die für die Tarifpolitik unter Verteilungsgesichtspunkten wesentlichen hier dargestellt sind. Die einzelnen Bereiche sind in der Praxis eng miteinander verbunden: Die Definition von Höchstbelastungsgrenzen entscheidet über die individuelle Arbeitsmenge und damit über die Zahl der erforderlichen Arbeitsplätze. Die Bestimmung der qualifikatorischen Anforderungen ist maßgeblich für die Art der Besetzung dieser Arbeitsplätze wie auch für die jeweilige Entlohnung.

Es kommt also heute nicht mehr nur auf die vertragliche Bestimmung des Verhältnisses von *Leistung zu Lohn,* sondern ebenso vordringlich auch von *Leistung zu Person* (individuelle Arbeitsmenge) an. Ohne fixierte Leistungsbedingungen bleibt dem Personalabbau Tür und Tor geöffnet. Dieses Ziel erfordert schwierige, da ins einzelne gehende Verhandlungen. Die notwendigen Detailregelungen des jeweiligen Personalbedarfs können dabei in aller Regel nicht in zentralen Abkommen getroffen werden, sondern sind vor Ort in den Betrieben zu entscheiden oder zumindest zu ergänzen. Es sei denn, man wollte den Entlohnungsgrundsatz Leistungslohn generell auch auf Angestellte und Arbeiter mit akkordähnlichen Vorgaben (durch Arbeitsorganisation, Betriebsmittel oder Aufsicht) erweitern, um die Mitbestimmung über personenbezogene Leistungsanforderungen (gemäß § 87 BetrVG) auf diesem Wege zu schaffen.

Die Arbeitgeberseite ist in diesem Punkte derzeit allerdings auf dem besten Wege, daraus — ähnlich wie schon bei der Frage des Unterschreitens der Vierzig-Stunden-Woche — ein Verhandlungstabu zu machen. Den Hintergrund bildet hier zweifellos die Furcht vor der Eingrenzung ihres unternehmerischen Dispositionsspielraums durch weitere Mitbestimmung. Damit wird man rechnen müssen. Es ist allerdings nicht einzusehen, daß die Tarifautonomie gerade auf diesem Verteilungsfeld scheitern sollte. Sie hat auch schon ganz andere Sprünge in ungewisses Neuland verkraftet. Welch andere Alternative zur Verhandlungslösung böte sich denn bei ihrem Versagen an?

Die Verkürzung der Arbeitszeit (kollektive Arbeitsmenge) wiederum verpufft, wenn dafür die individuelle Arbeitsmenge zum Ausgleich erhöht wird. Dies ist die übliche Reaktion des Personalmanagements. (Siehe dazu Näheres unten in 3.3.2) Findet kein Lohnausgleich statt, ist Arbeitszeitverkürzung unter Einkommensgesichtspunkten lediglich eine besondere Variante der Kurzarbeit.

Im Verteilungsprozeß darf indessen nicht unterschlagen werden, daß es sich bei den genannten Größen im einzelnen immer um betriebswirtschaftliche Kosten handelt. Humanisierung der Arbeit und mehr Freizeit als Alternativen zur Arbeitslosigkeit sind nicht kostenlos. Sie sind wegen ihres Beitrags zur Lebensqualität Güter eigener Natur. Sie sind — wie dies beispielsweise beim Übergang zur Fünftagewoche in den sechziger Jahren ja auch geschah — bei den Verteilungsrunden durchaus anzurechnen. Auch hierin zeigt sich die Konsequenz einer arbeitspolitischen Systembetrachtung.

Als Beispiel hierfür sei die Tariflohnentwicklung der einzelnen Stadien von der 45- zur 40-Stunden-Woche in der Druckindustrie angeführt:

```
Juli        1958  +  6,5 v.H.
Januar      1959  +  2,1 v.H.; — 1 Stunde/Woche
September 1959    +  4,5 v.H.
September 1960    +  8,5 v.H.
September 1961    + 11,7 v.H.
September 1962    |  7,6 v.H.
Januar      1963  +  2,3 v.H.; — 1 Stunde/Woche
September 1963    +  5,0 v.H.
Januar      1964  +  2,3 v.H.; — 1 Stunde/Woche
September 1964    +  7,8 v.H.
Januar      1965  +  2,5 v.H.; — 1 Stunde/Woche
September 1965    +  7,1 v.H.
Oktober     1965  +  2,5 v.H.; — 1 Stunde/Woche
September 1966    +  5,6 v.H.
```

(Quelle: Bundesverband Druck, Fachverband Zeitungsdruck,
in: ZV + ZV 1971, S. 45)

Diese Betrachtung sollte der gegenwärtigen Diskussion um das Pro und Kontra des Lohnausgleichs bei Arbeitszeitverkürzungen immer zugrunde gelegt werden. Der Zugewinn an Produktivität kann naturgemäß nicht zweimal sowohl als Freizeit als auch als Lohn verteilt werden. Die Erweiterung des knappen Gutes „Zeit" zur freien Verfügung des einzelnen läßt sich sehr wohl in Lohnprozentanteile umrechnen. Besitzstandseinbußen allerdings sind indiskutabel, es darf nicht um ein Alles oder Nichts gehen. Zu beachten ist bei dem Beispiel aus der Druckindustrie schließlich, daß im Zusammenhang mit den verringerten Lohnsätzen bei den Arbeitszeitverkürzungen um jeweils eine Stunde immer auch eine kürzere Laufzeit der Verträge vereinbart wurde. (Einen absoluten Lohnverzicht bei den im übrigen mit sehr viel Engagement vertretenen zukünftigen massiven Arbeitszeitverkürzungen, d.h. eine „Ad-hoc-Kurzarbeit" für die gesamte Volkswirtschaft verficht demgegenüber die den Gewerkschaften recht distanziert gegenüberstehende *Christine Föppl*, Die Vollbeschäftigungsformel, Frankfurt 1978.)

Einen ernst zu nehmenden und zukunftsweisenden Vorschlag stellt in diesem Zusammenhang der von beiden Arbeitsparteien bereits näher erwogene Gedanke eines fixierten Jahresfestlohns auf der Basis eines bestimmten Jahresstundenkontingents dar. Sollte es gelingen, dieses Arbeitszeitvolumen nach den Bedürfnissen des einzelnen zu *flexibilisieren* —, also z.B. 1000, 1200, 1500 oder 1800 Arbeitsstunden pro Jahr einzelvertraglich zu vereinbaren — wäre nicht nur die Frage des Lohnausgleichs im Prinzip vom Tisch, sondern zugleich auch dem verbreiteten Wunsch nach Teilzeitarbeit (s. unten 4.3.3) Rechnung getragen. Entsprechende arbeitsorganisatorische Veränderungen in den Unternehmen vorausgesetzt, könnten sich hieraus erhebliche positive Beschäftigungseffekte ergeben. Möglicherweise schafft es der wachsende Problemdruck, die festgefahrenen Tarifparteien aus manchen Sackgassen wieder herauszumanövrieren.

3.2.2 Einige Beispiele für arbeitspolitisch wirksame Tarifverträge

Unmittelbar beschäftigungswirksame Ansätze ergeben sich vor allem durch eine Feinregulierung der Arbeitsbelastung (Höchstbelastung) und durch entsprechende tarifvertragliche Besetzungsrichtlinien gemäß den beiden ersten Spalten der obigen Übersicht. Auf die einzelnen Arbeitsplätze bezogene personelle Festlegungen sind vor allem nötig, um ein Unterlaufen z.B. der Ziele von Arbeitszeitverkürzungen durch Leistungsverdichtung zu verhüten.

Die skizzierten Verteilungsebenen stellen insgesamt die aktuellen Gefährdungsbereiche für den einzelnen Arbeitnehmer dar: Überlastung, gesundheitlicher Frühverschleiß, Sonderschichten, zusätzliche Schichtarbeit, Entleerung der Arbeitsinhalte, Leistungsverdichtung und Veränderung der Leistungserfassung (für alle Arbeitnehmergruppen), Dequalifizierung, Herabgruppierung, Verlust des Arbeitsplatzes sind die Gefahrenzonen, die durch tarifvertragliche Gegenstrategien einzugrenzen sind.

Personalabbau und Entlassungen können auf Unternehmensebene entweder durch *Ausweitung und Veränderung der Produktion* oder aber durch eine *Reduzierung und veränderte Verteilung des Arbeitsvolumens* verhindert werden. Die Arbeitsmenge ist dabei sowohl in ihrem Gesamtumfang als auch in ihrer individuellen Dimension zu sehen.

Berücksichtigt man nur ihre globale Seite (also z.B.: eine Stunde weniger Arbeit pro Woche; einen zusätzlichen Urlaubstag pro Jahr für alle), leistet man Rationalisierungsstrategien eher noch Vorschub: Unkontrollierte Leistungsverdichtung und Produktivitätsfortschritte (Rationalisierung) ermöglichen dann Personaleinsparungen. Sie zehren damit die erwünschten Wirkungen auf die Beschäftigung und die menschengerechte Arbeitsgestaltung möglicherweise völlig auf.

Tarifvertragliche Arbeitszeitverkürzungen werden in der Praxis durch spezifische betriebliche Strategien der Fertigungs- und Personalplanung (Erhöhung der Produktionsgeschwindigkeit durch neue Anreizsysteme, Erhöhung der Überstunden bei reduzierter Stammbelegschaft, Veränderung des Verhältnisses von Leistung zu Lohn) über einen längeren Zeitraum leider oft mehr als wettgemacht. Diese Prozesse sind für jeden erfahrbar und bei der Durchsetzung der geforderten 35-Stunden-Woche unbedingt zu berücksichtigen.

Beschäftigungspolitisch vorrangig ist bei einer Fortsetzung der Politik der Arbeitszeitverkürzungen in Zukunft die Frage der Festsetzung der maximalen Belastungsgrenzen und damit der individuellen Arbeitsmenge (Leistungserbringung), wie sie sich in der praktischen personellen Besetzung typischer Fertigungseinheiten (Band, Maschine) oder Verwaltungsfunktionen niederschlägt. Ihre Lösung besteht in Vereinbarungen der Zahl wie auch der erforderlichen Qualifikation der eingesetzten Arbcitskräfte. Sie fällt damit schwerpunktmäßig in das Gebiet der *Arbeitsgestaltung*.

Auf diesem Gebiet werden heute schon eine Reihe beschäftigungspolitisch wirksamerer Vereinbarungen praktiziert. Einige Beispiele dazu:

● Im MTV für die gewerblichen Arbeitnehmer der Druckindustrie gibt es in den berufsspezifischen Anhängen schon seit Jahren eine exakte Festlegung der *Mindestbesetzungszahl* von Arbeitskräften für unterschiedliche Druckmaschinen. Die maximalen Leistungsanforderungen werden zusätzlich durch eine nach den unterschiedlichen Belastungsarten gestaffelte *Begrenzung* der Mehrstellenarbeit definiert. Darüber wird in den einzelnen Verteilungsrunden neu verhandelt, wie z.B. letztens im Jahre 1978/1979.

Darüber hinaus sind in der Praxis auch *qualitative Besetzungsrichtlinien* möglich, die das erforderliche Anforderungs- bzw. Eignungsprofil (z.B. Besetzung einer Stelle ausschließlich oder möglichst durch ausgebildete Fachkräfte) im einzelnen umschreibt. Damit werden durch Dequalifizierungstrends bedrohte Arbeitsplätze bzw. Beschäftigungsgruppen geschützt. Im Allgemeinen Anhang des MTV der gewerblichen Arbeitnehmer der Druckindustrie (1974) heißt es beispielsweise:

,,Alle Facharbeiten in den Gruppen Druckformherstellung, Druck, Weiterverarbeitung sind von den entsprechenden Fachkräften der Druckindustrie auszuüben ... Ist das zuständige Arbeitsamt nicht in der Lage, Fachkräfte zu vermitteln, können Arbeitgeber und Betriebsrat in einer Vereinbarung festlegen, daß für bestimmte Arbeitsplätze zur Aufrechterhaltung einer sonst gefährdeten Produktion geeignete Hilfskräfte oder geeignete Arbeitskräfte fachfremder Berufe mit Arbeiten beschäftigt werden, die nach den Anhängen Fachkräften vorbehalten sind.'' (Ähnlich auch § 2 des Tarifvertrages über Einführung und Anwendung rechnergesteuerter Textsysteme in der Fassung vom 20. März 1978.)

● In der Zigarettenindustrie gibt es sowohl das Beispiel einer ,,Gesamtbetriebsvereinbarung über die betriebliche Mitbestimmung bei der Besetzung von Produktionsmaschinen und -anlagen'' eines größeren Konzerns (Firma BAT) aus dem Jahre 1969 als auch im MTV in der Fassung vom 18. Dezember 1975 eine generelle Regelung der ,,Mitbestimmung des Betriebsrates in personellen Angelegenheiten und bei Rationalisierungsmaßnahmen'' (§16). Dieser MTV demonstriert gleichzeitig eine konkrete Umsetzung der in den §§ 90, 91 BetrVG umschriebenen allgemeinen Zielrichtung. In § 16 Abs. 4 heißt es z.B.:

a) Betriebsrat bzw. Gesamtbetriebsrat haben Anspruch auf mindestens jährliche Information über langfristige Tendenzen in der technischen Ausrüstung, Rationalisierungsvorhaben und damit zusammenhängende Personalfragen allgemeiner Natur.

b) Konkrete Rationalisierungs- und Änderungsabsichten im technischen oder organisatorischen Bereich mit personellen Auswirkungen sind rechtzeitig vorher mit dem Betriebsrat zu besprechen.

c) Bei Meinungsverschiedenheiten wird die Maßnahme praktisch erprobt und nach einer Erprobungszeit von mindestens vier und höchstens zwölf Wochen erneut mit dem Betriebsrat beraten.

d) Bei fortbestehender Meinungsverschiedenheit kann der Betriebsrat verlangen, daß der Arbeitgeber einen Arbeitsphysiologen bzw. ein Institut als Gutachter über die Belastung der betroffenen Arbeitnehmer bestellt.

e) Das Ergebnis des Gutachtens ist nach Beratung mit dem Betriebsrat unter Beiziehung der Tarifvertragsparteien zu berücksichtigen. Wenn darüber keine Einigung möglich ist, entscheidet die Schiedsstelle (§ 17 Nr. 2) verbindlich.

Bemerkenswert ist, daß die angesprochene Schiedsstelle, die über offene Rationalisierungsfragen letzlich entscheiden muß, sich paritätisch aus zwei Arbeitgeber- und zwei Arbeitnehmervertretern zusammensetzt. Der Vorsitz wechselt dabei von Fall zu Fall zwischen den beiden Parteien. Damit besteht ein Instrument der Mitbestimmung bei der Personalbedarfs- und Einsatzplanung.

● Ein drittes Beispiel: Der Lohnrahmentarifvertrag II für die gewerblichen Arbeitnehmer in der Metallindustrie Nordwürttemberg/Nordbaden von 1973 hat bekanntlich zusätzliche Erholzeiten von fünf Minuten pro Stunde für die Band- und Akkordarbeiter eingeführt. Er enthält aber auch zwei interessante Öffnungsklauseln, wonach die Zahl der jeweils benötigten Bandarbeiter, ,,die Leistungsabstimmung je Arbeitsstation (Arbeitstakt)'' sowie ,,die Anzahl der Springer mit dem Betriebsrat zu vereinbaren'' sind (Randnummern 6.4 — 6.8). Im Streitfalle ist die Einschaltung der Einigungsstelle vorgesehen. Durch diese Öffnungsklauseln ist der personalpolitische Ausgleich für die infolge Pausenregelung verminderte Arbeitsmenge im einzelnen zu schaffen.

Nach den bisherigen Erfahrungen stößt die Umsetzung gerade dieser Konsequenzen auf nicht unerhebliche Schwierigkeiten. Soweit einschlägige Betriebsvereinbarungen bisher dazu vorliegen, ist darin zum Ausgleich der Erhol- und Bedürfniszeiten im Durchschnitt pro 12 — 15 Arbeitnehmer der Einsatz eines zusätzlichen Springers oder Ablösers vereinbart worden. Diese Richtzahl entspricht dem Ausmaß der tatsächlichen Arbeitszeitverkürzung von gut drei Stunden pro Woche infolge der Pausenregelungen. (Vgl. *Dabrowski, H. u.a.,* Der Lohnrahmentarifvertrag II in der betrieblichen Praxis, Göttingen 1977, S. 185 ff.)

Allen Vorschlägen der Arbeitszeitregelung (35-Stunden-Woche, sechs Wochen Urlaub, zusätzliche Arbeitspausen) ist gemeinsam, daß sie Arbeitsplätze nur dann zu sichern in der Lage sind, sofern nicht parallel zu ihnen durch das Unternehmensmanagement und seinen Beraterstab eine individuelle Leistungsverdichtung eingeplant bzw. diese durch die Arbeitnehmervertreter nicht verhindert wird. Neue Arbeitsplätze bei fixem Auftragsbestand entstehen in Fällen reduzierter Arbeitszeit nur dann, wenn das Stellen-Soll entsprechend der betriebsspezifischen Entwicklung der *Ausfallzeitenquote* (aus Urlaubs- plus Krankheits- plus sonstiger Abwesenheitsquote) um eine *personalplanerische Zuschlags- bzw. Reservequote* entsprechend *nach oben* angepaßt wird. (Siehe dazu Näheres unter 3.3.2.)

Diese Quote streut nach allgemeinen Erfahrungen im gewerblichen Bereich angesichts der rigorosen Politik der geplanten *personellen Unterdeckung* zwischen 0 v.H. und 25 v.H. (Spitzenwert in Unternehmen der mitbestimmten Stahlindustrie). In typischen Dienstleistungsunternehmen ist sie gar nicht oder ungenügend vorhanden. Die jeweilige Höhe der Reservequote kann als Barometer der Durchsetzbarkeit wesentlicher Arbeitnehmerinteressen angesehen werden. Wird sie nicht dem Umfang tariflicher oder sonstiger Arbeitszeitverkürzungen angepaßt, treten zwangsweise erhöhte und unzumutbare Belastungen auf, die der ursprünglichen Zielsetzung zuwiderlaufen. Sie sind im Konfliktfall durch das korrigierende Mitbestimmungsrecht des Betriebsrats nach § 91 BetrVG sowie auch durch die vorgesehene Einschaltung der Einigungsstelle abzuwenden.

3.2.3 Neue Konzeptionen und Strategien sind gefragt

Eine wirksame Strategie der Rationalisierungsabwehr und der Eindämmung von negativen sozialen Rationalisierungsfolgen verlangt eine Erweiterung und Verknüpfung der tarifvertraglichen Schutzzonen gegenüber den aktuellen Gefährdungsbereichen des Besitzstandes der Arbeitnehmer. Die Einzelelemente der unternehmerischen Arbeitspolitik (wie vor allem Personalplanung, Arbeitsgestaltung, Entgeltpolitik) können nicht länger getrennt und ohne wechselseitige Abstimmung in der tarifvertraglichen Praxis gesehen werden. Um die bisher immer wieder praktizierten Umgehungsstrategien der Arbeitgeberseite möglichst weitgehend zu unterbinden, kommt es zur Sicherung der Beschäftigungsverhältnisse und des sozialen Besitzstandes darauf an, tarifpolitische ,,Pakete'' zu schnüren, die die traditionell eher getrennt gesehenen Gefährdungsbereiche *Arbeitsgestaltung,* die darauf bezogene *Qualifikation* und *Entlohnung* sowie deren Steuerung durch die Personalplanung enger verzahnen und zugleich einem korrigierenden Eingriff der Arbeitnehmervertretung unterwerfen.

Ein exemplarisches Beispiel dafür bietet der ,,Tarifvertrag zur Sicherung der Eingruppierung und zur Verdienstsicherung bei Abgruppierung'' für die Arbeitnehmer in der Metallindustrie Nordwürttemberg/Nordbaden vom 3. April 1978 (erweitert auf Südwürttemberg/Hohenzollern, Südbaden, Hessen, Saarland und Rheinland-Pfalz). Durch die damit vorgeschriebene Unterrichtungs- und Beratungspflicht des Arbeitgebers (vierteljährliche Unterrichtung über die Lohn- und Gehaltsgruppendurchschnitte, Beratung über technische und Betriebsänderungen sowie die damit verbundene Personalplanung) erwachsen dem Betriebsrat erweiterte Verhandlungs- und Kontrollmöglichkeiten. Seine Mitwirkungsrechte nach dem BetrVG (insbesondere gemäß §§ 90 und 102) werden damit erheblich in Richtung einer Veto-Mitbestimmung ausgeweitet. Er erhält einen besseren Überblick über die laufenden arbeitspolitischen Prozesse.

Eine ähnliche positive Wirkung für Beschäftigung und Besitzstand hat der neue Technik-Vertrag der IG Druck. (Vgl. den Tarifvertrag über Einführung und Anwendung rechnergesteuerter Textsysteme i. d. F. vom 20. März 1978.) Bemerkenswert ist vor allem der hierdurch geschaffene dauerhafte Facharbeiterschutz. Beschäftigungs- und Einkommensgarantien wurden auf mustergültige Weise vereinbart. Daneben sind beispielhafte Regelungen über die Gestaltung der Bildschirmarbeit festgelegt, die in bestimmten Punkten weiterhin zu konkretisieren sind. Fragen der Arbeitsteilung am Bildschirm, der erweiterten Pausenregelung, der Arbeitszeit sowie der gesundheitlichen Belastung wurden angegangen, die auch für die Betroffenen aus anderen Branchen, insbesondere im Bereich von Handel, Banken und Versicherungen zunehmend an Aktualität gewinnen.

Als Beispiele seien aus diesem Tarifvertrag folgende Passagen angeführt:

(§3) Weiterbeschäftigung

Für die Texterfassung im rechnergesteuerten Textsystem sind vorrangig Fachkräfte der Druckindustrie (einschließlich der am Perforator Beschäftigten) des Unternehmens zu beschäftigen, deren Arbeitsplatz durch die Einführung des rechnergesteuerten Textsystems entfällt, sofern die entsprechende Tätigkeit vorher nicht von anderen Arbeitnehmern durchgeführt wurde Den Fachkräften der Druckindustrie sind die Angestellten des Unternehmens gleichzustellen, deren Arbeitsplatz durch die Einführung des Systems entfällt

(§7) Betriebliche Umschulung

(1) Arbeitnehmer, die durch die Einführung des rechnergesteuerten Textsystems ihren Arbeitsplatz verlieren und nicht an den neuen Geräten eingesetzt oder in anderer Weise beschäftigt werden können, werden nach Maßgabe ihrer fachlichen und persönlichen Eignung sowie entsprechend der Zahl neu zu besetzender Arbeitsplätze im Betrieb bzw. Unternehmen umgeschult. Die Umschulungsmaßnahmen müssen dem Betrieb bzw. Unternehmen und dem Arbeitnehmer, auch was ihre Dauer angeht, zumutbar sein. Umschulungen innerhalb des technischen Bereiches sind auf 13 Wochen begrenzt.

(§ 13) Unterbrechung der Arbeit an Bildschirmgeräten

Bis zum Vorliegen entsprechender arbeitsmedizinischer Erkenntnisse wird vereinbart:

(1) Bei Tätigkeiten, die überwiegenden Blickkontakt zum Bildschirm von mehr als vier Stunden zusammenhängend erfordern, muß vorbehaltlich des Abs. 3 zur Entlastung der Augen entweder jede Stunde Gelegenheit zu einer fünfminütigen oder alle zwei Stunden zu einer fünfzehnminütigen Unterbrechung dieser Tätigkeit bestehen. Ein Zusammenziehen dieser Unterbrechung ist nicht zulässig.

(2) Für Bildschirmkorrektur im Sinne des § 2 Abs. 1 d gilt die Unterbrechungsregelung gemäß Abs. 1 auch dann, wenn die nach Abs. 1 erforderlichen vier Stunden nicht erreicht werden.

(3) Die Unterbrechung der Tätigkeit nach Abs. 1 kann auch durch eine Steuerung des Arbeitsablaufes geschehen. Sie gilt auch durch bestehende oder praktizierte Pausen als abgegolten.

(4) Wenn Regelungen im Sinne der Absätze 1 und 2 aus arbeitsorganisatorischen Gründen nicht möglich sind, darf die Arbeit mit überwiegendem Blickkontakt zum Bildschirm sechs Stunden täglich innerhalb der regelmäßigen betrieblichen Arbeitszeit nicht überschreiten.

(§ 14) Gestaltung der Arbeitsplätze

(1) Bei der Einführung des rechnergesteuerten Textsystems sind die Vorschriften der §§ 90, 91 BetrVG zu beachten. Dies gilt auch für Unternehmen, auf die § 118 BetrVG Anwendung findet.

(2) Die Tarifvertragsparteien werden darauf hinwirken, daß die zuständigen Behörden und Institutionen, insbesondere Berufsgenossenschaften und DIN-Ausschüsse, Mindestnormen für die Beschaffenheit der elektronischen Geräte sowie für die Gestaltung von Arbeitsplätzen und Arbeitsumgebung erarbeiten.

Eine in ihrer Zielsetzung nicht nur defensive Tendenz wie die in ihrer Existenz unmittelbar bedrohte Druckgewerkschaft vertritt darüber hinaus die Gewerkschaft Nahrung-Genuß-Gaststätten (NGG) in ihrer tarifpolitischen Konzeption einer Verknüpfung von Vermögens- und Beschäftigungspolitik. Ihr geht es dabei neben der Erhaltung auch um die *Schaffung* von Arbeitsplätzen. Die Grundidee ist, die

Arbeitgeber mit ihrem eigenen Vorschlag der Vermögensbeteiligung beim Wort zu nehmen. Die entsprechenden Mittel sollen nicht individuell verteilt, sondern in Branchenkassen gesammelt und zum Lohnausgleich für die erstrebte *Arbeitszeitverkürzung für ältere Arbeitnehmer* (je nach Alter ein bis zwei Stunden pro Tag) bzw. für einen *Freizeitausgleich für Arbeitserschwernisse* (Lärm, Hitze usw., Schichtarbeit) sowie *Überstunden* eingesetzt werden. Dadurch wiederum wären Neueinstellungen erforderlich.

Die Gewerkschaft NGG hat konkrete Verhandlungen über dieses Tarifkonzept auf breiter Ebene begonnen und in der Zigarettenindustrie bereits einen ersten Durchbruch erzielt. Die Fondslösung wurde hiermit zwar noch nicht realisiert. Jedoch wurden beispielhafte Regelungen der Arbeitszeithalbierung bzw. der Möglichkeit vorzeitiger Pensionierung geschaffen. Bemerkenswert an diesem ,,Generationenvertrag" ist, daß er eine Selbstverpflichtung für einen vollen *Personalausgleich* für die verminderte Arbeitsleistung der Älteren in Form von Neueinstellungen und der Bereitstellung von mehr Ausbildungsplätzen enthält.

Die Vereinbarung zwischen dem Arbeitgeberverband der Cigarettenindustrie und der Gewerkschaft NGG vom 8. Juni 1978 lautet folgendermaßen:

1. Arbeitnehmer, die das 60. Lebensjahr vollendet haben und dem Unternehmen mindestens zehn Jahre angehören, können im Einvernehmen mit Arbeitgeber und zuständigem Betriebsrat bis zum frühestmöglichen Bezug einer Rente aus der gesetzlichen Rentenversicherung *alternativ*

a)   von der Arbeit bei Fortzahlung von 75 % ihrer Bruttobezüge einschließlich Jahressonderzahlung von der Arbeit freigestellt oder

b)   bei herabgesetzter Wochenarbeitszeit von 20 Stunden mit vollem Arbeitsentgelt beschäftigt

werden.

Ein Wechsel zur Alternative a) ist möglich.

Bei Freistellung nach Alternative a) wird die betriebliche Altersversorgung auf der Basis der vollen Bezüge (100 %) berechnet.

2. Es ist das Ziel der Branche, insgesamt so viele Neueinstellungen einschließlich Auszubildenden vorzunehmen, wie durch diese Regelung Mitarbeiter ganz oder teilweise freigestellt werden.

3. Über die Auswirkung der Regelung werden wir mit Ihnen Anfang 1979 beraten.

4. Eine gemeinsame Arbeitsgruppe wird Maßnahmen zur Milderung der Jugendarbeitslosigkeit prüfen.

5. Um dem Interesse an Teilzeitarbeit entgegenzukommen, werden die Unternehmen mit den Betriebsräten beraten, ob und wie mehr Teilzeitarbeitsplätze geschaffen werden können.

Der damit erzielte modellhafte Durchbruch konnte in dem nachfolgenden Tarifkonflikt in der nordrhein-westfälischen Brauereiindustrie, bei dem auf dem Verhandlungswege zunächst eine Einigung über eine 32-Stunden-Woche für über Sechzigjährige erzielt worden war, nicht wiederholt werden. Immerhin wurde im September 1978 schließlich eine zusätzliche bezahlte Freizeit von 28 Arbeitstagen pro Jahr für diesen Personenkreis (nebst einer allgemeinen Erhöhung der Urlaubsansprüche sowie der Einführung bezahlter Schichtpausen und zusätzlicher Schichtfreizeiten) vereinbart. Die durch die Arbeitgeber-Lobby nachträglich vereitelte ursprüngliche Einigungsformel bleibt für die Zukunft wegweisend.

Auch die Gewerkschaft Holz und Kunststoff (GHK) fordert in ihren laufenden Tarifverhandlungen eine bezahlte Mindesterholzeit von fünf v.H. der täglichen Arbeitszeit für alle Akkordarbeiter. Solche Zusatzpausen dienen sowohl dem Gesundheits- als auch dem Beschäftigungsschutz. Im Einzelfall wurden sie auch schon durch Betriebsvereinbarungen in unterschiedlichen Branchen (wie z.B. in der Automobilindustrie bei Audi-NSU, Opel oder auch in Bereichen der Nahrungsmittelindustrie) festgeschrieben.

Wir leben heute in einer Arbeitnehmer-Gesellschaft — jedenfalls statistisch gesehen. Die Frage ist zu stellen, ob der derzeitige Einsatz der Gewerkschaften für die Interessen der abhängig Beschäftigten in der Öffentlichkeit immer richtig verstanden und gewürdig wird. Vielfach ist das Gegenteil der Fall. Die veröffentlichte Meinung, die durch Besitzverhältnisse und „Tendenzschutz" überwiegend fest im Griff der Arbeitgeber und ihrer Ideologen ist, hat im Zusammenhang mit den Arbeitskämpfen 1978 erneut eine Verteufelungskampagne gegen die Gewerkschaften gestartet. Sie wurden als „Maschinenstürmer" und Feinde des Fortschritts gebrandmarkt, die nur das egoistische Interesse ihrer Mitglieder (der sog. Arbeitsplatzbesitzer) verfolgten. „Ein Streik gegen die Zukunft" kommentierte die ansonsten als linksliberal geltende „Süddeutsche Zeitung" (21. März 1978) den Druckerstreik; „Gut gemeint, aber gefährlich" wertete „Die Zeit" (23. März 1978) den Absicherungsvertrag der IG Metall. Gefährlich für wen?

Wer so reagiert, fühlt sich wohl selbst getroffen. Umgekehrt beweist dies die Richtigkeit der gewerkschaftlichen Antworten. Aufgrund der Erfahrungen der letzten Jahre dürfte kaum zu bestreiten sein, daß die Wiedergewinnung der Vollbeschäftigung härtere Eingriffe in die traditionellen unternehmerischen Freiheiten verlangt. Dies bedeutet keineswegs, daß zukünftige Produktivitätsfortschritte und dem Menschen dienende Rationalisierung abgewürgt werden sollten oder könnten. Damit wäre niemandem gedient. Rationalisierungsgewinne dürfen aber nicht einseitig auf Kosten der Mehrheit gemacht werden. Dies wäre ein Rückfall in den Frühkapitalismus. Der dauernde Verweis der Arbeitgeber auf die Erhaltung unserer internationalen Wettbewerbsfähigkeit darf niemand bluffen. Der durch die Branchenführer verschärfte Rationalisierungsdruck wirft oft auch viele mittlere und kleinere Unternehmen aus dem Rennen. Das Rationalisierungstempo darf nicht ohne Rücksicht auf den Menschen diktiert werden. Die eigenartige „Arbeitsteilung", wonach — im Widerspruch zur öffentlichen Arbeitsmarktpolitik und letztlich auf Kosten der Allgemeinheit — den Investoren die Rationalisierungsgewinne, den Arbeitnehmern im eigenen oder konkurrenzschwächeren Unternehmen die Rationalisierungsverluste einseitig zukommen sollen, ist angesichts der gegenwärtigen Entwicklung kaum länger vertretbar oder einsehbar.

Will man dem Verursacherprinzip auch auf diesem Gebiet Geltung verschaffen, müssen die entsprechenden Forderungen offensiv vertreten und vorbeugende Regelungen zu einem kollektiven Arbeitsplatz-Bestandsschutz geschaffen werden. So hat z.B. die Postgewerkschaft bereits auf ihrem Gewerkschaftstag 1977 entsprechend dem DGB-Grundsatzprogramm 1963 die Verpflichtung des Arbeitgebers zur Schaffung von Ersatzarbeitsplätzen im Falle von „Freisetzungen" durch Rationalisierung gefordert. In diesem schon fast vergessenen Grundsatzprogramm des Deutschen Gewerkschaftsbundes heißt es sehr aktuell:

„Soweit bei Rationalisierung und Automation Arbeitsplätze gefährdet werden, haben die Betriebe und Verwaltungen bei ihren Planungen im Einvernehmen mit den Arbeitnehmervertretungen entsprechende Anpassungsmaßnahmen vorzusehen, die aufeinander abzustimmen und zu kontrollieren sind. Die Betriebe und Verwaltungen, die solche Rationalisierungsmaßnahmen durchführen, sind an der Finanzierung der Anpassungshilfen sowie an der Schaffung neuer Arbeitsplätze zu beteiligen. Die Vorteile einer betrieblichen Rationalisierung müssen allen Arbeitnehmern zugute kommen."

Ein erster Schritt zur Durchsetzung dieser Forderung wäre eine tarifvertragliche Bestimmung, Entlassungen nur dann zuzustimmen, wenn keine Möglichkeit der Umsetzung oder Weiterbeschäftigung nach Fortbildungs- und Umschulungsmaßnahmen durch den Arbeitgeber nachgewiesen werden kann. (Dazu bedürfte es allerdings einer funktionierenden Personalplanung mittlerer zeitlicher Reichweite.) Dies hieße in der Konsequenz, den Ausnahmefall der Widerspruchsrechte des Betriebsrats gegenüber Arbeitgeberkündigungen nach § 102 Abs. 3 BetrVG zum Normalfall zu machen und die Beweislast umzukehren. (Vgl. auch Anhang III.)

Zum Ausbau und zur Schonung des sozialen Netzes der Solidargemeinschaften der Sozialversicherung unter schwierigen Arbeitsmarktverhältnissen werden darüber hinaus derzeit folgende Wege der kollektiven Einkommenssicherung betrieblich oder überbetrieblich durch Tarifvertrag beschritten bzw. ernsthaft diskutiert.

● Verstetigung des Einkommens durch paritätisch verwaltete Lohngarantiefonds (Beispiel: Garantielohnabkommen für die Beschäftigten in den Seehafenbetrieben z.B. zwischen ÖTV und dem Verband der Hafenbetriebsvereine im Lande Bremen; damit wird die Weiterbeschäftigung und -entlohnung bei nachlassendem Arbeitsanfall gesichert.)

● Bildung von sozialen Rückstellungen zur Finanzierung von Zuschüssen zum Kurzarbeitergeld oder ähnliche arbeitspolitische Maßnahmen wie Abgruppierungsschutz usw. (Beispiel: § 7 des MTV der Chemischen Industrie i. d.F. vom 22. Februar 1973)

● Schaffung paritätisch verwalteter Fonds zur Einkommens- und Arbeitsplatzsicherung, insbesondere zur Finanzierung von Arbeitszeitverkürzung für ältere Arbeitnehmer sowie eines Freizeit- bzw. Erholzeitenausgleichs für Schichtarbeiter (Beispiel: Unterstützungsverein der Chemischen Industrie, der im Oktober 1975 zur Besitzstandssicherung von arbeitslos gewordenen Arbeitnehmern aus dieser Branche eingerichtet wurde. Die Arbeitgeber zahlen jeweils 5 % oder der Berufsgenossenschaft gemeldeten Lohn- und Gehaltssumme in diesen Fonds ein. Da die Voraussetzung zur Unterstützung jedoch eine sechsjährige Werkszugehörigkeit ist, bei Entlassungen üblicherweise aber die Dauer nur kurzer Betriebszugehörigkeit ausschlaggebend ist, wurde der Fonds bisher praktisch noch kaum genutzt. Die IG Chemie strebt daher in Neuverhandlungen über den MTV an, diese Gelder auch für Arbeitszeitverkürzungen insbesondere für ältere Arbeitnehmer entsprechend der Konzeption der NGG einzusetzen. Die IG Chemie besitzt hierbei gegenüber der Gewerkschaft NGG einen Startvorsprung, da dieser Branchenfonds bereits besteht.)

Ohne solche und ähnliche Schritte muß das viel beschworene Recht auf Arbeit in unserer kapitalbestimmten Wirtschaft und Gesellschaft ein Fremdkörper bleiben. Zur Durchsetzung dieses Anspruchsrechts auf dem Wege des Tarifvertrages bedarf es vorrangig einer breit angelegten Diskussion in der organisierten Arbeitnehmerschaft — auch schon im Vorfeld von konkreten Auseinandersetzungen. Nur dann wird das Klima der öffentlichen Meinung nicht dem Einfluß des großen Geldes überlassen bleiben, sondern deutlicher durch die arbeitspolitischen Notwendigkeiten bestimmt werden können.

Dafür muß die Gewerkschaftsarbeit im Betrieb aber auch intensiviert, müssen die Mitglieder und die Funktionsträger stärker an der Betriebspolitik beteiligt werden. Nur wenn die Belegschaften erfahren können, daß Veränderungen im eigenen Interesse durch kollektives Handeln möglich sind, werden tarifpolitische Erfolge für alle erzielt und anschließend auch in den Unternehmen sinngemäß umgesetzt werden können. Solidarität muß im Alltag gelernt werden, um im Ernstfall zu funktionieren.

Arbeitspolitik im Betrieb verlangt also, um dies hier zusammenzufassen, die Arbeitnehmerinteressen als fixe und nicht als manipulierbare Größe in der Unternehmenspolitik einzuplanen. Gewerkschaftliche Interessenvertretung zur Realisierung dieser betrieblichen Arbeitspolitik richtet sich angesichts der bestehenden Machtverteilung notwendigerweise auf die Erweiterung der einschlägigen Einflußrechte nach Tarifvertrag, Betriebsverfassung (bzw. nach der Normierung der Personalvertretung) sowie nach den sonstigen Arbeitsgesetzen. Ihr Gegenstand ist die Arbeitskräfteplanung und -politik in den Unternehmen, das weite Feld der Humanisierung der Arbeit und — damit verbunden — die Schaffung von mehr Chancen der Höherqualifizierung und der persönlichen Entfaltung im beruflichen Alltag für jedermann. Die Frage der Durchsetzbarkeit dieser Programmatik in der Praxis behandelt der folgende Abschnitt.

3.3 Verwirklichung der tarif- und arbeitspolitischen Ziele durch Mitbestimmung und Personalplanung

Nach einer Auswertung der bestehenden Tarifverträge durch das Bundesarbeitsministerium hatten im Jahre 1977 von je 100 Arbeitnehmern jeweils die nachfolgend genannte Zahl einen kollektivvertraglichen Anspruch auf

— 40-Stunden-Woche:	92
— Urlaubsgeld:	92
— vier Wochen Mindesturlaub:	88
— Vermögenswirksame Leistungen:	80
— Verdienstsicherung im Alter:	59
— Kündigungsschutz im Alter:	50
— Rationalisierungsschutz:	48
— Zusätzliche betriebliche Altersversorgung:	24
— Betriebliche Beihilfen bei Arbeitslosigkeit:	20

Diese Übersicht belegt das eindeutige Übergewicht der einkommens- und arbeitszeitbezogenen Verteilungspolitik der Tarifparteien in der Vergangenheit. Diese Bereiche entsprechen zusammen mit einer umfassenden Absicherung im Alter (Arbeitsplatz- und Verdienstsicherung, Zusatzversorgung) der klassischen Hauptinteressenlage der Arbeitnehmer. Der traditionelle Rationalisierungsschutz fügt sich diesem Schema insofern nahtlos ein, als er im wesentlichen durch die Praxis der Abfindungen die materielle Seite des Arbeitsplatzverlustes abdecken sollte. Juristen nannten ihn daher ,,soziales Schmerzensgeld'' für die verlorene Stelle. Dies wäre allerdings eine grobe Vereinfachung, da immerhin auch die Beibehaltung des sozialen Besitzstandes bei Umsetzungen sowie von sozialen Nebenleistungen (wie z.B. der

Werkswohnung oder sonstiger Anwartschaften) in diesen Abkommen in vielen Fällen angesprochen ist. Eine Vielzahl von Rationalisierungsschutzverträgen beinhaltet darüber hinaus Verpflichtungen des Arbeitgebers zu Umschulungsmaßnahmen (mit Verdienstgarantie) bei technisch-organisatorischen Veränderungen größeren Ausmaßes.

Gleichwohl griffen viele dieser Verträge in der Praxis nicht, wie Untersuchungen nachwiesen (vgl. z.B. *Böhle/Lutz,* Rationalisierungsschutzabkommen, Göttingen 1974). Denn einmal sind die Anspruchsvoraussetzungen unklar. Wann begründen sich personelle Maßnahmen zwingend aus ,,Rationalisierung''? Gibt es dafür nicht andere Argumente, wie notwendige Marktanpassung, Auftrags- oder Nachfragemangel, Umstellung des Produktsortiments? Der zweite Punkt für das Unterlaufen bzw. die seltene Anwendung dieser Abkommen ist die übliche einschränkende Vorschrift, daß ein ,,erheblicher Teil'' der Beschäftigten von Rationalisierung betroffen sein muß. Was also, wenn diese Maßnahmen scheibchenweise in kleinen Dosen (etwa unterhalb der Schwelle anzeigepflichtiger Entlassungen), aber dennoch kontinuierlich vollzogen werden? Bei schlechter Informationslage ist der Betriebsrat erst hinterher, wenn er das Gesamtausmaß der Folgen erblickt, klüger. Dann ist es allerdings in aller Regel zu spät.

Entgegen einer weit verbreiteten Meinung bewirken Rationalisierungsschutzverträge nicht Schutz *vor* Rationalisierung, sondern *bei* oder vielmehr *nach* Rationalisierung. Dies beweist schon der Tatbestand, daß die Regelungen sozial nachteiliger Folgen von Betriebsänderungen (nach § 111 BetrVG) überwiegend in der Form eines Sozialplans und diese wiederum nach Maßgabe der z.B. im Kündigungsschutzgesetz (§ 10) angegebenen Abfindungsstaffeln erfolgen. Hier hat der Gesetzgeber die autonomen Tarifparteien materiell praktisch überholt — genau umgekehrt, wie dies sonst der Fall ist. Tarifverträge pflegen ansonsten ja eine Vorreiterfunktion gegenüber allgemeinverbindlichen, gesetzlichen Normierung zu haben.

Der schwache tarifvertragliche Schutz gegenüber Arbeitslosigkeit und ihren Folgen ist Resultat der langanhaltenden Vollbeschäftigungsära der Nachkriegszeit. Dieser Schwachpunkt unterstreicht andererseits die Notwendigkeit der oben umschriebenen neuen kollektiv-vertraglichen Aufgabenstellungen. Die Tarifpolitik erhält damit wiederum ein größeres Gewicht. Ihre Stärkung und Koordinierung ist für die Gewerkschaften von lebensnotwendigem Interesse.

Heinz Oskar Vetter umschrieb diese neue Situation auf dem DGB-Bundeskongreß 1978 so: ,,Wir müssen uns sehr viel mehr auf unsere eigene Kraft verlassen. Wir müssen die eigenen Handlungsmöglichkeiten sichern und ausweiten: Das heißt: Ein Schwergewicht liegt auf der Erweiterung der Tarifpolitik und ihrer Verzahnung mit einer gewerkschaftlichen Betriebs- und Unternehmenspolitik. Das erfordert — die Erfahrungen der letzten Zeit beweisen es — eine engere Zusammenarbeit von gewerkschaftlichen Vertrauensleuten, von Betriebsräten und der gewerkschaftlichen Organisation." Diese Aufgabenstellung wird, dies wäre hinzuzufügen, überdies nur erfolgreich bewältigt werden können, wenn die gewerkschaftliche Organisation durch eine wachsende Zahl bewußter und aktiver Mitglieder insbesondere im Angestelltenbereich getragen wird.

Das Ergebnis dieser erweiterten Anstrengungen müßte darauf hinauslaufen, die Verteilung der Arbeitsmenge als neues knappes Gut (neben Einkommen und Freizeit) in die künftigen Verteilungsrunden angemessen einzubeziehen. Der leitende Gesichtspunkt hierbei muß angesichts des mit den Produktivitätsfortschritten wachsenden „Freisetzungs"-Drucks das Defensivziel der *Erhaltung* möglichst vieler Arbeitsplätze sein. Aber selbst wenn dies in den zentralen oder regionalen Vereinbarungen erreicht ist oder sein sollte — etwa durch quantitative und qualitative Besetzungsrichtlinien (mit entsprechenden Öffnungsklauseln), durch die Definition individueller Höchstbelastungsgrenzen, die Verpflichtung zu Vereinbarungen über die Höhe des Springereinsatzes usw. —, bleibt immer noch die Frage der Umsetzung der Intentionen dieser Rahmenvorschriften im betrieblichen Alltag. Sollte es also gelingen, die im vorhergehenden Abschnitt zitierten musterhaften Mosaiksteine aus einzelnen Branchenverträgen in neuen Mantelvereinbarungen, die die Gesamtgefährdungen wirksam abdecken, zusammenzufügen, beginnt erst die eigentliche Aufgabe vor Ort. Hier entscheiden die Stärke und das Durchsetzungsvermögen der Betriebsräte in Verbindung mit den Vertrauensleutekörpern das Geschick der Verwirklichung der erzielten Kompromißlinien. In der Regel bedarf dies einer Flankierung durch Betriebsvereinbarungen. Schwache und unkundige Betriebsräte lassen sich gelegentlich durch kleinere Entgegenkommen der Arbeitgeber ihre Rechte „abkaufen", oder sie wenden sie schlicht nicht an, weil sie gegenüber einem sich wissenschaftlich gebärdenden, auf die harten ökonomischen Fakts pochenden Management nicht wissen, wo die Hebel in diesem Dickicht anzusetzen sind. Mit einigen solcher offenen und zu bewältigenden neuralgischen Punkte arbeitspolitischer Interessenvertretung im betrieblichen Alltag befassen sich die folgenden Unterpunkte.

3.3.1 Personalplanung, Informationspolitik und Arbeitsplatzsicherung

Geht es um vorausschauende Arbeitspolitik im Unternehmen, sind Umfang und Qualität der Gesamtheit der zur Verfügung stehenden Ist- und Plandaten von Belang. Hier ist vorab vor Illusionen zu warnen. Der Markt birgt in sich ein chaotisches Grundelement. Situationen und Konstellationen können sich von heute auf morgen ändern. Auf abhängige Zulieferer — und deren gibt es in mittleren und klei-

neren Größenklassen Zehntausende — wirken sich Nachfrage- und Sortiments-
schwankungen ebenso unvermittelt aus wie plötzlich umgepolte Konzernstrategien
auf die beherrschten Konzerntöchter.

Dennoch gibt es, freilich in Abhängigkeit von beständiger Nachfrage oder auch der
Breite der Produktvielfalt der einzelnen Unternehmen, gewisse Grundannahmen
oder Erfahrungswerte, die im unternehmerischen Geschehen als Planungsgrundla-
gen Bestand besitzen. Zum Teil besteht in der Praxis des Managements eine größere
Immobilität, als es den Arbeitenhmern lieb sein kann. Mißmanagement, fehlende
Daten und mangelnde Innovationsbereitschaft finden sich vor allem in mittleren
und kleineren Unternehmen. Das eigens geschaffene und vom Bundeswirtschaftmi-
nisterium unterhaltene Rationalisierungskuratorium der Deutschen Wirtschaft
(RKW) mit Sitz in Frankfurt sieht eine seiner Hauptaufgaben darin, diesem Adres-
satenkreis „modernes" Management zu vermitteln. Dazu zählen neuerdings sogenannte Innovationsberatungsstellen, die unter anderem von der Industriegewerk-
schaft Metall aus der Taufe gehoben wurden. Dazu zählt aber auch die Verbreitung
von Personalplanungswissen, wozu neben vorhergehenden Initiativen 1979 ein
mehrteiliges „Handbuch Praxis der Personalplanung" für Management und Arbeitnehmervertreter auf den Markt geworfen wurde.

Diese halbstaatlichen Aktivitäten werden nicht ohne Grund entwickelt. Denn immer
noch gibt es in der Mehrheit der westdeutschen Unternehmen trotz weitverbreiteter
Unternehmensplanung keine irgendwie schriftlich ausgewiesene Personalplanung.
In den Größenklassen von 500 Beschäftigten an aufwärts und vor allem von 2000
Beschäftigten an ist dies allerdings fast durchweg der Fall. Bei der Einschätzung des
zukünftigen Arbeitskräftebedarfs wird jedoch in der breiten Masse der Betriebe —
über die Hälfte der Erwerbstätigen arbeitet in Betrieben unter 500 Beschäftigte —
mit Erfahrungswerten oder mit Daumenpeilen gearbeitet. Die damit verbundenen
Unschärfen bekommen die Arbeitnehmer in vielfacher Form zu spüren.

Die wesentliche Vorfrage bei der Umsetzung arbeitspolitischer Ziele ist also: Gibt es
überhaupt eine Personalplanung hinlänglicher zeitlicher Reichweite im Unternehmen? Vor einer zweiten Illusion sei hier ebenfalls vorab gewarnt. Personalplanung
ist nie ein autonomer, selbständiger Planungsbereich. Ihre Daten sind nur im Zusammenhang mit den gesamtunternehmerischen Zielsetzungen und Vorgängen zu
bewerten. Bei Verkennung ihres Charakters als Folgeplanung ökonomischer Grund-
entscheidungen hinsichtlich Produktion oder Absatz könnte man sich leicht falschen Hoffnungen hingeben. Die Arbeitnehmervertretung sollte sich daher nie mit
isolierten Daten oder Datenbergen abspeisen lassen, sondern stets (wie z.B. im Wirtschaftsausschuß oder im Aufsichtsrat) umfassende Informationen verlangen. (Vgl.
dazu das weiter unten dargestellte Kennziffernsystem.)

Bei richtiger Einbettung in eine Gesamtinterpretation vermögen die Daten der Personalplanung eine Frühwarnfunktion einzunehmen. Sie erleichtern damit rechtzeitige arbeitspolitische Weichenstellungen und im Ernstfall notwenige Gegenreaktionen. Die Personalplanung selbst gliedert sich in einzelne Bereiche oder Stadien mit weitreichenden Folgen für die Interessen und das Schicksal der Arbeitnehmer. Darüber informiert die skizzenhafte Zusammenstellung der neuralgischen Punkte der Personalplanung (siehe Seite 79).

Um die skizzierten negativen sowie auch die wünschbaren positiven Folgen besser in den Griff zu bekommen und die sich anbahnenden Gefahren rechtzeitig abwehren zu können, ist es für die Arbeitnehmervertretung äußerst wichtig, möglichst differenzierte Unterlagen über die einzelnen Entscheidungsbereiche abrufen, einsehen und diskutieren zu können. Dies setzt sowohl das Bestehen einer Personalplanung auf der Seite der Betriebsleitung als auch eine gesicherte Informationsweitergabe an den Betriebsrat voraus. Gar manche Unternehmen lassen ihre Belegschaften über ihre arbeitspolitischen Vorhaben bewußt im unklaren. Der Betriebsrat wiederum kann nur Vorschläge zur Einführung einer Personalplanung machen, diese aber gemäß der weichen Formulierung in § 92 Abs. 2 BetrVG nicht erzwingen. Da die gesetzlich vorgeschriebenen Beratungsrechte über die personalplanerischen Folgen bestimmter Betriebsänderungen jedoch eine differenziertere Datenbasis voraussetzen, wird — mit dem beliebten Argument ,,Das wissen wir zur Zeit selbst noch nicht!'' — im Zweifelsfalle die Existenz einer ,,offiziellen'' Personalplanung geleugnet werden. Ein Indiz dafür ist, daß in einer Befragung von 120 Betriebsräten in mittleren und größeren Unternehmen durch das WSI ein Wissen über die betriebliche Personalplanung weit weniger häufig angegeben wurde als bei vergleichbaren repräsentativen Managementbefragungen, wie z. B. durch das Münchener Institut für Sozialwissenschaftliche Forschung (vgl. *Behr, M., von u.a.;* 1976; WSI-Mitteilungen 4/1978).

Immerhin ergab die WSI-Umfrage 1977 bei den auf dem Gebiet der Personalplanung und -politik bereits aktiv gewordenen Betriebsräten unterschiedlichster Branchenzugehörigkeit folgendes: Fast jeder zweite der befragten Arbeitnehmervertreter hat bisher Initiativen zur Einführung und Gestaltung der Personalplanung ergriffen; dies führte in gut 75 v.H. der Fälle zum Erfolg. Allerdings gibt es auch in jedem zehnten der befragten rund 120 Unternehmen keine Personalplanung *trotz* des Drängens der Arbeitnehmervertretung. In den Fällen, in denen die Betriebsräte die Personalplanung zu beeinflussen versuchten, sind die Planungsfristen mit einem Schwerpunkt von zwölf Monaten indessen vergleichsweise *länger* als üblich. Normalerweise liegt der Planungshorizont erheblich unter zwölf Monaten, zum Teil nur bei sechs oder sogar drei Monaten. In solchen unteren Fristbereichen ist eine gestaltende Planung allerdings nicht möglich, sondern bestenfalls ein Vollstrecken bereits

Die neuralgischen Punkte der Personalplanung

Personalplanungsbereiche	*Gefahrenpunkte/Folgen für die Arbeitnehmer*
— Personalbedarfsplanung	Mehr- oder Minderbedarf (Entlassungen bzw. Leistungsverdichtung) Variation der Belastungsgrenzen (Personaleinsparung) personelle Unterdeckung (Mehrarbeit) notwendige Anpassung von Springereinsatz/personeller Zuschlagsquote an Fehlzeitenquote (z.B. nach Arbeitszeitverkürzung, sonst Leistungssteigerung)
— Personalbeschaffungsplanung	Rekrutierung der Arbeitskräfte von innen oder von außen interne Ausschreibungen, Umsetzungen (anstelle Entlassungen) mehr oder weniger Auszubildende (in Verbindung mit Qualifikationsplanung)
— Personalabbauplanung	Entlassungen oder alternative Maßnahmen der Personalanpassung (Umsetzung, Fortbildung) Einsatz von Abbaureserven/Leiharbeitnehmern Vorzeitige Pensionierung/Sozialplan/Aufhebungsvertrag
— Personalentwicklungsplanung	Personalbeurteilungssysteme/Exklusivität der Beteiligung an interner oder externer Weiterbildung/Qualifikationssicherung als Voraussetzung gesicherter Einkommen/ Nachwuchs- und Führungskräfteplanung
— Personalkostenplanung	Rationalisierung/Kostensenkung bei gleichzeitger Leistungssteigerung/Abgruppierung/ Dequalifizierung

Quelle: Vgl. dazu Näheres in Heft 3 „Zur Sache": Personalplanung — Arbeitsplatzsicherung — Tarifvertrag, Köln 1978

getroffener übergreifender Unternehmensentscheidungen. Die zitierten Betriebsräte haben mit ihren Vorstößen also zweifellos gewisse Erfolge erzielen können.

Der zweite Punkt ist die Frage des *Informationszugangs* der Betriebsräte, der höchst unterschiedlich ist. Er schwankt zwischen Informationsüberflutung (mit oft nebensächlichen Details) bis hin zu bewußter Informationsvorenthaltung. Hier haben die Betriebsräte jedoch Rechtsmittel in der Hand, die vergleichsweise zwingender sind als ihre eigenen Planungsinitiativen und im Zweifelsfalle auch eingesetzt werden sollten (Einigungsstellenzwang, Verfahren wegen Ordnungswidrigkeiten nach § 121 BetrVG).

Auch zu dieser Frage seien einige Ergebnisse der WSI-Erhebung wiedergegeben: Soweit eine Personalplanung existiert, wird in gut 80 v.H. der Fälle ein relativ problemloser Informationszugang von den Befragten angegeben. In einigen Fällen sind die Unterlagen nur auf nachdrückliche Anforderung (einschließlich Prozeßdrohung) erhältlich. In der Regel werden diese Informationen schriftlich vorgelegt und überwiegend auch ausgehändigt. (Gelegentlich werden sie auch nur in abgedunkelten Räumen an die Wand projiziert, um ein Mitschreiben zu verhindern.) In knapp zehn v.H. der Unternehmen, in denen schriftliche Informationen vorhanden sind, werden diese laut Umfrage den Betriebsräten nicht ausgehändigt. Die Informationslage entspricht also insgesamt noch höchst unzulänglich den Absichten des BetrVG.

Personalplanung kann ihre Rolle als arbeitspolitischer Frühwarnindikator nur dann erfüllen, wenn

— sie langfristig betrieben wird,
— über die jeweiligen Daten rechtzeitig informiert wird und
— wenn man aus diesen Informationen die richtigen Schlüsse zieht.

Die formale Seite läßt sich durch entsprechende Betriebsvereinbarungen (über das Personalplanungsverfahren, Häufigkeit der Information und der entsprechenden Beratungen, das Verfahren bei Einstellungen, Umsetzungen oder Kündigungen) absichern. Dies sollte nach Möglichkeit realisiert werden. Ebenso ist die Bildung entsprechender Personalplanungsausschüsse mit der Aufgabe der Verarbeitung der Informationen oder zumindest der Vorbereitung der entsprechenden betriebsrätlichen Strategien zu empfehlen.

Welche Forderungen sind nun an die *Inhalte* der arbeitspolitisch wesentlichen Daten zu stellen? Grundsatz hierbei muß sein, die Verknüpfung zwischen den ökonomischen und den arbeitsbezogenen Informationen transparent zu machen.

Ohne Kenntnis beispielsweise der Ertragslage oder der Aufwendungen für andere Bereiche (z. B. Forschung und Entwicklung, Kosten für Management-Schulung,

Dividendenabführung usw.) läßt sich die arbeitspolitische Interessenvertretung im konkreten Falle schlechter begründen. Sie beraubt sich damit wesentlicher argumentativer Vorteile. Dem Erfordernis zwingender Argumentation kommt ein Kennziffernblatt entgegen, das von einer gewerkschaftlichen Arbeitsgruppe in Anbindung an das WSI für die Hand von Arbeitnehmervertretern (im Aufsichtsrat, Wirtschaftsausschuß, Betriebsrat) entwickelt wurde und hier in seiner Struktur wiedergegeben wird (siehe Übersicht auf der folgenden Seite).

Der Wert dieser Kennziffern, die in der Praxis nach den jeweiligen Notwendigkeiten oder Gegebenheiten zu erweitern oder zu verfeinern sind, besteht darin, die ökonomische Entwicklung auf der Grundlage der wesentlichen üblichen betriebswirtschaftlichen Daten abzubilden und diesen den Aufwand und die Bedingungen des Arbeitseinsatzes gegenüberzustellen. Für das richtige Gesamtbild sind dabei die Einbeziehung aller Betriebs-, Unternehmens- und Konzernteile (bei jeweils getrenntem Nachweis) sowie auch (über den Bereich von zwölf Monaten hinausgehende) längerfristige Projektionen notwendig. Die Verknüpfung der ökonomischen mit den für die Qualität und die mittel- und langfristige Sicherung der Arbeit maßgeblichen Daten erlaubt es, arbeitspolitische Forderungen auch im Blick auf die gegebene Umsatz- und Ertragslage des Unternehmens zu begründen. Werden also beispielsweise Rationalisierungsgewinne in einem nachweislichen Umfang durch veränderten Arbeitseinsatz (durch Variation von Personalbestand, Arbeitszeit, Arbeitsbedingungen) erwirtschaftet, ist es nicht einsehbar, daß Forderungen der Arbeitsplatzsicherung — wie z.B. der Aufrechterhaltung bestimmter Werksteile, der Umschulung sowie der Verdienstsicherung bei Umsetzung — oder aber auch der Höherqualifizierung für gefährdete und benachteiligte Arbeitnehmergruppen unter Verweis auf ökonomische Sachgesetzlichkeiten rundheraus abgelehnt werden.

Weitergehende kollektivvertragliche Abreden, die sich auf die Schaffung von Ersatzarbeitsplätzen für den rationalisierungsbedingten Wegfall von Tätigkeiten beziehen, lassen sich mit einem ausgebauten Planungs- und Kennziffernsystem in der betrieblichen Praxis leichter durchsetzen.

Dies sei am Beispiel des 1978 in der Metallindustrie von Nordwürttemberg/ Nordbaden erkämpften „Tarifvertrags zur Sicherung der Eingruppierung und zur Verdienstsicherung bei Abgruppierung" demonstriert. Darin gibt es sowohl eine periodische Unterrichtungs- und Beratungspflicht des Arbeitgebers gegenüber dem Betriebsrat (§ 6) als auch eine positive Verpflichtung des Betriebes zu Versetzungen und Umschulungsmaßnahmen im Falle drohender Besitzstandsminderungen infolge Rationalisierung (§ 3). Der Vertragstext formuliert dies so:

Beispiel eines Kennziffernbogens für Arbeitnehmervertreter
Quartalsdaten der Unternehmens- und der Arbeitspolitik

	Ist-Zahlen Vorjahr					Plandaten laufendes Jahr				
	Quartal					Quartal				
	I	II	III	IV	insg.	I	II	III	IV	insg.
Unternehmensbezogene Daten: Auftragseingänge Auftragsbestand Umsatz Lagerbestand Kapazitätsauslastung (v.H.) Gewinn Zugänge im Sachanlagever- mögen (Investitionen) Zugänge im Finanzanlage- vermögen Forschung und Entwicklung Dividenden Gewinnabführungen										

Arbeitsbezogene Daten:
Personalbestand
— nach Arbeitern (Lohngruppen)
  Angestellten (Gehaltsgruppen)
  AT-Angestellten (kfm.-techn.)
  Auszubildende
  Teilzeitarbeitnehmer
  Leiharbeitnehmer
— Fluktuationsquote (v.H.)
  Ausfallzeitenquote (v.H.)
— Person. Zuschlagsquote (v.H.)
Löhne und Gehälter
für die einzelnen Beschäftigten-
gruppen
Arbeitszeit
bezahlte und geleistete Stunden
Kurzarbeit
Mehrarbeit
Erholzeiten (pro Schicht, Stunden)
Arbeitsbedingungen
Schichtarbeit (v.H. d. Belegsch.)
Krankenstand (v.H.)
Arbeitsunfälle (v.H. d. Belegsch.)
Aufwand für Erschwerniszulagen
bzw. Humanisierung d. Arbeit
Qualifikation
Ausgaben für Arbeiter
Ausgaben für Angestellte										

(entwickelt nach dem „Musterblatt" von *H. Strohauer*, Köln 1978)

(§ 2)

2.1 Maßnahmen, die zu einer Abgruppierung führen, ohne personen- oder verhaltensbedingt zu sein, sind dem Betriebsrat unter Berücksichtigung der Bestimmungen des § 90 BetrVG so rechtzeitig mitzuteilen, daß er noch vor der Durchführung der Maßnahmen Stellung nehmen kann und seine Anregungen berücksichtigt werden können ...

(§ 3)

3.1 Führt eine Maßnahme nach § 2.1 zum Wegfall von Arbeitsplätzen oder zu einer Änderung von Anforderungen, oder treten sonstige Voraussetzungen für eine Abgruppierung ein, so hat der Arbeitgeber, soweit möglich, dem betroffenen Arbeitnehmer einen gleichwertigen und zumutbaren Arbeitsplatz im Betrieb mit der bisherigen Eingruppierung anzubieten.

3.2 Kann ein solcher Arbeitsplatz nicht angeboten werden, so hat der Arbeitgeber, soweit möglich, dem Arbeitnehmer die Umschulung auf einen anderen gleichwertigen und zumutbaren Arbeitsplatz im Betrieb unter Fortbestand des Arbeitsverhältnisses anzubieten ...

(§ 4)

4.1 Hat der Arbeitgeber den Betriebsrat über eine Maßnahme gemäß § 2 nicht entsprechend dieser Vorschrift unterrichtet, so kann eine Abgruppierung vom Zeitpunkt der tatsächlichen Mitteilung an den Betriebsrat an erst nach einem zusätzlichen Zeitraum erklärt werden, der der Spanne zwischen dem Zeitpunkt der rechtzeitigen Mitteilung gemäß § 2 und dem Zeitpunkt der tatsächlichen Mitteilung an den Betriebsrat entspricht (auf volle Monate aufgerundet)...

(§ 6)

6.1 Der Arbeitgeber hat den Betriebsrat kalendervierteljährlich über die Lohn-/Arbeitswert-/ und Gehaltsgruppendurchschnitte des Betriebes zu unterrichten und einmal jährlich mit ihm darüber zu beraten ...

Kennziffern-Gegenüberstellungen gestatten sowohl die Abbildung des Standes als auch des Fortschritts bei der Befriedigung von Arbeitnehmerinteressen. Sie erlauben weiterhin die Formulierung arbeitsbezogener Mindeststandards und unterstützen damit unmittelbar die Forderung eines Ausbaus der Personalplanung nach den Vorstellungen der Arbeitnehmer. Eine entwickelte Personalplanung hat dann die Daten für die Fortschreibung des Kennziffernsystems zu liefern.

Soll-Ist-Vergleiche in den jeweiligen Perioden (z.B. Quartalen) zu den Einzeldaten sollten schließlich im Kennziffernblatt jeweils vorgenommen werden, um Plan-Abweichungen besser erkennen und diskutieren zu können. Je weiter der zeitliche Planhorizont im übrigen nach vorn reicht, desto eher können aus arbeitspolitischer Sicht Unternehmensalternativen zu sozial nachteiligen Entwicklungen, desto begründeter kann auch schon in guten Zeiten Vorsorge gegen soziale Einbußen getroffen werden. Bei entsprechend guter Ertragslage — auch z.B. infolge Rationalisierungsinvestitionen — sollte beispielsweise die Schaffung sozialer Rückstellungsfonds auf betrieblicher oder überbetrieblicher Ebene rechtzeitig angesprochen und angepackt werden. (Vgl. dazu *Kohl/Volkmann,* Der Sozialplan als ultima ratio, in: Die Betriebswirtschaft 4/1979).

3.3.2 Der Personalausgleich als ungelöstes Problem

Die Ermittlung des aktuellen und zukünftig notwendigen Personalbedarfs ist naturgemäß der entscheidende Schritt innerhalb der Arbeitspolitik auf betrieblicher Ebene. Durch die Personalbedarfsplanung werden Daten mit nachhaltigen Folgen für die Arbeitnehmerschicksale gesetzt. Die Frage stellt sich nun, welche Faktoren in die Entscheidungen über den jeweiligen personellen Mehr- bzw. Minderbedarf (letzteres ist heute schon fast der Normalfall) eingehen. Als weitere Frage schließt sich an, ob hier bestimmte Korrekturmöglichkeiten aus arbeitspolitischer Sicht bestehen und wo diese vorrangig ansetzen müssen.

Die Personalabteilungen stützen sich bei ihren monatlichen oder jährlichen Bedarfsprojektionen entweder auf Standardvorgaben (wie z.B. die Richtwerte gemäß RE-FA — soweit vorhanden), auf Zeitmessungen, auf produktions- oder umsatzbezogene Kennziffern, die möglicherweise jährlich revidiert werden, oder aber schlicht auf bestimmte Erfahrungswerte (Strukturquoten bestimmter Arbeitnehmergruppen u.ä.). Durch Zeit- und Arbeitsstudien wird dieses Feld in jüngster Zeit immer stärker auch wissenschaftlich beackert. Organisationsberatung und -entwicklung, wissenschaftliche Management-Methoden („Scientific Management") u.ä. setzen diese fortschreitend in die Praxis um. Das Verhältnis von Lohn und Leistung spielt hierbei eine zentrale Rolle, deutlich sichtbar z.B. bei den Büroberufen, bei denen man noch erhebliche Produktivitätsreserven (= Abbaureserven) in einer Größenordnung bis zu 20 Prozent und mehr vermutet.

Dennoch handelt es sich dabei nicht um objektive Vorgänge, da das unternehmerische Ziel immer eine höhere Leistungserbringung bei verminderten Arbeitskosten auf der Grundlage veränderter Verfahren oder Arbeitsmethoden ist. „Es gibt keine Soll-Besetzung, die nicht unterschritten werden kann", ermunterte beispielsweise der Hertie-Konzern per Rundschreiben vom 29.6.1978 seine Personalleiter und Geschäftsführer. Die Ergebnisse der Personalbedarfs- und -einsatzplanung werden daher allenfalls einen Kompromißcharakter beanspruchen können, zumal sie in aller Regel nicht einmal allen notwendigen Faktoren Rechnung tragen.

Am besten kann man diese Lücke demonstrieren am Beispiel der vielfach bei der Personalbedarfsplanung unberücksichtigten, aber an sich notwendigen *personellen Zuschlagsquote*. Die Fehl- und Ausfallzeiten in den Unternehmen haben in den vergangenen Jahren vor allem durch den kontinuierlichen Prozeß der Arbeitszeitverkürzungen zugenommen. Die Verdoppelung des Urlaubs in den letzten 20 Jahren oder die Einführung zusätzlicher Pausen sind an der Personalplanung etwa im Angestelltenbereich in aller Regel spurlos vorübergegangen.

Darüber hinaus gibt es regelmäßige Ausfälle durch Krankheit und sonstige Abwesenheiten (wie u.a. Dienstbefreiung, Mutterschutz, Bundeswehr, Bildungsurlaub) sowie — gar nicht so gering zu veranschlagen — durch Nichtbesetzung von Stellen infolge Fluktuation oder Einstellungssperre. Gleichwohl gibt es eine exakte Planung des dafür benötigten Reservepersonals erst in Ansätzen. (Vgl. z.B. *Jarr, K.*, Stochastische Personalplanungen. Ansätze zur Planung des betrieblichen Reservepersonals, Wiesbaden 1978.)

Faßt man die Summe der üblicherweise einzuplanenden *Ausfallzeiten* zusammen, so ergibt sich auf die jährliche Soll-Gesamtarbeitszeit bezogen rechnerisch folgender Prozentsatz:

● Urlaub (26 Arbeitstage) sowie bezahlte Erholpausen = 12 v.H.

● Krankheitsquote (Mittelwert mit betriebsspezifischen Schwankungen) = 7 v.H.

● regelmäßige Abwesenheiten (Unfälle, Kuren, Mutterschutz, Bundeswehr, Bildungsurlaub, sonstige Dienstbefreiung) = 4 v.H.

● nichtbesetzte Arbeitsplätze infolge Fluktuation oder Einstellungsstopp = 2 v.H.

● Fehlzeitenquote (Ausfallzeiten insg.) = 25 v.H.

(Es handelt sich hier also nur um personalpolitisch bedingte Ausfälle, nicht um technisch oder wirtschaftlich verursachte [wie z.B. durch die Ablauforganisation, durch Warte-, Rüst- oder Einarbeitungszeiten, Kurzarbeit oder dergleichen].)

Soll eine Normalbelastung der Beschäftigten gewährleistet werden, so ist die technisch notwendige Belegschaft um eine planerische *Zuschlagsquote* in der angegebenen Größenordnung von z.Z. 25 v.H. aufzustocken. Personalplanerische Reservequoten in dieser Höhe sind z.B. in der mitbestimmten Eisen- und Stahlindustrie vorfindbar. Wird die tatsächliche Normalbesetzung bei einer fälligen Arbeitszeitverkürzung außerhalb des täglichen Arbeitszeitrahmens (also z. B. bei Mehrurlaub, zusätzlichen Erholzeiten) nicht durch Springereinsatz bzw. Neueinstellungen — in einer rechnerischen Entsprechung bezogen auf Vollarbeitsplätze — angepaßt, so ist eine Leistungs*verdichtung* der vorhandenen Belegschaften die verbreitete Folge. Mehrbelastungen ergeben sich gerade aus solchen Rationalisierungsvorgängen, mit denen das Management die vereinbarte Verkürzung der Arbeitszeiten überwiegend beantwortet.

In der Industrie wird aus einsichtigen Gründen weitgehend kein Reservepersonal in der notwendigen Höhe eingeplant, zum Teil schon deshalb, weil keine Personalplanung existiert. Im Dienstleistungsbereich ist diese an sich notwendige Denk- und Verfahrensweise noch ungewohnter. Dennoch wäre es künftig gerade bei den einer harten Rationalisierung unterworfenen Angestelltenberufen dringend notwendig, eine Personalreserve z.B. in Großraumbüros, im Banken- und Versicherungswesen, beim Krankenhauspersonal oder in den größeren Unterrichtsanstalten einzurichten.

Lohnausgleich allein reicht nicht

Die gewerkschaftliche Forderung nach Arbeitszeitverkürzung besitzt gegenwärtig einen hohen Stellenwert und breite Popularität. Viele erwarten dadurch arbeitspolitische Wunder und das Ende oder zumindest eine Wende der Arbeitslosigkeit. Diese Hoffnungen paaren sich mit älteren Konzepten der Humanisierung der Arbeit. Schon die Münchener DGB-Konferenz 1974 zum Thema ,,Humanisierung der Arbeit als gesellschaftspolitische und gewerkschaftliche Aufgabe'' setzte sich unter anderem die Durchsetzung des Achtstundentages unter Einschluß der gesetzlich vorgeschriebenen (AZO-)Pause zum Ziel. Dies hieße in der Konsequenz eine Verkürzung der täglichen Nettoarbeitszeit um eine halbe Stunde.

Bezahlte Arbeitspausen wurden bisher schon vor allem für Band-, Schicht- und Akkordarbeiter durch unterschiedliche tarifvertragliche Vereinbarungen eingeführt. Auch bestehen teilweise schon zusätzliche Urlaubsansprüche für Arbeitnehmer mit besonders belastenden Tätigkeiten oder unüblichen Arbeitszeiten (wie Schicht-, Nacht-, Wochenend- und Feiertagsarbeit). Diese Regelungen sind ein Beitrag zu einer menschengerechten Arbeitsgestaltung. Sie dienen zur Verbesserung der Qualität der Arbeit und indirekt damit auch der Freizeit, die dann weniger die Funktion reiner Erholung hat. Die Humanisierung der Arbeit wie auch der Freizeit bedingen sich ja irgendwie wechselseitig. Lebensqualität ist nicht teilbar. Die sogenannte Freizeitgesellschaft bleibt vorerst noch ein Wunschtraum jener, die die Arbeitswelt auszublenden versuchen. (Vgl. dazu *Kohl, H.,* Freizeitpolitik. Ziele und Zielgruppen verbesserter Freizeitbedingungen, Köln 1976.)

Die Debatte um die Humanisierung der Arbeit wird jedoch derzeit überlagert durch die vorrangige Notwendigkeit des Abbaus der Arbeitslosigkeit durch Verringerung des Arbeitsangebots der jetzt Beschäftigten. Dahinter steht die Erwartung, daß das reduzierte Arbeitsvolumen zum Ausgleich dann auf mehr Köpfe unter Einschluß der Arbeitslosen verteilt werde. Die Arbeitgeberseite lehnt dieses Ansinnen ab, da Neueinstellungen auf diesem Wege zu unverhältnismäßigen Kostenbelastungen führen würden — zumal die Gewerkschaften zugleich einen vollen Lohnausgleich für die verkürzte Arbeitszeit verlangen. Sie raten im Verein mit der herrschenden ökonomischen Lehre statt dessen zu allgemeiner Lohnzurückhaltung.

Kein Arbeitgeber hat andererseits jedoch bisher eine Garantie dafür abgeben oder in der Praxis den Beweis dafür erbringen können, daß im Falle eines Lohnverzichts auch nur ein einziger Arbeitsplatz neu besetzt oder geschaffen würde. Warum denn auch? Das jetzt maßgebliche Kostengefüge bliebe in seiner Struktur wie auch in der Höhe der einzelnen Kostenarten unverändert bestehen. Ohne eine Veränderung externer Faktoren — wie z.B. der Nachfrage, in gewissem Umfang auch der Exportchancen — entsteht dann aber auch keine Ursache für irgendwelche Mehrbeschäftigung.

Die Gewerkschaften fordern in erster Linie Lohnausgleich für den Fall der Durchsetzung weiterer Schübe von Arbeitszeitverkürzungen. Dies ist an sich richtig, denn kein Angestellter würde sich deswegen beispielsweise eine Gehaltskürzung träumen lassen (wohl aber müßten die Arbeiter damit rechnen). Was sie aber bislang nicht oder nicht deutlich genug fordern, ist der im gleichen Atemzug aus der ursächlichen arbeitspolitischen Motivation heraus notwendige *Personalausgleich*.

Dies ist die entscheidende offene Flanke der Arbeitspolitik im Betrieb. Ohne fixierte Leistungsbedingungen und ohne personalplanerische Konsequenzen wird jede Arbeitszeitverkürzung durch Rationalisierungsstrategien überwiegend aufgesogen werden. Es besteht die Gefahr, daß sie dann weitgehend effektlos verpufft. Die Berechnung und Erhöhung der betriebsspezifischen Reservequoten, wie oben demonstriert, sind daher unerläßlich für die Erhaltung oder Schaffung von Arbeitsplätzen im Gefolge der Umverteilung der Arbeitsmenge.

Konkret kann dies durch Erhöhung der Springerzahl oder durch Schaffung zentraler Personaleinsatz- oder -ausgleichsabteilung geschehen. Modelle dafür bestehen bereits vereinzelt in größeren Unternehmenseinheiten sowohl im industriellen als auch im Dienstleistungsbereich. Es kann sich dabei sowohl um Personalpools (z.B. von Sekretärinnen) für innerbetrieblichen Einsatz als auch um spezielle Reserveabteilungen mit variablen Beschäftigungsmöglichkeiten z.T. auch außerhalb des Unternehmens handeln. Ein Beispiel für den letzteren Fall bietet die in der luxemburgischen Stahlindustrie geschaffene überbetriebliche „Antikrisenabteilung", in der vorübergehend überzähliges Personal zusammengefaßt und für Spezialaufgaben in der Branche, für öffentliche „Notstandsarbeiten" oder auch für einen begrenzten Einsatz in branchenfremden Unternehmen zur Verfügung steht. (Dies ist in einem „Sonderabkommen zur Überwindung der Beschäftigungskrise in der Stahlindustrie und im Eisenerzbergbau Luxemburgs" vom 1. Juni 1977 im einzelnen geregelt.) Die luxemburgischen Gewerkschaften haben damit nach eigenem Bekunden bisher gute Erfahrungen gemacht. Die Kurzarbeit konnte damit ebenso wie das Leiharbeiterunwesen reduziert werden. Verdienst- und Rückkehrgarantien erhalten weitestgehend den sozialen Besitzstand.

Arbeitspolitische Eckdaten in der Industrie 1974 bis 1978
(1978 vorläufige Werte)

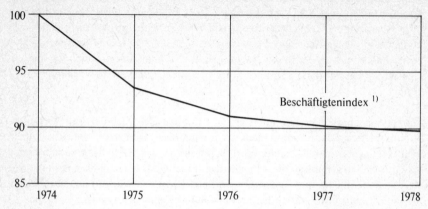

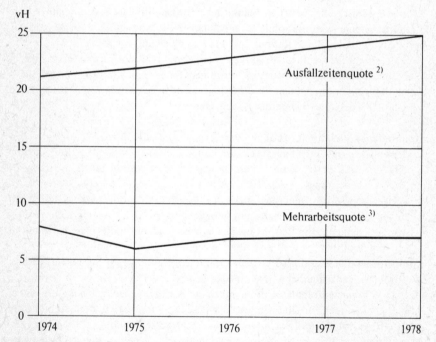

1)ˊ 1974 = 100 (Beschäftigte in der Industrie und im Bergbau)
2)   Ausfälle bezogen auf die Jahresarbeitszeit der technisch notwendigen Soll-Belegschaft (ohne Kurzarbeit)
3)   Mehrarbeit bezogen auf Anteil der Überstunden je 40-Stunden-Woche (bereinigte Mehrarbeitsquote)

Quellen: Statistisches Bundesamt und eigene Berechnungen.

Konkrete Regelungen über die Festlegung, Verwendung und Anpassung des Reservepersonals müssen also auf Unternehmens- und betrieblicher Ebene erfolgen, z.B. über Betriebsvereinbarungen. Derartige Einzelheiten lassen sich kaum zentral dekretieren. Ein dezentrales Vorgehen auf Unternehmensebene stellt wiederum hohe Anforderungen an die Durchsetzungsfähigkeit der betrieblichen Interessenvertretung. Die damit verbundenen praktischen Probleme mögen zum Teil das Ausbleiben der Diskussion dieser zentralen Frage erklären. Ihre Lösung steht dennoch auf der Tagesordnung.

Die Bedeutung der angesprochenen Problematik des Personalausgleichs vermag ein Überblick zu unterstreichen, in dem die Entwicklung der üblichen Ausfallzeiten, der durchschnittlichen Mehrarbeit sowie des Beschäftigungsstandes in der Industrie insgesamt für die letzten Jahre festgehalten wird. Dieses Schaubild verdeutlicht sehr plastisch die jeweiligen quantitativen Größenordnungen und gestattet eine bessere Bewertung der sich gegenwärtig vollziehenden Trends.

Zur Interpretation dieser grafischen Übersicht:

● Der Abbau der Beschäftigten in der Industrie, der übrigens schon seit Ende 1973 mit Macht einsetzte, verlief zwischen 1974 und 1978 kontinuierlich weiter mit allerdings abflachendem Trend. Ein Ausklingen dieser Abwärtsbewegung oder gar ein Wendepunkt zum Positiven sind nicht in Sicht.

● Umgekehrt verhält es sich mit den Ausfallzeiten und der Mehrarbeit. Durch Mehrurlaub von durchschnittlich gut zwei Tagen in der Referenzperiode, zusätzliche Erholzeiten, zusätzliche Bildungsurlaubsansprüche und nicht zuletzt durch die Praxis des Einstellungsstopps stiegen die Ausfallzeiten (bezogen auf die Jahresarbeitszeit der nomalerweise technisch notwendigen Soll-Belegschaft) kontinuierlich an. Ein Indikator unter anderen dafür ist die wachsende Differenz zwischen bezahlten und geleisteten Arbeitsstunden, wie sie die Statistik ausweist. Der Trend zunehmender Ausfallzeiten wurde zwar durch den Rückgang der Krankheitsquote (seit Beginn der Krise) und durch das hohe Ausmaß produktionsbedingten Ausfalls in Gestalt der Kurzarbeit (insbesondere 1975) etwas abgestoppt, ist aber insgesamt expansiv. Durch die von den Gewerkschaften geforderten weiteren Arbeitszeitverkürzungen (wie z.B. für ältere Arbeitnehmer und Schichtarbeiter, durch mehr Jahresurlaub und Erholzeiten) dürfte er sich in Zukunft sogar noch verstärken.

● Die Ausfallzeiten werden in der Realität überbrückt durch eine ständige hohe Mehrarbeitsquote. Die derzeit den Arbeitnehmern abverlangten Überstunden haben einen solchen Umfang, daß damit etwa 1,8 Millionen Arbeitskräfte zusätzlich beschäftigt werden könnten — zu normalen Arbeitszeiten. (Vgl. *H. G. Mendius,* WSI-Mitteilungen 4/1978.)

Die Belastung des einzelnen durch Mehrarbeit ist im übrigen noch wesentlich höher, als es die auf der Basis der offiziellen Daten des Statistischen Bundesamtes errechnete Prozentquote (Fachserie 16, Reihe 2.1) ausweist. Die dort erfaßte Anzahl der wöchentlichen Überstunden in den einzelnen Branchen, aufgeschlüsselt nach Männern und Frauen, bezieht sich nämlich immer auf die jeweiligen Gesamtbelegschaften, nicht jedoch auf den Kreis der für die Abwicklung der Mehrarbeit tatsächlich zur Verfügung stehenden Arbeitnehmer.

Um das tatsächliche individuelle Ausmaß der Mehrbelastung durch Überstunden realistisch auszudrücken, muß man die ausgewiesene Mehrarbeitsquote daher um die Quote der durchschnittlichen Ausfallzeiten *bereinigen*, d.h. jeweils entsprechend erhöhen. Denn die Überstunden können nun einmal nur von denen erledigt werden, die in den Abteilungen oder Betrieben jeweils anwesend sind. Die individuelle reale Mehrleistung in der Industrie beträgt also derzeit gut sieben Prozent. Zieht man ferner in Betracht, daß Überstunden und Sonderschichten fast ausschließlich im Tätigkeitsbereich der Arbeiter anfallen (die etwa drei Viertel der Belegschaften in der Industrie stellen), so beläuft sich die arbeitsbedingte Mehrbelastung dieser Gruppe gegenüber der tariflich vereinbarten Wochenarbeitszeit im Schnitt auf etwa *zehn Prozent.*

Dies ist ein Skandal angesichts des hohen Ausmaßes an Arbeitslosigkeit ebenso wie des unvertretbaren gesundheitlichen Frühverschleißes gerade dieser Berufsgruppe. Nur jeder vierte männliche Rentner beispielsweise erreicht derzeit noch die Altersgrenze von 65 Jahren — und zwar nicht, wie allgemein angenommen, in erster Linie wegen Inanspruchnahme der seit 1972 geschaffenen Möglichkeiten eines vorherigen flexiblen Ausscheidens aus dem Erwerbsleben, sondern überwiegend infolge vorzeitiger Berufs- und Erwerbsunfähigkeit (mit einem Schwerpunkt bei etwa 56 Jahren). Auf diesen Sachverhalt trifft die kritische Bemerkung *Heinz Oskar Vetters* in besonderem Maße zu, wonach in unserer Gesellschaft viele viel zu viel arbeiten, für wenige dafür aber keine Arbeit mehr übrigbleibt.

Das Mehrarbeitsaufkommen schwankt erheblich in den einzelnen Branchen (vgl. Schaubild). 33 v.H. der Arbeiter und Angestellten arbeiten normalerweise mehr als 42 Stunden pro Woche, 15 v.H. sogar 50 Stunden und mehr. Solche Zahlen unterstreichen die Notwendigkeit einer neuen gesetzlichen Arbeitszeitordnung ebenso wie auch einer verstärkten Gegensteuerung durch die Betriebs- bzw. Personalräte sowie auch durch einschlägige tarifvertragliche Abmachungen (wie z.B. Vereinbarung von Freizeitausgleich für Überstunden). Der private Dienstleistungsbereich liegt dabei noch bemerkenswert vor dem industriellen Sektor.

	wöchentliche Arbeitszeit	
Voll berufstätige Arbeiter und Angestellte nach Branchen	über 42 Std. v.H.	darunter: 50 Std. und mehr v.H.
Handel	44	26
Sonst. Dienstleistungen	39	27
Bau	42	16
Chemie-/Metall-/Elektroindustrie	29	11
Sonst. gewerblicher Bereich	28	12
Öffentlicher Dienst	25	10
Durchschnittswert	33	15

Quelle: Infratest-Forschungsbericht 1978, S. 162

Das durchschnittliche Überstundenkontingent (von unbereinigt ca. 7,5 v.H. vor der Krise bis 1974) ging zwar in der Krise zunächst etwas zurück. Seit 1976 steigt es aber wieder an und pendelt sich etwas unterhalb ihres Ausgangspunktes wieder ein. Die hohe eingeplante Mehrarbeit ist Ergebnis der Zurückhaltung bei den Einstellungen (siehe Beschäftigungsindex) und weiter steigender Ausfallzeiten. Man kann sagen, daß die *Differenz* zwischen Ausfallzeiten- und Mehrarbeitsquote tendenziell das Ausmaß der eingeplanten *personellen Unterdeckung* in den Unternehmen angibt. Rechnerisch beträgt die Quote der geplanten bzw. hingenommenen Unterdeckung derzeit demnach ungefähr netto 18 v.H. (25 v.H. — 7 v.H.). Sie variiert in der Praxis je nach der tatsächlichen Höhe der eingeplanten personellen Zuschlagsquote. Durch die bestehende Unterbesetzung werden erhebliche krankmachende Streßfaktoren in das Arbeitsleben eingebaut.

Was von der Brutto-Unterdeckung (= im Extremfall die gesamte Ausfallzeitenquote) durch Überstunden und Sonderschichten gegenüber dem zu leistenden Arbeitsvolumen nicht ausgeglichen werden kann, muß durch Leistungsverdichtung und Rationalisierung überbrückt werden. Dies ist der Hintergrund der unternehmerischen Argumentation, eine Umverteilung des Arbeitsvolumens durch Arbeitszeitverkürzungen werde zwangsweise zu neuen Rationalisierungsschüben führen. Je höher die Ausfallzeitenquote indessen steigt, desto schwieriger, wenn nicht unmöglich wird es sein, das durchschnittliche Viertel der fehlenden Belegschaften durch arbeitsorganisatorische Kunstgriffe zu ersetzen. Dies ist insbesondere dann der Fall, wenn überhaupt kein Personalausgleich vorgesehen ist. Der Zwang zu verstärktem Springereinsatz und zu Neueinstellungen wird unausweichlich. Die Frage des Personalausgleichs ist ein zentrales Thema und nicht länger zu umgehen.

Drückt man die dargestellten Prozentwerte in absoluten Größen aus, wird die Dimension der angesprochenen und bisher in der Öffentlichkeit noch kaum diskutierten Fragestellung vielleicht noch deutlicher. In den Werkhallen und Büros fehlen ständig — mit saisonbedingten Schwankungen — 3-4 Millionen Menschen infolge Urlaub, Dauerkrankheit, sonstiger Abwesenheiten und gewollten Nichtersatzes der Fluktuation aus Einsparungsgründen. Dennoch läuft die Produktion ununterbrochen weiter. (Und dies wiederum, obwohl zugleich Tausende von Arbeitnehmern zu gleicher Zeit ihre tarifvertraglich vereinbarte Kurzpause oder Schichtfreizeit haben.) Die Lücke dieses ausfallenden Arbeitsvolumens überspielt das Personalmanagement in erster Linie durch einen gigantischen Einsatz von Mehrarbeit in einer Größenordnung von umgerechnet gut 1,8 Millionen Vollarbeitsplätzen. (Gesamte Mehrarbeit dividiert durch die Jahresarbeitszeit eines Arbeitnehmers, vgl. dazu: *Mendius, H.G.*, Arbeitszeit und Arbeitsmarkt, in: WSI-Mitteilungen 4/1978.) Die verbleibende weitere Hälfte des ausfallenden Arbeitsvolumens muß ebenfalls von den vorhandenen Arbeitskräften miterledigt werden. Über mangelnde Auslastung brauchen sie also nicht zu klagen, höchstens über die Zunahme von Berufskrankheiten infolge Dauerstreß. Die vielerorts verfügten Einstellungssperren bringen ohnehin schon genug unzumutbare Belastungen gerade für bestimmte Belegschaftsangehörige mit sich.

Aus diesem gewiß skandalösen Zustand der Personalplanung müssen Folgen gezogen werden. Eine Konsequenz müßte zu allererst sein: Betriebsräte sollten Kündigungen unter Verweis auf das hohe Ausmaß der Mehrarbeit, wo immer möglich, widersprechen. Die zweite: Die bestehende und in Zukunft wachsende Unterdeckung muß zusammen mit der Mehrarbeit abgebaut werden. Die Mittel dazu sind der schrittweise geplante Einsatz von Reservepersonal in Form von Springern für Arbeiter, Angestellte und Beamte sowie von betrieblich oder überbetrieblich organisierten Personalpools (Reserveabteilungen). Würden die Überstunden von derzeit knapp drei Stunden pro Woche (in der Industrie) um die Hälfte reduziert, wären damit bei konsequenter Organisation von Reservepersonal bis zu 900 000 Neueinstellungen fällig. Werden tarifvertraglich zwei zusätzliche Urlaubstage vereinbart, so müßten bei vollem Personalausgleich 200 000 Arbeitsplätze neu besetzt werden. Würde gar das seit 1973 in der Metallindustrie in Nordwürttemberg/Nordbaden praktizierte Pausenmodell (fünf Minuten bezahlte Erholzeiten pro Stunde = minus gut drei Arbeitsstunden pro Woche) auf alle Arbeitnehmer übertragen und der dadurch ausgelöste Kapazitätsverlust (von minus acht Prozent) durch zusätzliche Springer ausgeglichen, so bedeutete dies allein in der Industrie einen Zusatzbedarf von 600 000, unter Einschluß des privaten Dienstleistungsbereichs sogar von rund einer Million Arbeitskräften.

Diese Zahlen sind rechnerische Bruttogrößen, keine personalplanerisch unmittelbar verwertbaren Nettodaten. Ihre Realisierung ist eine Frage der jeweiligen Notwendigkeit, Praktikabilität und Durchsetzbarkeit. Ihre Höhe unterstreicht jedoch den Stellenwert der angesprochenen Problematik. Die Beispiele zeigen gleichzeitig, daß Arbeitszeitverkürzungen, die eine Unterbrechung eines weiterlaufenden Fertigungsprozesses bewirken (wie z.B. zusätzliche Erholzeiten, verkürzte Schichtzeiten bei kontinuierlichen Prozessen, zusätzliche Urlaubstage), unter personal- und arbeitspolitischen Gesichtspunkten sinnvoller erscheinen als z.B. eine reine Verkürzung der täglichen normalen Arbeitszeit. (Bei Urlaubsverlängerung gilt dies nur dann, wenn die Werksferien nicht gleichzeitig verlängert werden.) Eine Verkürzung der wöchentlichen bzw. täglichen Arbeitszeit bei nichtkontinuierlich verlaufenden Arbeitsprozessen kann dagegen in der Regel durch Rationalisierung weit eher überbrückt werden und erzwingt infolgedessen weniger nachhaltig einen Personalausgleich.

Zwei Haupteinwände werden von den betrieblichen Praktikern gegen die rasche Durchsetzung dieser Vorstellungen geltend gemacht. Sie sind arbeitsorganisatorischer und finanzieller Natur. Auf beide soll abschließend eingegangen werden.

— Springereinsatz erfordert vor allem eine breitere Qualifikation für den vielfältigen Einsatz. Entsprechend vorgebildete Kräfte sind nach Meinung der Kritik selten und verlangen überdies eine höhere Bezahlung. Auf dem Arbeitsmarkt stünden entsprechende Bewerber zumal unter den derzeit Arbeitslosen nicht zur Verfügung.

Dem ist zu entgegnen, daß dies in erster Linie eine Frage der qualitativen betrieblichen Personalplanung (siehe nächsten Abschnitt) in Verbindung mit den Möglichkeiten des Arbeitsförderungsgesetzes ist. Daß ein solcher erweiterter Springereinsatz in der Praxis gut funktionieren kann, beweist unter anderem das Beispiel der Daimler-Benz AG, die damit Zusatzpausen von 40 Minuten täglich erfolgreich aufgefangen hat. (Vgl. dazu u.a. das Interview mit dem Betriebsratvorsitzenden *Herbert Lucy* im ,,Spiegel'' 22/1978, S. 42 ff.)

Weiter wird geltend gemacht, daß vor allem kleinere und mittlere Unternehmen dann überbetriebliche Personalpools auf der Grundlage von ,,Kapazitätsausgleichsabkommen'' z.B. mit Unternehmen ähnlicher Fertigungsstruktur einrichten müßten. (Vgl. manager magazin 8/1978, S. 20 ff.) Dadurch würden jedoch — abgesehen von organisatorischen Schwierigkeiten — kaum zusätzliche Arbeitsplätze geschaffen.

Dem wäre zu erwidern, daß solche Ausgleichs-Abteilungen oder -GmbHs den Zwang zu gelegentlichen oder dauernden Überstundenleistungen bedeutend reduzieren würden. Sie hätten zugleich den Auftrag, den Sumpf der illegalen, halblegalen oder gerade noch legalen Leiharbeit trockenzulegen. Dem verbreiteten Schwarzhandel mit Menschen ist wohl am ehesten beizukommen, wenn die Praxis kurzfristigen Arbeitseinsatzes bei Auftragsspitzen in dieser vorgeschlagenen Form legalisiert und transparent wird. Offizielle Personalpools unter dem Schutz der Arbeitnehmervertretung könnten und müßten dann auch sehr viel stärker mit dem Instrument öffentlich geförderter Umschulung und Fortbildung operieren.

Personalreserve- bzw. -ausgleichsabteilungen auf betrieblicher Ebene, die auf einen möglichen Spitzenbedarf (konjunkturell oder saisonal) ausgerichtet sind, sollten im übrigen bei Minderbeanspruchung keine Däumchen drehen, sondern Zusatzfertigungen für kleinere Marktlücken ohne Zeitdruck abwickeln. (Vgl. dazu den Vorschlag der IG Metall im [in diesem Punkt nicht durchgesetzten] Entwurf eines Rationalisierungsschutzabkommens 1968, in: *Jäger, H.,* [Red.], Personalplanung und Betriebsrat, Frankfurt 1976, S. 114-118, sowie das oben erwähnte Beispiel der überbetrieblichen ,,Antikrisenabteilung'' in der luxemburgischen Stahlindustrie.) Für die mögliche innovative Funktion relativ qualifizierter Arbeitsgruppen im Falle ihrer Verknüpfung mit vorübergehend freistehenden Forschungskapazitäten gibt es weiterhin im nationalen und internationalen Bereich eine Reihe guter Beispiele. Hierdurch konnten bereits interessante Marktlücken aufgespürt werden.

— Das finanzielle Gegenargument scheint das hauptsächliche und die Öffentlichkeit weit stärker bewegende. Es verweist zurück auf die Frage des Lohnausgleichs. Hier muß wiederholt werden, daß die knapp gewordene Arbeit ein hohes Verteilungsgut ist, das in den tarifvertraglichen Verteilungsrunden angemessen zu berücksichtigen ist. Humanisierung der Arbeit durch Arbeitszeitverkürzung, worunter auch die Erholzeiten zu rechnen sind, trägt ihren Wert in sich und ist naturgemäß ebenso wie umgekehrt die Arbeitslosigkeit nicht kostenlos. Diese Denkweise in Richtung einer stärker qualitativ orientierten Tarifpolitik stellt hohe Ansprüche an das Solidaritätsbewußtsein der Arbeitnehmer. Die nötige Solidarität wird sich aber dann nicht entfalten können, wenn sie nur als einseitiges Opfer verstanden wird. Zur Überwindung einer gesellschaftlich bedingten Krise müssen alle Kräfte ihren Beitrag leisten. Beide Seiten der Tarifparteien sind also gefragt. (Vgl. dazu auch Punkt 4.4.)

3.3.3 Die geheimen Karrieremacher

,,Die Stelle steht im Mittelpunkt der Betrachtung, nicht der Mensch'', heißt es in dem Beitrag eines Unternehmensberaters über ,,Stellenberatung als Maßarbeit'' im

„Blick durch die Wirtschaft" vom 16. Juli 1978. Hier wird im Klartext ausgesprochen, nach welchen Kategorien menschliche Qualifikation geplant und eingesetzt wird. Auch die qualitative Arbeitspolitik soll sich im Schlepptau der Ökonomie halten. Dies sind die Fakten. Aber auch durch die sogenannte Personalentwicklungsplanung wird über das Schicksal von Menschen bestimmt, einschließlich der materiellen Seite, denn bei der Verteilung von Qualifikation (einschließlich ihrer beruflichen Verwertbarkeit) wird auch über die Verteilung der Einkommen und der Arbeitsplatzchancen entschieden. Die Lebenschancen werden sehr deutlich durch die Zuteilung von Bildungschancen determiniert.

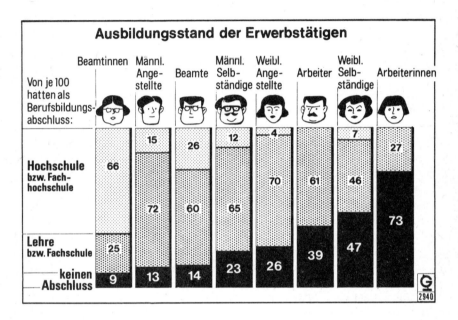

Die Unternehmen geben sehr viel Geld für die Weiterbildung derjenigen Arbeitskräfte aus, die sie als Spezialisten oder Nachwuchskräfte brauchen. Nach eigenem Bekunden sind dies über 17 Mrd. DM pro Jahr (vgl. dpa-dienst für Kulturpolitik vom 4. Januar 1977). Die vorhandenen oder vermittelten Qualifikationen sind maßgeblich bei der personenbezogenen Nachfolgeplanung im Rahmen der qualitativen oder Personalentwicklungsplanung. Durch qualitative Personalplanung wird letztlich auch die jährliche Quote der Auszubildenden bestimmt. Die Höhe der Ausbildungsquote liegt in der Industrie bekanntlich in aller Regel erheblich unter dem qualitativen Ersatzbedarf. Von den derzeit 45 v.H. „gelernten" männlichen Erwerbspersonen in der Industrie wurden nur zwei Drittel durch diese selbst ausgebildet. Die restliche Ausbildungsleistung wird vom Handwerk übernommen, mit dem Ergeb-

95

nis, daß fast die Hälfte der angelernten und über ein Viertel der Hilfsarbeiter zwar über eine abgeschlossene Berufsausbildung verfügen, diese aber wegen fachfremden Einsatzes nicht nutzen können. Jeder fünfte männliche Arbeiter sieht sich demnach aus arbeitspolitischen Gründen zu einer unterwertigen Betätigung — und damit auch Entlohnung — gezwungen.

Diese Fehlsteuerung hat solange System, als die Verteilung der Qualifikation nicht als wesentliches Feld der Interessenvertretung angesehen und vielmehr den Zufälligkeiten betrieblicher Unternehmensplanung überlassen wird. Darüber entscheiden zur Zeit die geheimen Karrieremacher in den Produktions- und Personalabteilungen, unterstützt z.B. durch neue Systeme der Stellenbewertung und sonstige Methoden der Unternehmensberatung. Sie halten mit ihren ausgefeilten Systemen die Fäden in der Hand. Die Beteiligung und Kontrolle seitens der Arbeitnehmervertretung ist in diesem Punkte noch am schwächsten überhaupt entwickelt.

Nicht die Förderung des einzelnen ist üblicherweise Gegenstand der Personalbeurteilung, sondern dessen Einstufung in ein Gehaltsschema oder Prämiensystem. Nicht Chancen für jedermann lautet hier die Devise, sondern die Herausbildung angepaßter Führungseliten. Nicht Ausbildung für alle ist das Ziel, sondern im Gegenteil die Verhütung von ,,Überqualifizierung''. Der Facharbeiteranteil stagniert und geht weithin zurück. Gleichwohl wird allerseits der Mangel an Facharbeitern beklagt, den Arbeitslosen fehlende Qualifikation vorgeworfen. Offene Stellen seien aus diesem Grund nicht zu besetzen. (Vgl. Arbeitssuche, berufliche Mobilität, Arbeitsvermittlung und Beratung, *Infratest,* München 1978 — im Auftrag des BMA.)

Das Beispiel der mitbestimmten Eisen- und Stahlindustrie zeigt auf der anderen Seite, daß bei entsprechendem arbeitspolitischen Nachdruck, wie ihn vor allem der den Interessen der Arbeitsnehmer verpflichtete Arbeitsdirektor ausübt, durchaus mehr Ausbildung und Berufsbildung für alle vermittelt werden kann. Davon zeugt eine großangelegte Untersuchung bei 30 Stahlunternehmen aus dem Jahre 1977, die von einer *Ad-hoc-Kommission ,,Berufsbildungsplanung''* unter dem Titel ,,Aus- und Weiterbildung in mitbestimmten Unternehmen'' der Öffentlichkeit vorgelegt wurde (Köln 1979). Ihre Ergebnisse zeigen, daß über den unmittelbaren Bedarf an Nachwuchskräften hinaus ausgebildet werden kann, ohne daß die Jugendlichen im Anschluß gezwungenermaßen arbeitslos werden. Die Facharbeiterquote dieser Branche hat sich dadurch in den vergangenen Jahren kontinuierlich um etwa zehn v.H. erhöht (ebenso das durchschnittliche Lohngruppenniveau). Auf der Grundlage individueller und kollektiver Bildungsbedarfsanalysen wurde teilweise eine qualitative Personalplanung entwickelt, die innerbetriebliche Entfaltungschancen auf breiterer Basis ermöglicht. Die interne Nachwuchsplanung (Stellenausschreibungen, personalbezogene Nachfolgeplanung) unter Mitwirkung der Arbeitnehmervertretung erhält damit ein größeres Gewicht. Gleichzeitig wird zusammen mit dem zeitlichen Horizont der Stellenwert der Peronalplanung insgesamt innerhalb der Unternehmensplanung durch diese Weiterentwicklung verstärkt.

Überläßt man die Qualifikationsentwicklung allerdings den sogenannten ökonomischen Sachgesetzlichkeiten, entsteht auch hier vielmehr eine Spaltung der Belegschaften. Derzeit findet in der gesamten Arbeitnehmerschaft keine allgemeine Höherqualifizierung, sondern eher eine bildungsmäßige Polarisierung statt. Durch die Ausbildungs- und Berufsnot der nachwachsenden Generation wird dieser Prozeß zusätzlich verstärkt.

Ensprechend den technischen und rationalisierungsbedingten Notwendigkeiten besteht in den meisten bundesrepublikanischen Unternehmen ein bestimmter Bedarf an Höherqualifizierung. Dieser bezieht sich vor allem auf diejenigen Arbeitskräfte, die mit Fertigungs- und Arbeitsplanung sowie -vorbereitung zu tun haben. In der Produktion bzw. Sachbearbeitung jedoch genügt ein gewisser Bestand an Fachkräften. Flexibilität ist hier zwar zunehmend aus produktionstechnischen Gründen gefragt, kann aber auch durch angelernte und somit austauschbare Kräfte bewältigt werden. Dies zeigen die Experimente zur Arbeitserweiterung (job enlargment, job enrichment) sowie der Gruppenfertigung im Rahmen des staatlich geförderten Programms „Humanisierung der Arbeit". Selbst Instandhaltung, Reparatur, Endabnahme und Kontrolle sind zunehmend routinisierbar und zugleich von weniger Personen durchführbar.

Durch Veränderung der Technologien und Techniken droht vielen Arbeitern und Angestellten heute eine Dequalifizierung, d.h. Unterauslastung ihrer erlernten Fähigkeiten. Dequalifizierung und damit verbundene Abgruppierungen erbringen neue Gefährdungen für die Arbeitnehmer. Diese Gefahren lassen sich aber nicht durch die Bildungspolitik an sich, sondern in erster Linie durch tarifvertraglichen Einfluß auf die Arbeitsinhalte und die Arbeitsgestaltung beheben. Der bisher erreichte Schutz vor den negativen Folgen von Abgruppierungen schließt zwar die entgeltpolitisch offene Flanke, kann Herabstufungen als solche jedoch nicht verhüten. Mindestanforderungen an die Fertigungsstrukturen oder an die Büroorganisation im Interesse des arbeitenden Menschen müssen gegen den fortschreitenden Prozeß der inhaltlichen Entleerung der beruflichen qualifikatorischen Anforderungen gesetzt werden. Dazu gehört u.a. die Möglichkeit der Entkoppelung des Menschen von dem unerbittlichen Diktat von Maschinentakt- oder sonstigen Ablaufrhythmen. Puffer in einer zeitlichen Größenordnung von mindestens 1 bis 2 Stunden sind beispielsweise Voraussetzung für mehr individuelle Dispositionschancen am Arbeitsplatz. Die Systemauslegung muß auch Lernchancen in Gestalt alternativer Vorgehensweisen beim Ausfüllen der Tätigkeitsfelder zulassen. Dies hieße konkret, daß

Vorgabezeiten wenn nicht gänzlich entfallen, so doch zumindest erheblich erweitert werden müßten. Statt schematischer Berufsfelder oder vorschneller Spezialisierung hätte die Art der Berufsbildung mehr Flexibilität und Handlungsautonomie durch breite Grundqualifikation zu vermitteln.

Die Betriebe unternehmen zwar selbst eine Reihe von Anstrengungen an überbetrieblicher und betrieblicher Bildungsförderung. In knapp zwei Dritteln der durch die bereits zitierte Betriebsräteumfrage des WSI erfaßten Unternehmen werden beispielsweise Weiterbildungsangebote vermittelt. Allerdings hat nur jeder dritte der personalplanenden Betriebe auch eine eigene Personalentwicklungsplanung mit personenbezogener Förderung nachzuweisen. In der Praxis erstrecken sich derartige Maßnahmen überwiegend auf Führungs-, Fach- und Nachwuchskräfte. Die ganz Hochqualifizierten werden höherqualifiziert. Nur ein Bruchteil aller Bildungsanstrengungen richtet sich im Prinzip an alle Arbeitnehmergruppen. Die wegen fehlender Berufs- oder Bildungsabschlüsse arbeitspolitisch besonders Gefährdeten sind also wiederum benachteiligt.

Der Gesetzgeber gewährt zwar der betrieblichen Arbeitnehmervertretung ein gewisses Mitspracherecht in Fragen der Berufsbildung für Jugendliche und Erwachsene (§§ 96 bis 98 BetrVG). Diese Initiativ- und Mitbestimmungsrechte, die sich im Rahmen der vorhandenen Aktivitäten des Arbeitgebers vor allem auf die Auswahl der Teilnehmer an Aus- und Weiterbildungsangeboten und nur indirekt auf die Art dieser Angebote selbst beziehen, spielen in der Praxis allerdings aus vielerlei Gründen noch eine geringe Rolle. Aus der Praxis der technologischen Umstellungen und im Zusammenhang mit entsprechenden Absicherungsverträgen wird sich in Zukunft auf diesem Gebiet ein erheblicher Handlungsdruck entwickeln.

Gewisse Erfolge konnten hier bisher am ehesten noch paritätisch besetzte Berufsbildungskommissionen erzielen. Deren Aufgabe ist es unter anderem, wie es in einer Betriebsvereinbarung eines größeren Nahrungsmittelkonzerns beispielhaft festgehalten wurde,

— „im Rahmen der betrieblichen Personalplanung den Bildungsbedarf festzustellen, Vorschläge für betriebliche Berufsbildungsmaßnahmen, für den hierfür in Frage kommenden Teilnehmerkreis sowie für die zur Durchführung dieser Maßnahmen erforderlichen betrieblichen Einrichtungen und ihre Ausstattung auszuarbeiten und zu beraten;

— auf den Betrieb bezogene generelle Richtlinien für die organisatorische und inhaltliche Gestaltung betrieblicher Berufsbildungsmaßnahmen zu empfehlen (§ 97 BetrVG);

— auf die Einhaltung vereinbarter Richtlinien zu achten und sich regelmäßig über den Stand und Erfolg der beschlossenen Maßnahmen zu informieren;

— Empfehlungen hinsichtlich der Nutzung externer Berufsbildungsmaßnahmen zu geben;

— Vorschläge für die Teilnahme von Mitarbeitern des Betriebes an betrieblichen und außerbetrieblichen Maßnahmen der Berufsbildung abzustimmen;

— im Einzelfall Empfehlungen für die betriebliche Unterstützung von sich weiterbildenden Mitarbeitern zu geben.''

Es besteht schließlich auch generell die Möglichkeit, den Umfang von Aus- sowie Weiterbildung bezogen auf das Umsatzvolumen oder auf die Gesamtbelegschaft durch betriebliche oder tarifvertragliche Vereinbarung zu regeln (Quotenregelung). In seinen ,,Vorschlägen zur Wiederherstellung der Vollbeschäftigung'' vom Jahre 1977 fordert der DGB beispielsweise, ,,in Groß- und Mittelbetrieben sowie in Verwaltungen Ausbildungsplätze in Höhe von mehr als 5 v.H. der Arbeitsplätze'' bereitzustellen. Dies würde dem Ersatzbedarf an Fachkräften übrigens entsprechen, den sich die Industrie zur Zeit über das ausbildungsintensive Handwerk ohne Gegenleistung, aber mit vielerlei Nachteilen für die überwiegend fachfremd ausgebildeten Betroffenen beschaffen läßt. Hier sind neue Überlegungen über einen überbetrieblichen Lernortverbund und Finanzausgleich am Platze. Bildungsrechte lassen sich durchaus auch in Tarifverträgen regeln. Als Beispiel sei auf die Vereinbarungen in der italienischen Metallindustrie verwiesen, wonach jeder Beschäftigte einen Anspruch auf bezahlten Bildungsurlaub von 250 Stunden innerhalb von drei Jahren besitzt. Bis zu drei Prozent der Belegschaften sind dafür ständig freizustellen. Daraus erwachsen im übrigen wiederum Verpflichtungen zu Neueinstellungen. (Vgl. 3-Jahres-Tarifvertrag der italienischen Metallgewerkschaften FLM vom 1. Mai 1976, abgedruckt in: WSI-Mitteilungen 1/1977, S. 54.)

Die Einführung eines jährlichen Bildungsurlaubsanspruchs für alle ist in der Bundesrepublik ebenso überfällig. Die DGB-Forderung hierzu lautet: Zehn bezahlte Arbeitstage pro Jahr Freistellung für Bildungszwecke. Sie ist bisher noch nicht für jedermann, sondern nur in einigen Bundesländern (Hamburg, Niedersachsen, Bremen, Hessen) sowie in etwa 200 Tarifverträgen für rund 1,5 Millionen Arbeitnehmer eingelöst. Angst um den Arbeitsplatz und massive Pressionen einzelner Arbeitgeber verhindern allerdings vielfach, daß die jetzt schon vorhandenen Freistellungsmöglichkeiten umfassend genutzt werden. Statt zu mehr Bildung zu motivieren, wird davor eher abgeschreckt. Kurzsichtigkeit dominiert über die langfristige Notwendigkeit der Höherqualifizierung.

Das Gleichheitsgebot verlangt mehr Chancen der Weiterbildung für alle. Die qualitative Arbeitspolitik zur Sicherung des Rechts auf lebenslange Bildung für alle steckt noch zutiefst in ihren Anfängen. Ihre Rolle entspricht keineswegs ihrer praktischen Bedeutung für das Interesse der Arbeitnehmer an sicheren Arbeitsplätzen und beruflichem Aufstieg wie auch für die Sicherung des qualitativen Niveaus unserer Volkswirtschaft im internationalen Wettbewerb.

3.4 Grenzen der tarifvertraglichen und betrieblichen Arbeitspolitik

Die bisher skizzierten tariflichen und betrieblichen Maßnahmen zielen in erster Linie auf die *Erhaltung* bestehender Arbeitsverhältnisse. Dies ist auch ihre Hauptchance und ihre vordringlichste Aufgabe. Leistet sie dies nicht, wird das arbeitspolitische Desaster nur noch katastrophaler.

Um die zentralen Punkte tarifvertraglich notwendiger Vorstöße hier zunächst noch einmal zusammenzufassen: Im einzelnen geht es um

● Fixierung individueller Leistungsmengen sowie Belastungsgrenzen durch Mitbestimmung bei der Personalplanung (Besetzungsrichtlinien usw.),

● Arbeitszeitverkürzung mit Personalausgleich, insbesondere durch mehr Urlaub, mehr Erholzeiten, Verkürzung der täglichen Arbeitszeit vor allem für besonders belastete Gruppen wie Schichtarbeiter (z.B. in Gestalt zusätzlicher Freischichten, Einrichtung einer fünften Schicht in kontinuierlich arbeitenden Betrieben), Freizeitausgleich für Arbeitsbelastungen sowie Überstunden,

● Bildung inner- und überbetrieblicher sozialer Rückstellungen (Sozialfonds) für Verdienstsicherung, Abgruppierungsschutz, notwendige Umschulungs- und Fortbildungsmaßnahmen,

● Einrichtung von Ersatzarbeitsplätzen bei ,,Freisetzungen'' infolge Rationalisierung, z.B. durch rechtzeitige Erweiterung der Produktpalette (Diversifizierung, ,,zweites Standbein''),

● Reduzierung der Altersgrenze sowie der Arbeitszeit für ältere Arbeitnehmer, z.B. durch Einrichtung von Zwillingsarbeitsplätzen (,,shop sharing'') für über Sechzigjährige, Mehrfachbesetzung von Arbeitsplätzen,

● generelle Einplanung von mehr Bildungszeiten für alle, z.B. auf dem Wege der Quotenregelung, sowie Vereinbarungen über die Inhalte der Berufsbildung (Weiterbildung).

Solche Vereinbarungen verlangen für ihre praktische Verwirklichung allesamt konkrete Regelungen auf Unternehmensebene. Diese müßten in erster Linie durch Betriebsvereinbarungen rechtlich festgelegt und durch die mühsame Arbeit des betrieblichen Alltags im einzelnen realisiert werden. Bewußte Betriebsräte konnten hierbei bisher schon beachtenswerte Erfolge nachweisen.

Die zusammenfassende Übersicht zeigt aber auch, daß die arbeitspolitischen Fragestellungen auf betrieblicher Ebene allein nicht zu bewältigen sind. Der einzelwirtschaftliche Bereich bildet den notwendigen, bisher in der Praxis allerdings sträflich vernachlässigten Unterbau der gesamten Arbeitspolitik.

Abgesehen von der Frage der Durchsetzung ist jedoch die Tarifpolitik allein schon wegen der ökonomischen Begrenztheit ihrer Verteilungsspielräume nicht in der Lage, die etwa durch die Arbeitslosigkeit von Jugendlichen und anderen Problemgruppen hervorgerufene Situation durch die notwendige *Schaffung* einer Vielzahl zusätzlicher Arbeitsplätze zu beheben. Überall ist bei dieser erweiterten Sicht der Aufgabenstellung auch der Gesetzgeber bzw. die staatliche Administration gefragt. Läßt man die zusammenfassend genannten sechs hauptsächlichen tarifpolitischen Zielsetzungen Revue passieren, so sind diese jeweils zu flankieren durch öffentliche Maßnahmenbündel wie:

● weitere Förderung der Humanisierung der Arbeit, um zumutbare Leistungsgrenzen gesicherter definieren zu können;

● Novellierung der Arbeitszeitordnung (AZO) durch ein Arbeitszeitgesetz, das die Obergrenzen der wöchentlich zulässigen Mehrarbeit aus arbeitspolitischer Sicht fixiert;

● steuerliche Förderung überbetrieblicher arbeitspolitischer Fondskonstruktionen oder Einrichtungen eines öffentlichen Arbeitsbeschaffungsfonds, gespeist unter anderem durch eine Arbeitsmarktabgabe von Beamten und Selbständigen zumal ab einer bestimmten Umsatzgrößenordnung;

● Förderung der Verbreitung von Innovationen sowie von arbeitsintensiven, qualitativ anspruchsvollen Technologien, um die Schaffung von Ersatzarbeitsplätzen gesamtwirtschaftlich und im Rationalisierungsfalle rechtzeitig in Gang setzen zu können;

● Herabsetzung der in der gültigen Reichsversicherungsordnung (RVO) festgelegten Altersgrenze vor allem für gesundheitliche Problemgruppen sowie schrittweise für jédermann;

● Verabschiedung eines wirksamen, die Ausbildungschancen für alle Jugendlichen garantierenden Berufsbildungsgesetzes sowie eines allgemeinen Bildungsurlaubsgesetzes auf Bundesebene.

All diese Vorschläge und Forderungen erfreuen sich seit Jahren breiter Popularität in maßgeblichen politischen Gruppierungen — wenn auch bislang kaum mit konkreten Erfolgen.

Dieser notwendige Flankenschutz kann jedoch eine aktive Tarif- und Betriebspolitik erst möglich machen. Fällt er aus, zeigen sich die Grenzen einzelwirtschaftlicher Aktivitäten um so deutlicher. Dies wird besonders nachhaltig dann der Fall sein, wenn es nicht gelingt, die Tarifparteien in anderer Form als in Arbeitskämpfen und Verteilungsrunden zusammenzubringen. Arbeitsmarktpolitik und Personalplanung haben im Augenblick leider praktisch kaum etwas miteinander zu tun. Sie sind in keiner Form wirksam miteinander verzahnt. Dies erklärt viel unserer gegenwärtigen arbeitspolitischen Misere. Es gibt kein abgestimmtes und kaum ein abstimmbares Vorgehen. Dazu fehlt es an Lenkungsinstrumenten sowie vielfach auch an ,,good will'' auf allen Seiten. Niemand verhindert, daß die wenigen Steuerungsansätze der öffentlichen Arbeitsmarktpolitik sogar noch unterlaufen werden.

Eine wirksame Arbeitspolitik ist zuallererst ein Kooperationsproblem. Es bedarf einer vermittelnden Instanz zwischen Unternehmen, Gewerkschaften und Staat im weiteren Sinne. Diese Aufgabe müßte im wesentlichen bei einer reaktivierten und mit erweiterten Kompetenzen ausgestatteten Arbeitsverwaltung liegen, denn in ihrer Direktion (Selbstverwaltung) sind alle drei gesellschaftspolitischen Größen drittelparitätisch versammelt: Staat, Arbeitgeber, Arbeitnehmer.

Beschäftigungspolitische Absprachen zwischen den betreffenden Betrieben, Betriebsräten, Gebietskörperschaften, Wirtschaftsverbänden und Gewerkschaften auf lokaler und regionaler Ebene auf Initiative der Arbeitsverwaltung könnten, wie im folgenden noch zu entwickeln sein wird, ein erster Schritt zu einer besseren Verknüpfung der betrieblichen und überbetrieblichen Arbeitspolitik sein. Alle Diskussionen darüber ebenso wie das Schicksal einer zukunftsbezogenen Arbeitspolitik hängen aber von der Voraussetzung ab, daß das Vollbeschäftigungsziel als notwendig und jetzt mit aller Energie anzupacken allgemein anerkannt wird. Solange darüber keine allgemeine Übereinstimmung herrscht, werden die politischen Programme zur Wiedererlangung der Vollbeschäftigung nicht zu konkreten Plänen und Erfolgen führen können. Daß es nunmehr höchste Zeit ist, von Vollbeschäftigungsprogrammen zu einem verbindlichen Vollbeschäftigungsplan mit konkreten Einzelschritten zu kommen, dürfte wohl kein verantwortlicher Zeitgenosse bestreiten. Die Frage ist nur, wo machbare Ansätze zu finden sind und von wem die notwendige Initiative ausgeht.

4. Vom Vollbeschäftigungsprogramm zum Vollbeschäftigungsplan

Eine arbeitspolitische Konzeption, die dem zentralen menschlichen Bedürfnis nach Selbstverwirklichung in der Gesellschaft und zugleich der Wende vom Arbeitsüberfluß zur Arbeitsknappheit — und damit wachsender Arbeitslosigkeit — Rechnung trägt, verlangt praktische Konsequenzen. Es ist notwendig, die Reichweite dieser Konsequenzen abzuschätzen. Sie bedeuten nicht unbedingt und unmittelbar, wie die interessierte Kritik einwenden wird, eine radikale Systemüberwindung. Umgekehrt wird vielmehr die alte Debatte über Systemalternativen in dem Maße aufleben, in dem das Vollbeschäftigungsziel in unerreichbarer Ferne verschwindet. Wohl ist mit einer konsequenten Arbeitspolitik aber eine schrittweise Strukturveränderung zu höherer Arbeits-, Freizeit- und damit Lebensqualität für alle verbunden. Die Arbeit steht dabei entsprechend der Tradition, die die Industrialisierung, den technologischen Fortschritt und unsere spezifische Zivilisation begründet hat, im Mittelpunkt. Berauben wir uns gewollt dieses Mittelpunktes, werden die Impulse eines Fortschreitens der gesellschaftlichen Entwicklung erlahmen oder durch Konflikte ungeahnter Schärfe absorbiert werden. Eine ,,Freizeitgesellschaft'' als Ergebnis massenhafter unfreiwilliger Freizeit oder auch nur als Alternative zur verbreiteten Entfremdung von der Arbeit erscheint weder als wünschenswerte noch als realistische Lösung.

Was hier gefordert wird, ist nichts weiter, als die Arbeit gemäß ihrem Stellenwert in der Gesellschaft zu behandeln, d.h. ihre zentrale Funktion zu respektieren. Was auf der einzelwirtschaftlichen Ebene herauszuarbeiten versucht wurde, konzentrierte sich im wesentlichen auf diese Akzentsetzung. Unternehmerisches Handeln wird durch diese Vorstellung nicht als solches vereitelt und seiner Grundlagen beraubt. Es ändert sich allenfalls — und dies notwendigerweise sehr deutlich — das Koordinatensystem. Entscheidungen im Unternehmen können nicht länger nur ökonomischer Natur sein, denen sich die übrigen Faktoren als zweitrangig zu unterwerfen haben. Das unternehmerische Kalkül muß vielmehr die Arbeitsinteressen als unverrückbare Konstanten eigener Wertigkeit anerkennen. Dies ist, wenn man so will, der Grundgedanke der betrieblichen und überbetrieblichen Mitbestimmung. In der Konsequenz müssen die Arbeitsinteressen in bestimmten Situationen, wenn sie an sich und auf Dauer durch negative Entwicklungen in Frage gestellt werden, Vorrang genießen. Dies verlangt auch schon der im Grundgesetz verankerte Gedanke der sozialen Verpflichtung des Eigentums, wenn es nicht Gefahr laufen will, sich selbst in Frage stellen zu lassen.

Genau dieses Prinzip muß auch auf überbetrieblicher, gesamtwirtschaftlicher Ebene Geltung besitzen. Vollwertige Arbeit und Vollbeschäftigung sind für die gestaltende Politik — soweit sie praktiziert wird — nicht ein Ziel unter anderen (wie Preisstabilität oder endloses Wachstum), sondern für die Mehrheit eine Frage existentieller Natur. Dieses ,,originäre" Ziel muß infolgedessen im Prozeß der demokratischen Selbststeuerung der Gesellschaft Priorität besitzen. So sah es auch die im Auftrag des Arbeitsministeriums tätige ,,Kommission für wirtschaftlichen und sozialen Wandel" in ihrem Abschlußbericht 1977 — unter Mitwirkung der Sozialparteien. Solche Erklärungen müssen jedoch aus dem Bereich der Sonntagsreden in die Wirklichkeit überführt werden. Dies ist das entscheidende Problem in der derzeitigen Situation. Es gibt eine Vielzahl teils widersprüchlicher, teils eindeutiger Therapievorschläge zur Überwindung der Arbeitslosigkeit, aber noch keine politischen Programmplanungen mit hinreichender Aussicht auf Erfolg.

4.1 Die Vorschläge des DGB und die Lösung der Krise

Der Deutsche Gewerkschaftsbund als die am stärksten angesprochene Interessenorganisation der Arbeitnehmer hat im Juli 1977 seine ,,Vorschläge zur Wiederherstellung der Vollbeschäftigung" (mit dem Untertitel ,,Wirtschaftliche und soziale Aufgaben der Beschäftigungspolitik") veröffentlicht. Darin wird ein umfassendes Programm angesprochen, das im wesentlichen auf der Ebene des Staates und der Unternehmen — unter Nutzung der vorhandenen Verhandlungsspielräume — zu verwirklichen ist. Wesentliche Ansatzpunkte der anzustrebenden ,,autonomen", d.h. unter dem absoluten Vorrang des Vollbeschäftigungszieles stehenden Arbeitspolitik sind demnach

— die Beschleunigung des qualitativen Wachstums,

— die soziale Beherrschung der Produktivitätsentwicklung,

— die Verkürzung der Arbeitszeit (vgl. den auszugsweisen Abdruck in Anhang I).

Unter diesen Hauptprogrammpunkten werden eine Vielzahl einzelner Maßnahmenbündel zusammengefaßt. Diese richten sich für den Bereich der konkreten Durchsetzung in erster Linie an den Staat. Diese Erwartungshaltung ist bestimmend, am deutlichsten dort, wo es sich um die Steuerung des ,,qualitativen Wirtschaftswachstums'' handelt. Selbst hier allerdings sind die staatlichen Handlungsressourcen begrenzt. Dies ist kein Naturgesetz, sondern eher eine Folge der gegenwärtigen (und auch für die nächste Zukunft erkennbaren) politischen Kräftekonstellation. Die beiden weiteren Punkte der sozialen Steuerung der Produktivitätsentwicklung sowie der Verteilung des Arbeitsvolumens richten sich ihrer Natur nach eher auf die mit eigener gewerkschaftlicher Kraft zu verändernden Verhältnisse. Aber auch hier ertönt, da gesamtwirtschaftliche Fragen angesprochen sind, wie bei der Technologieförderung, dem Programm zur ,,Humanisierung des Arbeitslebens'', der Arbeitsordnung, der Einführung des zehnten Schuljahres, der Herabsetzung der flexiblen Altersgrenze usw., ein vielstimmiger Ruf nach gesetzlichen und administrativen Regulierungen.

So wichtig dieses umfassende Programm und die dem Staat dabei zugeschriebene Aufgabenstellung auch ist: Es fehlt nun an koordinierten und mittelfristig durchsetzbaren konkreten Einzelschritten, an strategischen Hebeln, an Bündnispartnern und vermittelnden oder initiierenden Instanzen — kurz: Es bedürfte eines von der Mehrheit der gesellschaftlichen Kräfte getragenen Vollbeschäftigungsplans mit der Zielsetzung, Arbeit für alle jetzt und nicht erst in einer fernen Zukunft zu schaffen.

Daß ein solcher Plan noch nicht realisiert ist, liegt unter anderem offensichtlich daran, daß allzu viele Hoffnungen für die Lösung der Krise nach wie vor allein auf den Staat gesetzt werden. Die zahlenmäßig weit stärker ins Gewicht fallenden Arbeitgeber in den privatwirtschaftlichen Unternehmen bleiben jedoch weitgehend ausgeblendet und werden in ihrer arbeitspolitischen Funktion tabuisiert. Die indirekte Politik wird damit zum System, die unmittelbare Therapie zur Ausnahme.

Damit soll die Funktion der Gebietskörperschaften als potentiell sehr gewichtige Arbeitgeber nun keineswegs unterschätzt oder gar heruntergespielt werden. Erhebliche Versorgungsdefizite mit öffentlichen Gütern sowie Personal verlangen im Gegenteil eine kräftige Ausweitung der öffentlichen Planstellen. Das Wirtschafts- und Sozialwissenschaftliche Institut des Deutschen Gewerkschaftsbundes veröffentlichte bereits 1976 eine Zusammenstellung des von verschiedenen Institutionen unterschiedlicher Kompetenz geschätzten zusätzlichen Personalbedarfs im öffentlichen Dienst. Das Ergebnis beläuft sich auf weit über eine halbe Million einzurichtender Beschäftigungsverhältnisse für gesellschaftlich wünschbare Aufgaben.

Geschätzter Personalbedarf an öffentlichen Diensten für ausgewählte Berufs- bzw. Aufgabenfelder

Berufs- bzw. Aufgabenfeld	Bedarf	Bezugsquelle
Lehrer	300 000	Gewerkschaft Erziehung und Wissenschaft
Hochschullehrer	40 000	Deutscher Wissenschaftsrat
Ärzte im öffentlichen Gesundheitswesen	35 000	Bundesministerium für Bildung und Wissenschaft
Krankenpflegepersonal (ohne Universitätskliniken)	35 000	Deutsche Krankenhausgesellschaft
Altenpflegepersonal	50 000	WSI-Studie Nr. 31 ,,Die Lebenslage älterer Menschen in der Bundesrepublik Deutschland''
Sonstige Sozialhelfer	70 000	CDU-Bundesfachausschuß Sozialpolitik
Finanzverwaltung der Länder	50 000	Bund Deutscher Steuerbeamten
Polizei	25 000	Innenministerium Nordrhein-Westfalen
Bundeswehr (Unteroffiziere)	20 000	Bundesverteidigungsministerium
Reform des Scheidungsrechts	1 000	Bundesversicherungsanstalt für Angestellte
Einführung eines Notruf- und Straßenrettungsdienstes	35 000	Deutscher Städtetag
Summe	661 000	

Quelle: WSI-Mitteilungen 4/19/o, S. 193

Diesem gesellschaftlich notwendigen Bedarf wird indessen seit Beginn der Wirtschafts- und Beschäftigungskrise 1973/1974 mit wenigen Ausnahmen wie z.B. im Sicherheitsbereich (als Reaktion auf die Terrorszene) so gut wie nicht entsprochen. Im Gegenteil:
Die Deutsche Bundesbahn beabsichtigt in dem Fünfjahreszeitraum zwischen 1977

und 1982 einen Abbau ihres Personals um 56 000 Köpfe, d.h. um 16 Prozent. Sind Keynes und das Stabilitätsgesetz schon völlig vergessen?

Die Prognos AG, Basel, sieht entgegen dieser Praxis in zwei neueren (unveröffentlichten) Gutachten noch weit über die WSI-Projektion hinausgehende mögliche und wünschbare Beschäftigungseffekte durch eine gezielte zukunftsbezogene Politik in folgenden Bereichen:

— Eine massive staatliche Technologieförderung könnte unsere Austauschbeziehungen mit weniger entwickelten Rohstoff- und Niedriglohnländern erheblich verbessern. Dadurch wären nach den Berechnungen von Prognos bis zu 400 000 Arbeitsplätze zu schaffen. Zusammen mit einer forcierten Entwicklungshilfe, auch durch verlorene Kredite, könnte die Kaufkraft dieser Nachfrageländer soweit gesteigert werden, daß damit etwa 200 000 zusätzliche Stellen entstünden.

— Modernisierungs- und Infrastrukturmaßnahmen in Wohnungsbau- und Städteplanung würden die zum Teil äußerst niedrige Wohn- und Freizeitqualität urbanisierter Räume anheben und damit zugleich den Beschäftigungsstand in der Bauindustrie um etwa 150 000 Personen ansteigen lassen. Dieser Effekt ließe sich z.B. durch umfassenden Einbau sanitärer Einrichtungen in Altbauten noch bedeutend erhöhen.

— Weitere 150 000 Beschäftigungsverhältnisse könnte eine zufriedenstellendere Stellenbesetzung für die Betätigung in der Randgruppen- und Gemeinwesenarbeit wie z.B. für Behinderte, Ältere, psychisch Kranke, zu Resozialisierende usw. erbringen (vgl. Überlegungen II, S. 68 f.). Vorsichtige Bedarfsschätzungen in den Bereichen ambulanter sozialer Dienste der Jugend-, Erwachsenen-, Gefährdeten-, Alten- und Behindertenhilfe ergeben einen zusätzlichen Personalbedarf von mindestens 37 000 hauptamtlichen, 28 000 nebenamtlichen und 52 000 ehrenamtlichen Kräften. (Vgl. *R. Saeckel* in: WSI-Mitteilungen 5/1978.) Dabei ist immer zu bedenken, daß die freien Träger den Staatshaushalt ohnehin auf diesem Gebiet spürbar entlasten.

Die genannten Maßnahmen summieren sich auf einen Beschäftigungseffekt von gut 900 000 zusätzlichen Abeitsplätzen. Diese Zahlen würden sich nach neueren Prognos-Berechnungen über ,,die langfristige Wirtschafts- und Arbeitsmarktentwicklung in der Bundesrepublik und Baden-Württemberg" (im Auftrag der Stuttgarter Landesregierung) durch ein weiteres Programm verbesserter Energienutzung noch um etwa 450 000 Arbeitsplätze erhöhen. Diese würden über einen Zeitraum von etwa 20 Jahren benötigt, wenn sämtliche Wohnungen in der Bundesrepublik nach neueren technischen Standards gegen vermeidbare Wärmeverluste isoliert würden. Neben Energieeinsparungen um rund die Hälfte wären damit auch Ausgabenminde rungen für Arbeitslose in Milliardenhöhe zu erziehlen. (Vgl. Die Zeit vom 6. Oktober 1978.) Bei einer längerfristigen Betrachtung wäre die Kostenbelastung nach diesen Kalkulationen durchaus akzeptabel: Der Staat hätte nur einen Teil der benötigten Mittel in Form von Zuschüssen oder Anreizen aufzubringen, würde dafür aber durch ein erhöhtes Wirtschaftswachstum, ein kräftigeres Steueraufkommen und zusätzliche Entlastungen von Kosten für ansonsten fällige Arbeitslosigkeit entschädigt.

Diese Berechnungen demonstrieren die Dimension möglicher sowie wünschenswerter staatlicher Aktivitäten und zeigen zugleich noch offene arbeitspolitische Lücken. Solche Maßnahmen würden vor allem auch in der Zukunft direkt arbeitsfördernd wirken. Um so erstaunlicher, daß sie in der politischen Diskussion mit Ausnahme der Bauförderung eine so geringe Rolle spielen. Mit Sicherheit liegt dies an der kameralistischen Kurzsichtigkeit der Finanzpolitiker und der kommunalen Kämmerer. Bekanntlich gibt es ja nicht wenige Fälle, in denen öffentliche Arbeitgeber BA-Mittel für Arbeitsbeschaffungsmaßnahmen in Anspruch genommen haben, nur um ihren eigenen Etat zu entlasten. (Ein solches Vorgehen wurde beispielsweise von dem Vorsitzenden der ÖTV Rheinland-Pfalz in aller Öffentlichkeit kritisiert. Danach sind bei dem dortigen Landesversorgungsamt 58 Arbeitskräfte über Arbeitsbeschaffungsmaßnahmen tätig geworden, um die erweiterten Aufgaben dieser Behörde erledigen zu können. Dadurch wurden ansonsten notwendig gewordene Planstellen eingespart und die Gelder der Arbeitslosenversicherung letztlich in die Staatskasse umgelenkt — vgl. Frankfurter Rundschau vom 22. August 1978.) Bei der zu kritisierenden öffentlichen Inaktivität mag ferner insgesamt die Tatsache mitspielen, daß sich gerade bei der langfristigen Sicherung der für uns so wichtigen Exportflanke keine tagespolitisch verwertbaren schnellen Erfolge vorweisen lassen.

Die öffentliche Debatte ist vielmehr nach wie vor von den Hoffnungen auf eine schnell wirkende Wachstumslösung, d.h. auf eine indirekte, ,,klassische'' Vollbeschäftigungspolitik, bestimmt. Ihre Zauberformel lautet: Mehr Wachstum = mehr Gewinne = mehr Investitionen = mehr Arbeitsplätze, ohne daß ersichtlich ist, wer insgeheim den Zauberstab dabei zu führen hat und ob dessen Wirkung auch noch bis zu dem entscheidenden vierten Schritt ausreicht. Lohnzurückhaltung gilt vielfach als Motor dieses Wachstums. ,,Mit Wachstum gegen Arbeitslosigkeit'' lautet die ,,Strategie zur Rückgewinnung eines hohen Beschäftigungsstandes'', die die Bundesvereinigung der Deutschen Arbeitgeberverbände (BDA) im Dezember 1977 veröffentlichte. (Vgl. Anhang II.) Der Bundesverband der Deutschen Industrie sekundierte gleichzeitig mit einer Broschüre zum Thema ,,Arbeitsplätze durch Wirtschaftswachstum''.

Auf einer Podiumsdiskussion während der DGB-Fachtagung ,,Betriebliche Beschäftigungspolitik und Personalplanung'' (1977) formulierte dies der BDA-

Vertreter *Fritz-Jürgen Kador,* zuständig für Soziale Betriebsgestaltung, noch deutlicher so: ,,Wenn Sie mich fragen, ob ich eine Strategie zur Bekämpfung der Arbeitslosigkeit hätte, kann ich Ihnen sagen, eine Strategie im Sinne eines Patentrezeptes habe ich natürlich nicht. Wir haben das Problem in unserem Hause sehr eingehend analysiert ... und sind letztlich zu dem Ergebnis gekommen, daß die Arbeitsmarktprobleme eben doch nur über das wirtschaftliche Wachstum lösbar sind.''

In dem ebenfalls zu diesem Zeitpunkt erscheinenen Jahresgutachten des Sachverständigenrates klang es, mit wissenschaftlicher Begründung, ganz ähnlich. Auch die Regierung folgt nach wie vor mehrheitlich der vielbeschworenen, aber deshalb in der Praxis nicht wirksameren Wachstumsrezeptur. Mehr Wachstum produziert zweifelsfrei immer auch mehr Rationalisierung, solange es keine flankierende betriebliche Arbeits- und Tarifpolitik gibt.

Selbst die Bundesanstalt für Arbeit setzt in erster Linie auf die Wachstumslösung und äußert sich zu der verteilungspolitischen Seite des DBG-Programms 1977 — also zu dessen Hauptpunkten 2 und 3 — in den ,,Überlegungen II'' so: ,,Im Sinne einer Arbeitsmarktausgleichspolitik, die an dem AFG-Ziel eines hohen Beschäftigungsstandes ausgerichtet ist, kommt Maßnahmen zur Verringerung des Arbeitskräfte- oder Arbeitszeitangebots eine nachrangige Bedeutung zu. Nur wenn die vorrangig vorgeschlagenen Maßnahmen zur Beschäftigungssteigerung nicht ausreichen, nur zu wenig greifen oder ganz ausbleiben, wären im Notfall über die bisher schon sinnvollen Angebotssenkungen hinaus weitere mögliche Maßnahmen von Arbeitszeitverkürzungen anzubieten, um Alternativen zur Arbeitslosigkeit zu haben, die der 'Markt' nicht hervorbringt.'' (S. 97 f.) Aus diesen Sätzen mit ihrem hehren Glauben an den ,,Markt'' der Arbeit spricht eine angesichts der gegenwärtigen Erfahrungen mit Massenarbeitslosigkeit und Berufsnot schon halbwegs zynisch zu nennende Vertröstung. Wie lange sollen die in ihrer Geduld schon überstrapazierten, vielfach entmutigten Arbeitnehmer und Jugendlichen auf jenen ,,Notfall'' noch warten, bis die Arbeitsverwaltung zweitbeste arbeitspolitische Lösungen ,,anzubieten'' empfiehlt?

4.2   Ein gemeinsamer Plan für Vollbeschäftigung

In der zitierten Broschüre führt die Bundesanstalt auf der anderen Seite aus: ,,In den nächsten 10 bis 15 Jahren sind zusätzlich mindestens 2 Millionen, wenn nicht nahe an 3 Millionen Beschäftigungsmöglichkeiten bereitzustellen, um vorhandene Arbeitslosigkeit abzubauen und bei obendrein wachsender Erwerbsbevölkerung Vollbeschäftigung zu verwirklichen.'' (S. 65) Diese Aufgabe kann nach allen praktischen und wissenschaftlichen Erfahrungen durch die Wachstumsrezeptur allein nicht bewältigt werden. Aus dem einfachen Grunde: Weder sind die dafür notwendigen mindestens zweistelligen Wachstumsraten überhaupt vorstellbar und produzierbar, noch stimmen die alten Gleichungen zwischen Wachstum und Beschäftigung noch. Wenn durch Wachstum und gleichzeitige gewerkschaftliche Anstrengungen die gegenwärtige Zahl von Arbeitsplätzen auch nur gehalten werden kann, wäre schon einiges gewonnen. Selbst dies ist keineswegs sicher.

Ein Negativbeispiel für die geradezu anarchisch anmutende Ziellosigkeit einer unkoordinierten Arbeitspolitik mag folgender Vorfall liefern: Das Pforzheimer Fernschreiberwerk der Firma SEL reduzierte im Frühjahr 1976 im Gefolge einer radikalen technischen Umstellung seine Belegschaft von ursprünglich 500 Beschäftigten auf dem Wege von Kündigung und Vertragsaufhebungen um etwa die Hälfte. Die Verbliebenen, überwiegend Fachkräfte, wurden alsdann entsprechend den Regelungen der analytischen Arbeitsbewertung im Schnitt um drei Lohngruppen herabgestuft. Dies bedeutete für sie einen Abstieg in den Angelerntenstatus (durch Wechsel von den Lohngruppen 7, 8 und 9 in die Gruppen 4, 5 und 6). Dabei bedurfte es noch eines vom Betriebsrat durchgefochtenen Interessenausgleichs, um drastischere Abgruppierungsausschläge zu verhüten. Nach der Umstellung der Produktion auf die neue Generation der Fernschreiber stellte sich sodann heraus, daß für Wartung und Kundendienst der neuen Geräte etwa 300 Datentechniker zusätzlich benötigt wurden. Unter diesem neueingestellten Personenkreis befand sich eine Reihe ehemaliger Werksangehöriger, die sich nach ihrer Entlassung mittlerweile unter Zuhilfenahme öffentlicher AFG-Mittel hatten umschulen lassen.

Unter solch aberwitzigen Begleitumständen vollzieht sich die ,,Modernisierung'' unserer Volkswirtschaft! Privatwirtschaftliche Planlosigkeit macht sich bezahlt, solange dadurch Umschulungsverpflichtungen etwa aus Rationalisierungsschutzabkommen umgangen und statt dessen öffentliche Mittel in Anspruch genommen werden können.

Ohne eine stärkere arbeitspolitische Verzahnung der einzel- und der gesamtwirtschaftlichen Beschäftigungspolitik besteht, wie das geschilderte Fallbeispiel und die alltägliche Praxis belegen, die reale Gefahr, daß die öffentliche Arbeitsmarktpolitik samt ihren Ankurbelungs- und Sonderprogrammen ohne die gewünschten Effekte per Saldo verpufft. Im Extremfall bedeutet die betriebene indirekte Politik Gewinnsubventionierung bei gleichzeitigem Personalabbau. Um dies zu verhüten, muß die Phase nebulöser und im übrigen einander widersprüchlicher Vollbeschäftigungsprogramme durch eine Phase konkreter betriebsbezogener Vollbeschäftigungsplanung abgelöst werden. Diese Konkretisierung der Arbeitspolitik muß auf abgestimmten Plänen vor Ort aufbauen. Staatliche Mittel haben dann die begleitende Aufgabe, die Verwirklichung solcher lokaler und regionaler Beschäftigungspläne gerade in problematischen Situationen zu sichern. Arbeitsbeschaffungsmaßnahmen in öffentlicher und privater Trägerschaft könnten dabei in weit stärkerem Maße als bisher üblich zum Tragen kommen. Die Definition nach § 91 AFG, daß solche Arbeiten „im öffentlichen Interesse liegen" müssen, um entsprechend, d.h. zu „mindestens sechzig vom Hundert des Arbeitsentgeltes", durch die BA gefördert zu werden, wäre dann in ihrer Wirkung mit Sicherheit weniger einschränkend, wenn zwischen Arbeitsverwaltung und Wirtschaftsunternehmen bzw. öffentlichen Stellen eine bessere Kooperation auf organisierter Grundlage bestünde.

Positive Ansätze für eine derartige Kooperation gibt es schon da und dort. Beispielsweise die Vereinbarung, die im Zusammenhang mit der NSU-Sanierung 1976 (NSU-Ausschuß) zwischen einem Zuliefererbetrieb, dem Zahnradwerk Neuenstein GmbH und der Bezirksleitung der IG Metall Stuttgart am 19. Januar 1976 abgeschlossen wurde. Als Ausgleich für die vom Arbeitsamt gewährten umfangreichen Eingliederungsbeihilfen wird darin eine langfristige Beschäftigungsgarantie für die Betroffenen ausgesprochen. Bemerkenswert daran ist insbesondere auch eine Verpflichtung zu Neueinstellungen für inzwischen ausscheidende Beschäftigte. In der Vereinbarung heißt es u.a.:

„Die 247 Arbeitnehmer, für die Eingliederungsbeihilfen gewährt werden, sind dem Betriebsrat namentlich bekanntzugeben. Zu dieser Zahl kann der Betriebsrat noch weitere 65 Arbeitnehmer in Abstimmung mit der Geschäftsleitung benennen, so daß sich diese Zahl auf insgesamt 312 Arbeitnehmer erhöht. Diese Arbeitnehmer sind für die Dauer von 10 Jahren unkündbar, es ei denn, es liegt ein wichtiger Grund vor, der eine außerordentliche Kündigung rechtfertigen würde. Sollte im Verlauf dieser 10 Jahre einer dieser Arbeitnehmer ausscheiden, so ist er durch Neueinstellungen zu ersetzen.

Für die restlichen 159 Arbeitnehmer, die die heutige Gesamtbelegschaft von 471 Arbeitnehmern ergeben, besteht für die nächsten zehn Jahre insoweit Kündigungsschutz, als nicht wirtschaftliche Schwierigkeiten, über deren Vorhandensein mit dem Betriebsrat Übereinstimmung zu erzielen ist, anerkannt werden und Entlassungen unvermeidbar erscheinen läßt. Ausnahmen davon sind mit Zustimmung des Betriebsrats möglich."

Ein weiteres positives Beispiel arbeitspolitischer Kooperation auf regionaler Ebene zeigte sich im Zusammenhang mit der Neuordnung der Stahlindustrie an der Saar im September 1978. Hierbei wurde dem die Restrukturierung durchführenden Arbed-Konzern als Gegenleistung für hohe staatliche Bürgschaften und Zuschüsse zur Auflage gemacht, das Homburger Zweigwerk der Neunkirchener Eisenwerke in seinem gegenwärtigen Beschäftigungsstand von 1630 Personen für mindestens 10 Jahre zu erhalten und dessen Produktionsprogramm entsprechend zu modernisieren. Zugleich hat die IG Metall einen Bestandsschutz- und Absicherungsvertrag für die dem Montanbereich zugehörigen Stahlwerke des Konzernverbundes vereinbart.

Die geschilderten Fälle zeigen Ansätze einer vorausschauenden Arbeitspolitik zur Erhaltung bestehender Arbeitsplätze. Die drei Hauptakteure Staat, Arbeitgeber und Arbeitnehmer sollten sich aber nicht nur zu Defensivaktionen quasi als Feuerwehr zusammenfinden, sondern auch zur eigeninitiativen Schaffung von Arbeitsplätzen oder auch zur Planung modellhafter, weiterführender Bildungsaktivitäten tätig werden. Eine vorausschauende Arbeitspolitik verlangt vielmehr eine Ursachenbekämpfung von der Wurzel her. Öffentliche Verantwortung darf nicht erst dann erwachsen, wenn das Kind schon in den Brunnen gefallen ist. Bei dem Beispiel der Saarwirtschaft hätte also schon sehr viel früher eine Verknüpfung zwischen Regional-, Wirtschaftsförderungs- und Arbeitspolitik stattfinden müssen. Nur damit ist den für die Arbeitsplätze absehbaren Gefahren, die z.B. aus einer industriellen Monostruktur immer entstehen müssen, rechtzeitig und wirksam zu begegnen. Überbetriebliche Absprache und Mitbestimmung sind eine wesentliche Voraussetzung mittel- und langfristiger Arbeitsplatzsicherung.

Zentrale Instanz einer in diesem Sinne konkretisierten und auszubauenden Vollbeschäftigungsplanung auf unterer Ebene sollten zukünftig örtliche sowie standortübergreifende regionale arbeitspolitische Absprachegremien unter Beteiligung von Unternehmensleitungen, Wirtschaftsverbänden, Kommunen bzw. kommunalen Spitzenverbänden, Betriebsrats- und Personalratsvertretern, Gewerkschaften sowie dem zuständigen Arbeits- bzw. Landesarbeitsamt sein. (Vgl. dazu das Referat von *J. Kühl* auf der DGB-Fachtagung 1977 ,,Betriebliche Beschäftigungspolitik und Personalplanung" zum Thema ,,Vorschläge einer besseren Verzahnung der betrieblichen und überbetrieblichen Arbeitspolitik" in: *Kohl, H.* [Hrsg.], Betriebliche Beschäftigungspolitik und Personalplanung, Köln 1978, S. 219 ff.) Ihre Aufgabe wäre es, entsprechend den beispielsweise derzeit durch den hessischen Landessozialminister *A. Clauss* angestoßenen regionalen arbeitsmarktpolitischen Gesprächsrunden, die Situation in den einzelnen Arbeitsamtsbezirken kritisch zu durchleuchten, bestehende oder entstehende Gefährdungspunkte rechtzeitig zu orten und gemeinsame Lösungsmöglichkeiten zur Erhaltung und Schaffung von Arbeitsplätzen unter Ausschöpfung der Mittel der wirtschafts- und der arbeitspolitischen Programme des Bundes sowie der Länder zu erarbeiten. (Vgl. Frankfurter Rundschau vom 12. Juli 1978.)

Durch die Einrichtung derartiger ständiger Kooperationsgremien wird eine arbeitspolitische Feinsteuerung (als notwendiges Pendant zur bisherigen und im ganzen unzureichenden Globalsteuerung) erst möglich. Sie setzt indessen auch eine bessere interne Abstimmung der einzelnen beteiligten Gruppen voraus. Die Organisation gewerkschaftlicher Branchenkonferenzen etwa nach dem Beispiel der Uhrenindustrie dürfte zu diesem Zweck unumgänglich sein. Als informatorische Grundlagen haben dabei neben Regional-, Branchen-, Bildungs- und Arbeitsmarktanalysen zwangsläufig auch die einzelbetrieblichen Personalplanungen zu dienen, wie sie auf Kennziffernblättern (siehe oben Punkt 3.3.1) oder dergleichen in zukunftsbezogener Form festgehalten sind. Ohne solche personellen Planungsdaten privater und öffentlicher Arbeitgeber ist Vollbeschäftigungsplanung unmöglich, bleibt jedes Kooperationsbemühen gewissermaßen über den Wolken schweben.

Der hier möglicherweise aufkommende Einwand, damit würden Betriebsgeheimnisse notwendigerweise in die Welt gesetzt werden, trifft rechtlich und zumal politisch daneben. Denn einmal sind die Unternehmen nach § 8 AFG ohnehin verpflichtet, „erkennbare Veränderungen des Betriebes innerhalb der nächsten zwölf Monate", die zu Umsetzungen oder Entlassungen führen, der Arbeitsverwaltung „unverzüglich schriftlich mitzuteilen". Es besteht also dafür ein öffentliches, wenn auch in der Praxis bisher gänzlich unbefriedigtes Interesse. Zum anderen dient — wenn man die Wirtschaftsteile der Tageszeitungen aufmerksam durchsieht — die Presse als von der Arbeitgeberseite vielbenutztes Sprachrohr von Ankündigungen gerade beschäftigungspolitischer Natur (wie z.B. von langfristigem Personalabbau oder unaufschiebbaren Entlassungen). Betriebsräte erfahren gelegentlich aus solchen mehr oder weniger gezielten Mitteilungen — etwa im Zusammenhang mit der Erörterung von Bilanzen und Geschäftsberichten — erstmals über geplante personelle Einschnitte.

Positive und zumal negative Folgen, die Arbeitnehmern aus ihrem Dienstverhältnis kollektiv entstehen, fallen ganz und gar nicht unter die Geheimhaltungspflicht, die beispielsweise den Arbeitnehmervertretern in Aufsichtsräten oder Wirtschaftsausschüssen auferlegt wird. Dafür gibt es neuerdings auch eindeutige Urteile der Rechtsprechung. (Vgl. insbesondere *Zachert, U.,* Die Informationsrechte der Arbeitnehmervertreter im Aufsichtsrat und die Weitergabe von Informationen an Betriebsrat, Vertrauensleute und Belegschaft, in: *Brehm/Pohl,* Interessenvertretung durch Information, Köln 1978, S. 98 ff.) Demnach besteht beispielsweise keine Verschwiegenheitspflicht gegenüber einem Sachverständigen, den ein Aufsichtsratsmitglied zu Rate zieht. Analog gilt dies auch für Mitglieder eines Wirtschaftsausschusses. Die Rechtsprechung erkennt an, „daß die Pflicht zur Verschwiegenheit dort ihre Grenzen findet, wo vor einer wichtigen Entscheidung sachkundiger Rat ... einzuholen ist" (a.a.O., S. 116).

Rechtlich gesehen und noch deutlicher unter gesellschaftspolitischen Aspekten, handelt es sich bei der Frage der Offenheit der Diskussion in solchen arbeitspolitischen Basisgremien um eine Güterabwägung: Gilt das Interesse an der Sicherung und Schaffung von Arbeitsplätzen für die abhängig Beschäftigten mehr als eine eng ausgelegte Interpretation des Schutzes von Betriebs- und Geschäftsgeheimnissen? Dient vorbeugende gemeinsame Beschäftigungssicherung nicht auch dem Werksimage nach außen? Solange nicht der Beweis erbracht ist, daß es für die betroffenen Unternehmen wirtschaftlich nachteilig ist, sich an einer vorausschauenden überbetrieblichen Arbeitskräftepolitik zu beteiligen, sollte das Anspruchsrecht auf Arbeit, das allein auf betrieblicher Ebene nicht zu verwirklichen ist, Vorrang haben. Umgekehrt ist es so, daß auch die Betriebsleitung und Personalabteilung ihren Nutzen daraus ziehen können, wenn z.B. Mangelqualifikationen, die ein einzelnes Unternehmen nicht rekrutieren kann, durch einen örtlichen Lernortverbund unter finanzieller Beteiligung der Arbeitsverwaltung vermittelt werden können. Ein Arbeitsmarktausgleich ist sowohl im positiven wie im negativen Falle — etwa nach Teilstilllegungen, technologischen Umstellungen oder auch Betriebserweiterungen — durch überbetriebliche arbeitspolitische Kooperation leichter möglich.

Sieht man das Ganze unter dem Gesichtspunkt der Effektivität, wird der Nutzen kooperativer Arbeitspolitik deutlich. Geht es beispielsweise um ein Ansiedlungsprojekt mit zusätzlichem Fachkräftebedarf oder zeichnet sich andererseits aus den vorhandenen Daten der einzelwirtschaftlichen Personalplanung (bzw. Kennziffern) eine schwierige Arbeitsmarktsituation in der Region ab, wäre es Aufgabe des Kooperationsgremiums, die dafür vorgesehenen öffentlichen Subventionen der Wirtschafts- und Technologieförderung, staatlichen Bürgschaften oder auch die Sonderprogramme der Arbeitsverwaltung so rechtzeitig und gezielt einzusetzen, daß die ansonsten fälligen nachteiligen Folgen für die Arbeitnehmer (Arbeitsplatzverlust, Dequalifizierung, Verdienstminderung) oder aber ein etwaiger Fachkräftemangel bei dem Arbeitgeber gar nicht erst eintreten. Voraussetzung dafür ist, daß auf der einen Seite die Trends der Beschäftigungspolitik in den Unternehmen in ihren quantitativen und qualitativen Auswirkungen offengelegt werden, um auf der anderen Seite des arbeitspolitischen Planungsvorgangs die Dosierung öffentlicher Strukturhilfen und der Ausgleichsmaßnahmen seitens der Arbeitsverwaltung vornehmen zu können. Dabei kann es sich möglicherweise herausstellen, daß es nicht sinnvoll erscheint, allen durch Strukturumbrüche bedrohten Unternehmen z.B. einer Branche gleichzeitig durch Staatsbürgschaften unter die Arme zu greifen. Denn damit allein sind auf Dauer die Arbeitsplätze nicht ohne weitere Anpassungsprozesse zu sichern. In solchen Fällen würde sich eher empfehlen, in branchenbezogenen Unterkommissionen über Art, Umfang und Verteilung möglicher Staatshilfen zu verhandeln. Durch die bisher üblichen bilateralen Verhandlungen allein wird eine Problemlösung eher schwieriger und besitzt weniger Aussicht auf dauerhaften Erfolg.

Insgesamt läßt sich feststellen, daß beide Seiten — Arbeitgeber wie Arbeitnehmer — durch organisierte zwischenbetriebliche Kooperation unter Vermittlung der Arbeitsverwaltung einen erheblichen sozialpolitischen und im Einzelfall auch betriebswirtschaftlichen Nutzen ziehen können.

Man wird sich künftig an den Gedanken gewöhnen müssen, daß die arbeitspolitischen Interessen ein genauso schutzwürdiges Interesse darstellen wie die unternehmerische Geschäftspolitik. Solange es bei der arbeitspolitischen Kooperation in den sich jetzt schon bildenden ständigen Gesprächsrunden nicht um Fragen der unmittelbaren Investitions- und Verfahrensplanung, sondern um die Lösung von Problemen der Beschäftigung, der Berufsbildung und der beruflichen Integration von Problemgruppen geht, werden geheimzuhaltende privatwirtschaftliche Interessen nicht unmittelbar berührt. Worum es vielmehr geht, ist die Regelung kollektiver arbeitspolitischer Fragestellungen, für deren Lösung der Einzelbetrieb allein offensichtlich immer mehr überfordert ist. Durch diese Abstimmungsverfahren können weithin Ressourcen erschlossen und eingesetzt werden, die sonst unbekannt, ungenutzt oder erst gar nicht vorhanden sind. Ohne diesen Schritt zu einer integrierten Arbeitspolitik ist eine Ablösung der weitgehend unwirksamen indirekten staatlichen Politik durch konkrete basisbezogene Vollbeschäftigungspläne nicht möglich. Die öffentlichen Arbeitgeber haben in einem solchen Verfahren aufgrund ihrer gesellschaftspolitischen Verantwortung eine beispielhafte Vorreiterfunktion zu erfüllen.

Auf die Arbeitsverwaltung und insbesondere die Arbeitnehmervertreter in den Selbstverwaltungsgremien kommen durch diesen Schritt naturgemäß neue Aufgabenstellungen zu. Die Selbstverwaltung muß nämlich eine arbeitspolitisch initiative Rolle spielen und Motor des Ganzen sein. Ihre drittelparitätische Struktur kommt ihr dabei ohne Zweifel zugute. In bestimmten Punkten (wie z.B. dem Ausbau der Meldepflichten nach den §§ 8 ff. AFG) sind zugleich ihre Kompetenzen in der Weise zu stärken, daß sie ihre notwendige ,,Maklerfunktion" erfüllen kann. Dies setzt weiterhin intensivere Kontakte mit den Betrieben und darüber hinaus eine bisher noch nicht übliche interne Kommunikation zwischen den einzelnen Arbeitsämtern voraus. Es käme dies auch dem Aufruf von *Hanns Martin Schleyer* an die Arbeitsämter entgegen, ,,unkonventionelle Methoden anzuwenden, die zu einem besseren regionalen und überregionalen Ausgleich von Angebot und Nachfrage verhelfen" (vgl. Anhang II). Das Fehlen bezirksübergreifender Stellenangebote und -vermittlung hat beispielsweise bisher verhindert, daß die BA-Programme zur Förderung der regionalen Mobilität der Arbeitnehmer richtig greifen konnten.

Die praktischen Erfordernisse ebenso wie die Mitbestimmungsidee, auf der das hier erörterte Konzept gründet, verlangen eine weitere Verzahnung der unteren (lokalen und regionalen) arbeitspolitischen Gremien mit Instanzen der Landes- und auch der Bundespolitik. Ohne eine Vermittlung mit diesen föderalen und zentralen Entscheidungsträgern erscheinen wichtige Fragenkomplexe wie die der Berufs- und Bildungsplanung unlösbar.

Die von den Gewerkschaften seit je geforderten, paritätisch zusammengesetzten Wirtschafts- und Sozialräte haben in der Öffentlichkeit und auch bei der Arbeitnehmerschaft bisher keine breitere Resonanz gefunden, weil deren Aufgaben und Chancen für die Interessenvertretung der Beschäftigten im allgemeinen unbekannt sind. Die Ergebnisse und Empfehlungen lokaler arbeitspolitischer Konferenzen müssen jedoch, wenn durch sie eine effektive Politik bewirkt werden soll, in übergreifenden Wirtschafts- und Sozialräten aufgegriffen und koordiniert werden. Wirtschafts- und Sozialräte haben in der Praxis (auf nationaler wie derzeit auch schon auf europäischer Ebene) die Funktion, in sozial-, arbeits- und bildungspolitischen sowie weiteren, für die Gefährdung der Arbeitnehmerinteressen wichtigen Fragen zu beraten, Initiativen zu koordinieren und an die demokratischen Entscheidungsinstanzen weiterzuleiten. Die entsprechenden Fachpolitiken, wie insbesondere die Bildungs- und die Beschäftigungspolitik, müssen als Gesamtheit gesehen werden, um eine stärkere Wirkung gegenüber den dominierenden wirtschaftspolitischen Fragestellungen entfalten zu können. Werden die Hauptbeteiligten Staat, öffentliche und private Arbeitgeber sowie Gewerkschaften nicht gezwungen, an einen Tisch zu kommen und aus ihrer gesellschaftlichen Verpflichtung heraus zu Ergebnissen zu gelangen, bleibt die dringend notwendige konkrete Planung für Vollbeschäftigung nach wie vor in weiter Ferne. Eine demokratische Gesellschaft kann sich dieses Versagen ohne schwere Schäden gerade im Blick auf eine ungewisse Zukunft nicht leisten.

4.3 Neue Initiativen für Problemgruppen

Unter den Arbeitslosen kristallisieren sich immer deutlicher bestimmte Gruppen mit negativen Vermittlungschancen heraus: Gesundheitlich Beeinträchtigte, Personen ohne abgeschlossene Berufsausbildung, Frauen (davon ein Drittel Teilzeitarbeitsuchende), Jugendliche mit und in überwiegender Zahl ohne Ausbildung. Die berufliche (Wieder-)Eingliederung dieser Gruppen kann weder allein durch globale Anreizsysteme noch durch die Arbeit regionaler Kooperationsgremien bewerkstelligt werden. Sie muß in klarer Erkenntnis der Verursachungsproblematik hauptsächlich in den Unternehmen ansetzen. Dazu bedarf es bestimmter neuer arbeitspolitischer Initiativen, die dem ,,Siebeffekt" der betrieblichen Beschäftigungspolitik entgegenwirken. Sie würden insofern an das Prinzip des Ausgleichs von Schäden durch den Verursacher anknüpfen, bedürfen andererseits aber auch der rechtlichen und finanziellen Förderung durch die öffentliche Hand. Geschieht dies nicht, verfestigt sich die strukturelle Arbeitslosigkeit von Ausgemusterten und Benachteiligten zu einem gefährlichen gesellschaftspolitischen Sprengsatz. Was ist dagegen unmittelbar zu tun?

4.3.1 Arbeitsplätze für Leistungsgeminderte

Gut jeder vierte Arbeitslose leidet unter *gesundheitlichen Beeinträchtigungen* (Mai 1978: 28,8 v.H.). Bei den Männern ist es schon gut jeder dritte. Die periodischen

Struktur-Analysen der Arbeitslosen durch die BA weisen hier sogar einen ansteigenden Trend aus. Auf der anderen Seite nimmt die Bundesvereinigung der Deutschen Arbeitgeberverbände (BDA) das Schwerbehindertengesetz neuerdings unter Beschuß. (Vgl. Frankfurter Rundschau vom 1. August 1978.) Sie stöhnt unter der Last der Abgabe pro nicht besetztem Schwerbehindertenplatz — vorgeschrieben ist eine Reservierung von 6 Prozent aller Arbeitsplätze — und fordert die Bundesregierung auf, die bestehende Pflichtquote zu senken. Sie verweist dabei darauf, daß es insgesamt 200 000 Schwerbehinderte weniger gebe, als nach der gesetzlichen Sechs-Prozent-Regelung eingestellt werden müßten.

Diesem Begehren ist hingegen zweierlei entgegenzuhalten. Einmal erfüllen die privaten und öffentlichen Arbeitgeber diese Quotenvorgabe laut BA-Statistik nur zu knapp zwei Dritteln, ziehen es also zu einem Drittel vor, sich von der Beschäftigungspflicht durch die Zahlung einer Ausgleichsabgabe (von monatlich 100 DM pro unbesetztem Pflichtplatz) quasi ,,freizukaufen''. Zum andern gibt es derzeit über 270 000 Arbeitslose mit gesundheitlichen Einschränkungen, darunter über 50 000 Schwerbehinderte, deren Wiederbeschäftigungschance gegenüber der der übrigen Arbeitslosen ,,um mehr als die Hälfte'' reduziert ist. (So die Infratest-Analyse 1978 im Auftrag des BMAs.)

Das vorhandene System ist offenbar nicht in der Lage, Arbeitsplätze für Behinderte, Erwerbsgeminderte oder durch Berufsschäden Angeschlagene zu sichern und zu schaffen. Es kursiert im Gegenteil der Slogan von den sich herausbildenden ,,olympiareifen Mannschaften'' in den Betrieben. Hier müssen neue Wege beschritten werden. Eine erfolgversprechende und zum Teil bereits praktizierte Möglichkeit besteht darin, gemeinsame Kommissionen der Betriebsparteien unter Einschluß von Werksärzten, Technikern und Ergonomen zu bilden mit der Aufgabe, geeignete Arbeitsplätze in den Büros und Produktionsstätten für Leistungsgeminderte herauszufinden oder entsprechend umzugestalten. Wird dies systematisch z.B. durch Abteilungsbegehungen und Arbeitsplatzanalysen betrieben, kann unter Umständen verhindert werden, daß arbeitspolitische Diskriminierungen überhaupt erst entstehen.

Es wäre zu prüfen, ob in diese Beratung nicht auch die Arbeitsämter eingeschaltet werden sollten. Wie die Erfahrungen in Schweden mit den sogenannten Anpassungsgruppen unter Beteiligung der Betriebsparteien und der Arbeitsverwaltung zeigen, lassen sich durch Anpassung der Arbeitsplätze an die Bedürfnisse von leistungsgewandelten, älteren oder behinderten Erwerbspersonen erhebliche Eingliederungs- und Sicherungserfolge erzielen (vgl. Punkt 4.5). Diese Effekte verstärken sich im Falle Schweden noch durch umfängliche Lohnzusatzleistungen und Einstellungsprämien der Arbeitsmarktbehörde. Diese Anreize bedeuten ein völlig anderes

Vorgehen als die in der Bundesrepublik übliche Strafabgabe bei Unterschreiten der Pflichtquote.

4.3.2 Weiterbildung statt Kurzarbeit und Arbeitslosigkeit

150 000 Arbeitsplätze (betriebliche offene Stellen) können ständig nicht besetzt werden, weil die erforderlichen Qualifikationen auf dem Arbeitsmarkt nicht angeboten werden. Auf der anderen Seite leisten wir uns den Luxus unfreiwilliger und ungenutzter Freizeit für Hunderttausende von Arbeitslosen und Kurzarbeitern. Die Qualifikationsstruktur der Beschäftigten in den Unternehmen hat sich zwar insgesamt durch den Personalabbau der letzten Jahre verbessert; ihr Facharbeiteranteil ist z.B. gestiegen. Die schlechten Risiken werden jedoch auf den Arbeitsmarkt abgeschoben. Über 55 v.H. der registrierten Arbeitslosen weisen keine abgeschlossene Ausbildung vor. Die nachfragenden Unternehmen halten bei zwei Dritteln ihrer offenen Stellen nach qualifizierten Angestellten und Arbeitern Ausschau, knapp 60 v.H. der Arbeitsuchenden entsprechen jedoch nicht diesem Standard.

In diesen Zahlen drückt sich keineswegs ein schuldhaftes Verhalten der Arbeitslosen aus. Sie weisen im Gegenteil ein hohes Maß an unbefriedigter Bildungsbereitschaft aus. Dies gilt ähnlich auch für alle beschäftigten Arbeitnehmer, soweit sie über keinen beruflichen Abschluß verfügen. Jeder dritte Arbeitslose ist an einer Fortbildung, jeder vierte an einer Umschulung interessiert, wie die Infratest-Untersuchung 1978 im Auftrag des BMA ermittelte. 13 v.H. der Arbeitslosen möchten demnach eine berufliche Abschlußprüfung, 7 v.H. einen Schulabschluß nachholen. Das berufliche Bildungsinteresse ist besonders bei den Jugendlichen ausgeprägt, ohne daß dem durch das vorhandene Bildungangebot entsprochen werden kann. (Vgl. die Übersichten auf den folgenden Seiten.) Die durch das Haushaltsstrukturgesetz zusätzlich zusammengestrichenen Maßnahmen der BA reichen auf diesem Gebiet bei weitem nicht aus. Nach der schon mehrfach zitierten Infratest-Erhebung stellt das Kernstück vorbeugender Arbeitsmarktpolitik nur einen verschwindenden Anteil am gesamten beruflichen Weiterbildungsgeschehen.

Gleichwohl hat die Bundesanstalt ihr Leistungsangebot für Fortbildung und Umschulung im Vollzeitunterricht seit 1976 als Ergebnis des Haushaltsstrukturgesetzes um fast die Hälfte zurückgenommen. 1978 zählte man nur noch knapp 70 000 Teilnehmer gegenüber 130 000 im Jahre 1975. Nach der Änderung der Unterhaltsgeldregelung waren darunter auch nur noch 53 000 Arbeitslose statt zuvor über 84 000. Auch wenn dieses Ergebnis quantitativ nicht angestrebt worden war, zeigt es doch das Ausmaß arbeitspolitischer Fehlsteuerung.

In der Bundesrepublik herrscht ein erheblicher Qualifikationsbedarf für alle Altersgruppen, sowohl bei den Arbeitnehmern selbst als auch bei den beschäftigenden
Unternehmen. Gleichzeitig wächst die Gefahr der Dequalifikation bei den Beschäftigten und noch deutlicher bei den Arbeitslosen. Nach der Infratest-Analyse 1978
verlassen 16 v.H. der wiederbeschäftigten Arbeitslosen ihren erlernten Beruf und
übernehmen un- und angelernte Tätigkeiten. Die ständig versuchte Verlagerung der
Zumutbarkeitsgrenze bei erneuter Arbeitsaufnahme wird zukünftig diesen Anteil
eher noch erhöhen. Dabei sind gerade die in ihren Lebenschancen bedrohten Jugendlichen besonders bildungswillig (siehe Übersicht).

Fortbildungsbereitschaft von beschäftigten und arbeitslosen Arbeitnehmern

Es haben nach eigener Aussage . . .	Beschäftigte Arbeitnehmer		Arbeitslose November 1977	
	Gesamt	Jugendliche	Gesamt	Jugendliche
	v.H.		v.H.	
keine abgeschlossene Berufsausbildung	20	18	37	56
keinen Beruf erlernt	15	15	33	51
von diesen (= 100 v.H.):				
— würden jetzt gern noch einen Beruf erlernen	21	50	31	44
— haben dabei auch einen bestimmten Beruf vor Augen	18	50	27	36
— halten diesen Wunsch auch für zu verwirklichen	8	33	21	33

Quelle: Infratest-Forschungsbericht 1978, S. 171

	Beschäftigte Arbeiter und Angestellte	
	Männer	Frauen
	v.H.	
Im jetzigen Betrieb an Lehrgängen/Schulungen teilgenommen		
— in der Einarbeitungszeit	29	15
— später	34	15
In den letzten fünf Jahren an außerbetrieblichen Lehrgängen/Kursen teilgenommen	23	16
davon:		
mit finanzieller Unterstützung durch das Arbeitsamt	5	2
Quelle: Infratest-Forschungsbericht 1978, S. 175		

Diesem Abwärtstrend bei unbefriedigter qualitativer Nachfrage kann die Gesellschaft nicht tatenlos zusehen. Weiterbildung als Alternative zu Enlassungen oder Kurzarbeit muß großgeschrieben werden. Sie hat derzeit einen geringen Stellenwert. In Schweden z.B. sind die Bildungsanstrengungen — bezogen auf die Zahl ihrer Teilnehmer — gut viermal so groß wie in unserem Lande. Mit dem Ergebnis, daß dort Kurzarbeit so gut wie unbekannt ist und die Arbeitslosenquote nur etwa die Hälfte derjenigen der Bundesrepublik beträgt. Dafür übernimmt der Staat aber auch einen erheblichen Teil der Bildungskosten. Die beruflichen Eingliederungschancen von Arbeitslosen unmittelbar nach abgeschlossener Fortbildung sind mit 75 v.H. als sehr hoch zu bezeichnen. (Näheres siehe Punkt 4.5.)

Wollte man diesem Beispiel folgen, müßte man die Voraussetzungen für mehr vorbeugende Bildungsaktivitäten anstelle von Kurzarbeit zuallererst in den Unternehmen schaffen. Dem stehen bislang allderdings erhebliche rechtliche und sonstige

Hemmnisse im Wege. Die entsprechende Anordnung zur beruflichen Fortbildung und Umschulung der BA erkennt zwar ,,ein besonderes arbeitsmarktpolitisches Interesse'' für einen solchen Fall an, das erst einmal vorhanden sein muß, um Maßnahmen der beruflichen Bildung, die ,,im überwiegenden Interesse des Betriebes'' liegen, überhaupt fördern zu können (vgl. § 43 Abs. 2 AFG). Der Teufel sitzt aber auch hier wie immer im Detail. Die Durchführungsanweisungen verlangen nämlich weiter, daß derartige Kurse mit einer ,,allgemein anerkannten Prüfung'' abschließen. Dies ist bei gemischten Belegschaftsgruppen (Werksteilen, Abteilungen) ohne extremen organisatorischen Aufwand kaum machbar — ganz abgesehen von der notwendigen Bereitschaft der Betroffenen zu derartigen Prüfungen und der weiteren Frage des Prüfungserfolges. Das an sich wünschbare Ziel standardisierter Abschlüsse läßt sich weiterhin bei kürzeren Ausfällen so gut wie nicht realisieren, setzt also längere Kurzarbeit über mehrere Wochen, wenn nicht Monate voraus.

Wegen des hier geltenden Prinzips der individuellen Förderung muß zusätzlich nachgewiesen werden, daß der einzelne ohne diese Maßnahmen ,,unmittelbar von Arbeitslosigkeit bedroht'' wäre. Bei Erfüllung aller genannten Voraussetzungen beträgt das von der Arbeitsverwaltung zu zahlenden Unterhaltsgeld 80 v.H. des individuellen Nettolohns bzw. -gehalts. Es übersteigt damit um 12 v.H. den Kurzarbeitersatz, der gesetzlich auf 68 v.H. festgelegt ist. Insofern wäre die Alternative Fortbildung bei Wegfall der bürokratischen Hemmnisse auch für die betroffenen Arbeitnehmer interessant.

Weiterbildung anstelle von Kurzarbeit verlangt aber auch von dem durchführenden Betrieb zusätzliche Initiativen. Die Frage der organisatorischen Voraussetzungen und der Trägerschaft der Maßnahmen muß geklärt werden. Die Kostenfrage dürfte weniger ins Gewicht fallen, da die BA einen großen Teil der Aufwendungen für Lehrmaterial und Lehrgangsgebühren zu übernehmen gehalten ist. Externe Dozenten sind von ihr sogar voll zu finanzieren. Entscheidender erscheint letztlich die Frage der Motivation der Beteiligten selbst, die nicht ohne Zuspruch auch des Betriebsrats zu erreichen ist. Auf keinen Fall dürfte bei den Betroffenen der Eindruck einer Zwangsmaßnahme entstehen. Es würde den Lernerfolg prinzipiell in Frage stellen. Daß bei ernsthaftem Willen aller Beteiligten die Alternative Fortbildung anstelle von Kurzarbeit möglich ist, beweisen die Ergebnisse einer Erhebung in der Stahlindustrie vom Jahre 1977. (Vgl. *Ad-hoc-Kommission der Engeren Mitarbeiter der Arbeitsdirektoren Eisen und Stahl,* Aus- und Weiterbildung in mitbestimmten Unternehmen, Köln 1979.)

Sollte man sich bereitfinden, den hier entwickelten Vorschlag auf breiterer Ebene zu verfolgen, so würde dies zunächst einmal erfordern, die Verordnungen bzw. die Auslegungspraxis der AFG so zu ändern, daß betriebliche Qualifizierungsmaßnahmen, soweit die vermittelten Kenntnisse auch überbetrieblich verwertbar sind, auch ohne abschreckende bürokratische Schwierigkeiten und unerfüllbare inhaltliche Auflagen gefördert werden können. Es sollte dabei angestrebt werden, Mittel zumindest in vergleichbarer Höhe wie das Kurzarbeitergeld für Initiativen der Höherqualifizierung im Betrieb einzusetzen. Damit wäre ein großer arbeitspolitischer Schritt nach vorn getan.

Durch die Rationalisierungsprozesse erhält das Bedürfnis auch betriebsbezogener Höherqualifizierung einen höheren Stellenwert als die Besorgnis über zu hohe Betriebsbindung und damit möglicherweise Abnahme zwischenbetrieblicher Mobilität. Auf dem Arbeitsmarkt bewegen sich derzeit ohnehin stärker die Randgruppen als die Stammbelegschaften. Die erwähnten Initiativen, die Hunderttausende von Beschäftigten erfassen könnten, würden in jedem Falle die individuellen Arbeitschancen sowie auch die Möglichkeiten der Unternehmen, Mangelqualifikationen zu verhüten bzw. zu beseitigen, bedeutend erhöhen.

4.3.3 Teilzeitarbeit als Ausweg?

Die Arbeitslosenquote der Frauen ist mit ca. 6 v.H. etwa doppelt so hoch wie die der Männer. Obwohl der Anteil der Frauen an allen Arbeitnehmern um etwa 38 v.H. schwankt, stellen sie doch die Mehrheit aller Arbeitslosen. Dieser skandalöse Zustand wird in der öffentlichen Diskussion teilweise mit dem Argument heruntergespielt, es handle sich dabei vielfach nur um Scheinarbeitslosigkeit. Viele der Frauen fühlten sich auch im häuslichen Herd recht wohl. Sie wollten nur bestimmte Ansprüche geltend machen oder suchten ohnehin nur eine Teilzeitbeschäftigung.

Es versteht sich von selbst, daß das Recht auf Arbeit nicht in der hinter dieser Argumentation stehenden altväterlichen Attitüde zuteilbar ist. Viele auch der teilzeitarbeitsuchenden Frauen sind auf einen Broterwerb angewiesen. (Vgl. dazu *Schöll-Schwinghammer/Lappe,* Arbeitsbedingungen und Arbeitsbewußtsein erwerbstätiger Frauen, Frankfurt 1978.) Weder die öffentlichen noch die privaten Arbeitgeber berücksichtigen dieses Bedürfnis in ausreichendem Umfang, obgleich beispielsweise bereits 1974 ,,Empfehlungen zur Teilzeitarbeit im öffentlichen Dienst'' in einer gemeinsamen Stellungnahme von Bund, Ländern und Gemeinden verabschiedet worden sind. Ihnen folgten jedoch kaum Taten. Gegenwärtig gibt es rund 2,2 Millionen Teilzeitkräfte. Dies entspricht etwa zehn Prozent aller abhängig Beschäftigten. Nur rund ein Viertel davon sind im Bereich der Industrie tätig.

Welche arbeitspolitischen Maßnahmen sind notwendig und denkbar, um insbesondere die Frauenerwerbstätigkeit in Zukunft besser zu schützen? Vorrangig werden hier zwei Dinge diskutiert, ohne daß ihnen bisher praktische Konsequenzen gefolgt wären.

Die eine Lösung setzt auf eine Quotenregelung nach dem Muster der amerikanischen und schwedischen Arbeitsmarktpolitik oder der deutschen Schwerbehinderten-Gesetzgebung. Sie wurde auch bereits bei den im Deutschen Gewerkschaftsbund organisierten Frauen diskutiert. Quotenvorgaben sind jedoch zweischneidig: Ihr relativer Schutz läßt andere Gruppen um so ungeschützter. Ihre zwangsläufig schematische Handhabung erbringt in der Praxis zumindest solange Schwierigkeiten, als es eben noch typische Frauen- und Männerberufe gibt. Dennoch sollte dieser Gedanke in der Diskussion regionaler und sektoraler arbeitspolitischer Steuerung bleiben.

Die zweite und im Augenblick hauptsächlich favorisierte Lösung wird in einer kräftigen Ausweitung der Teilzeitarbeit gesehen. Das Münchener Ifo-Institut stellte dazu in einer repräsentativen Unternehmensbefragung Mitte 1978 fest, daß nach den Angaben von etwa der Hälfte der befragten Manager etwa ein Zehntel der vorhandenen Vollarbeitsplätze in der Industrie ohne größere betriebswirtschaftliche Nachteile aufgeteilt werden könnten. Dabei wird vor allem das hohe Leistungs- und das niedrige Fehlzeitenverhalten der Teilzeitkräfte sowie deren flexibler Einsatz positiver gewertet; dem stehen negativ auf der anderen Seite ein etwas höherer Arbeitsplatz- und Verwaltungsaufwand gegenüber.

Da die Industrie derzeit nur ein Viertel der über zwei Millionen Teilzeitplätze zur Verfügung stellt, würde dies eine deutliche Ausweitung dieses Beitrags darstellen. Rechnerisch könnte nach den Info-Ergebnissen durch ein solches Stellen-Splitting die Zahl der Beschäftigten um etwa 380 000 Personen erhöht werden. (Vgl. ifo-schnelldienst 22/1978). Dies würde dem Bedürfnis und der Bereitschaft jedes vierten Beschäftigten — Männer wie Frauen — entgegenkommen, eine Teilzeitbeschäftigung zu übernehmen (Infratest 1978). Gerade jüngere qualifizierte Fachkräfte (Arbeiter und Angestellte) unter 30 Jahren würden in der Industrie gerne ihren Beruf unter Teilzeitbedingungen ausüben. Dies korrespondiert im übrigen auffällig mit der aus der Freizeitforschung bekannten, deutlich stärkeren Freizeitorientierung der jüngeren Generation.

„Modellversuche, wie man durch organisatorische Maßnahmen, etwa durch Arbeitsplatzgestaltung, Tätigkeitsablaufanalysen und anderes mehr vermehrte Beschäftigungsmöglichkeiten für Teilzeitarbeit schaffen kann, bedürfen der weiteren Verbreitung und der großzügigeren Förderung", meint dazu die BDA in ihrer „Strategie zur Rückgewinnung eines hohen Beschäftigungsstandes" (1977). Die Mehrfachbesetzung von Arbeitsplätzen ist in der Praxis ähnlich wie die Organisation der Gleitzeit im produktiven Bereich noch weitgehend personalplanerisches Neuland.

	An Teilzeit interessiert			Zum Vergleich:
	Männer	Frauen	Gesamt	Teilzeitbeschäftigte 1978
			v.H.	
Geschlecht				
Männer	(100)	—	49	8
Frauen	—	(100)	51	92
Alter				
unter 30 Jahre	28	51	40	20
30—39 Jahre	19	17	18	37
40 Jahre und älter	53	33	43	44
Stellung im Beruf				
Einfache Arbeiter	18	13	15	30
Facharbeiter	42	8	25	6
Einfache Angestellte	6	36	21	33
Qualifizierte Angestellte	33	43	38	32
Art des Betriebs				
Industrie	47	28	37	21
Handwerk	21	7	14	13
Handel, Dienst- leistungen	17	37	27	40
Öffentlicher Dienst	14	28	21	25

Quelle: Infratest-Forschungsbericht 1978, S. 161

Auf diese Weise dürften nur keine Vollzeitarbeitsplätze — dies wäre sicherzustellen — wegrationalisiert werden, so daß von einer ganzen Stelle schließlich nur noch eine halbe übrigbliebe. Damit wäre dann in der Tat nichts gewonnen. Wegen offensichtlicher Nachteile kann Teilzeitarbeit keineswegs als *die* Patentlösung für die bestehenden arbeitspolitischen Schwierigkeiten angesehen werden. Diese Nachteile zeigen sich für den Arbeitnehmer vor allem in verminderten Aufstiegschancen — trotz teilweise stärkerer beruflicher Belastung und auch vergleichsweise höherer Leistung — und nach Beendigung des Berufslebens schließlich auch in verringerten Rentenansprüchen.

Teilzeitarbeit kann auf der anderen Seite einen besseren Übergang von der berufli-chen Vollzeitarbeit zur reinen Betätigung in der Freizeit — einschließlich der Alters-freizeit — schaffen. Damit entsteht die Chance, die Kluft zwischen Arbeit und Frei-zeit etwas zu überbrücken und mehr Wahlfreiheit zu schaffen. Das festgestellte star-ke Bedürfnis nach verringerten Arbeitszeiten deutet darauf hin, daß nach weniger ausschließlichen Zwischenformen gesucht wird, die die Last der Arbeitsmühe des Achtstundentages mildern. Solange menschengerechte Arbeitsgestaltung noch der von aufwendigen staatlichen Forschungs- und Aktionsprogrammen herbeigeführte Ausnahmezustand ist, herrscht offensichtlich weithin ein instrumentelles Verhältnis zur beruflichen Tätigkeit als Broterwerb vor. Dieser Zustand darf andererseits je-doch nicht zu dem Plädoyer veranlassen, durch mehr Teilzeitarbeit die Toleranz-schwelle gegenüber inhumaner Arbeit zu erhöhen — unter der Devise: Nach Feier-abend beginnt das eigentliche Leben!

4.3.4 Jugendliche erwarten mehr als ein Sonderprogramm

Die Misere der Frauenarbeitslosigkeit hängt nicht zuletzt damit zusammen, daß die Ausbildungschancen an sich und insbesondere die Breite der Berufswege für Mäd-chen in der Praxis nach wie vor vergleichsweise äußerst gering sind. Außer mit Ar-gumenten, die auf die Tradition abstellen, läßt sich dies durch nichts begründen.

Die ursprünglich anvisierte allgemeine gesellschaftspolitische Zielsetzung, jedem jungen Menschen einen beruflichen Abschluß mit auf den Lebensweg zu geben, ist insgesamt steckengeblieben. Von diesem Ziel sind wir sogar weiter denn je entfernt. Denn zwischen 15 und 20 v.H. jedes Jahrgangs, d.h. knapp jeder fünfte Jugendli-che, verzichtet derzeit auf eine Ausbildung und verdingt sich, soweit er eine Stelle findet, als Jungarbeiter. Damit werden Bildungsressourcen grob fahrlässig verschüt-tet und Qualifikationslücken von morgen programmiert. Der Staat mußte in den vergangen Jahren im Tauziehen um eine angemessene Berufsbildungsreform eine Schlappe nach der anderen einstecken. In kaum einem anderen Teilbereich ist die Reformunfähigkeit unserer Gesellschaft bislang so deutlich hervorgetreten.

Offenbar um diese Schlappe auszuwetzen und ihren Pflichten gegenüber der entste-henden ,,Generation der Überzähligen'' nachzukommen, haben die Regierungs-chefs von Bund und Ländern im Frühjahr 1978 ein erweitertes ,,Programm zur Durchführung vordringlicher Maßnahmen zur Minderung der Beschäftigungsrisi-ken von Jugendlichen'' mit einer Reichweite bis zum Jahre 1982 beschlossen. Durch den Einsatz mehrerer Milliarden DM sollen damit etwa 17 000 Berufsschullehrer zu-sätzlich eingestellt sowie Ausbildungsmöglichkeiten für zusätzlich 300 000 Jugendli-che geschaffen werden. (Vgl. Überlegungen II, S. 43 f.)

Auch auf dem Gebiet der Berufsbildung herrscht das Prinzip der indirekten Politik ähnlich wie in der klassischen Arbeitsmarktpolitik überhaupt. Der Jugendarbeitslosigkeit wird mit finanziellen Anreizen und Zuschüssen zu trotzen versucht, nicht jedoch durch steuernde Eingriffe in die überkommene Ausbildungshoheit von Handwerk und Industrie. An dieser Barriere scheiterten bisher alle gesetzlichen Initiativen bis hin zu dem ohnehin nur als Torso verbliebenen Ausbildungsplatzförderungsgesetz 1976. (Nach anfänglichen Erpressungsmanövern verlegte sich die Lobby der Ausbilder hernach auf Versprechungen, die die Öffentlichkeit sowie die berufenen Instanzen seither Jahr für Jahr in Atem halten.) Die wenigen praktischen Alternativen zur herkömmlichen Praxis in Form einer öffentlichen, überbetrieblichen Ausbildung nach dem Prinzip des Lernortverbunds, wie z.B. das ,,Berliner Modell'' des dort zuständigen Berufsamtes, fallen bisher kaum ins Gewicht. Der Widerstand gegen derartige wegweisende Modelle entspringt der gleichen Wurzel wie die Bekämpfung des Berufsgrundbildungsjahrs, das als solches ähnlich wie ein allgemeines zehntes Schuljahr auch bedeutende arbeitspolitische Effekte mit sich bringen würde. Ist angesichts der Berufsnot und wachsenden Perspektivlosigkeit der Jugend die zusehends verbreitete Resignation der politischen Öffentlichkeit gegenüber dem Mauern der Wirtschaftslobby und dem Kulturföderalismus in irgendeiner Form zu rechtfertigen?

Die Botschaft über das erwähnte Bund-Länder-Sonderprogramm stimmte immerhin hoffnungsfroh, wüßte man nicht, wie solche Bildungsabsichten im bundesdeutschen Kulturföderalismus und im alten Trott der Politik der Industrie- und Handelskammern zu versickern in der Lage sind. Mehr Ausbildung ist in jedem Fall zu begrüßen, falls die Alternative nur Jugendarbeitslosigkeit lautet. Mittlerweile ist aber die Frage nicht mehr auszuklammern, wo, wofür und mit welchem qualitativen Abschluß ausgebildet wird. Ihre Beantwortung bestimmt ein ganzes Leben lang die beruflichen Chancen. (Vgl. dazu *Wiethold, F.,* Hypothesen zum Zusammenhang von technisch-organisatorischer Entwicklung des Arbeitsprozesses und Entwicklung der Qualifikationsanforderungen, in: WSI-Mitteilungen, 6/1978.)

Wie steht es indessen um das Berufsgrundbildungsjahr als Startbasis für breite berufliche Grundqualifikationen? Ist davon nicht nur ein Skelett übriggeblieben? Wie ist es mit der Stufenausbildung, wie verhält es sich mit den Grauzonen kurzfristiger und rein betriebsbezogener Anlernung? Wo bleibt der notwendige überbetriebliche Lernort- und Lehrwerkstättenverbund? Wo der notwendige Finanzierungsausgleich, der verhindert, daß die Qualität der Ausbildung mit dem Schielen auf deren Kosten herabgesetzt wird? Was geschieht mit den Zehntausenden ausländischer Kinder ohne Berufsbildungschancen, dem Subproletariat von morgen? (Von den jährlich knapp 50 000 ins erwerbsfähige Alter kommenden jungen Ausländern weisen etwa zwei Drittel keinen Hauptschulabschluß vor.) — Viele ungelöste Fragen einer qualitativen gesellschaftlichen Nachwuchsplanung, die zeigen, daß es mit *einem* Sonderprogramm mehr für eine Jugend, die unsere Zukunft ist, die aber keine Zukunft sieht, nicht getan ist. Die eindeutige Verantwortung der Politiker in Bund und Ländern verlangt mehr als schöne Programmsätze, wie sie in vieltausendfacher Auflage verbreitet werden.

4.4 Die Finanzierungs- und die Solidaritätsfrage

Die Frage der Finanzierung der Arbeitspolitik ist gelegentlich schon angesprochen worden. Sie ist eine Kernfrage und daher abschließend aufzugreifen und im Zusammenhang grundsätzlich zu behandeln. Von ihrer Lösung hängt viel für die politische Wirklichkeit ab.

Hierbei sollte zunächst an eine Feststellung erinnert werden, die die Bundesanstalt für Arbeit wiederholt getroffen und auch in ihren ,,Überlegungen II'' von 1978 erneut belegt hat: Arbeitslosigkeit kommt die Gesellschaft etwa genauso teuer zu stehen wie eine entsprechende, vom Staat ermöglichte Beschäftigung. Ein Kostenvergleich zwischen Maßnahmen zur Arbeitsbeschaffung und den sozialen Kosten der Arbeitslosigkeit erhärtet dies in harten Zahlen: 1977 summierten sich die Ausgaben und die Einnahmeausfälle der öffentlichen Haushalte je Arbeitslosen auf insgesamt 20030 DM. Der Gesamtaufwand von Bund, Ländern und BA je in Arbeitsbeschaffungsmaßnahmen gewiesenen Arbeitnehmer betrug demgegenüber 20650 DM (a.a.O., S. 36). Öffentliche Arbeitsbeschaffungsprogramme sind also kaum teurer als die Hinnahme von Arbeitslosigkeit. Für den einzelnen, das gesamtpolitische Klima und nicht zuletzt die gesamtwirtschaftliche Nachfrage und damit die Wachstumstrends sind die Unterschiede allerdings erheblich. Man kann mit Fug und Recht behaupten, daß jeder subventionierte Arbeitsplatz für die Gesellschaft billiger ist als die Zahlung von Arbeitslosengeld, da der einzelne als Zahler von Steuern und Sozialbeiträgen nicht zusätzlich ausfällt. Schließlich nimmt der Bezieher von Arbeitseinkommen auch eher die in der Gesellschaft produzierten Güter und Dienstleistungen in Anspruch. Das Konsumklima verbessert sich allgemein.

Von dieser Erkenntnis ist offenbar ein sehr weiter Schritt bis zu einer entsprechenden Praxis. Die Durchsetzung hakt dabei nicht nur an staatlicher Immobilität, sondern scheitert im wesentlichen auch schon an der verbreiteten Bewußtseinslage in der Gesellschaft. Wer jahrelang nur ,,Wohlstand für alle'' in einer Konkurrenzgesellschaft predigte, kann auf gesellschaftliche Solidarität in einer Krisenphase wenig bauen. Zumal die Partei- oder die Staatsräson die Politiker immer wieder dazu zu zwingen scheint, die Krise zu verharmlosen und eine alsbaldige Rückkehr zu den besseren Zuständen von gestern zu prophezeien. Das Ergebnis ist, daß keiner die bestehende arbeitspolitische Situation in der Öffentlichkeit so richtig ernst nehmen will.

Durch öffentliche Tabuisierung der heillosen Zustände wird aber eine vernünftige Therapie nur verhindert. Daran können nur diejenigen ein Interesse haben, die die arbeitsuchende inländische Reservearmee nicht gerade als störend empfinden.

Kreislauftheoretisch gesehen gibt es für den weiteren ökonomischen Verlauf nur zwei Möglichkeiten:

1. Man tut nichts (oder zumindest nicht das Richtige), hofft auf den Aufschwung und bessere Zeiten, die Arbeitslosigkeit verschlimmert sich jedoch. Die Folge sind notwendigerweise höhere Sozialbeiträge für den Unterhalt des Arbeitslosenheeres sowie zwangsläufig höhere Steuern, um wenigstens die Steuerausfälle auszugleichen. Der Konsum geht zurück, damit auch das Wachstum und obendrein verengen sich die Verteilungsspielräume für die Tarifparteien.

2. Oder aber der Staat wird mit beschäftigungswirksamen Ausgaben aktiv. Dies erfordert zwar auch eine höhere Steuerlast (bzw. höhere öffentliche Verschuldung), drückt aber die Arbeitslosenzahlen. Damit verbessert sich das gesamtgesellschaftliche Klima, die Nachfrage erhöht sich, das Wachstum bleibt stabil. Die Verteilungsspielräume bleiben mindestens aufrecht erhalten. Die Grundlagen einer quantitativen und qualitativen Arbeitspolitik neben der Sicherung des Lebensstandards sind gegeben. Weitere Humanisierung der Arbeit, Höherqualifizierung und die Sicherung der Arbeitsplätze auch per Tarifvertrag bleiben möglich.

Diese Abfolge zeigt die zentrale Rolle einer beschäftigungswirksamen öffentlichen Finanz- und Geldpolitik. Dies dürfte unbestritten sien. Dennoch tut sich die Mehrheit in der Gesellschaft sowohl aus Unkenntnis, Manipulation durch andere, kurzsichtige Interessenlagen als auch aus Unschlüssigkeit und politischer Schwerfälligkeit schwer, die richtige Wahl zu treffen. Viele schreckt auch die Dimension der bei der zweiten Alternative notwendigerweise zu ergreifenden und im Moment zugestandenermaßen unpopulären Maßnahmen ab.

Notwendig erscheint daher zunächst zweierlei: Die Vielzahl der vorhandenen Förderungstöpfe der einzelnen Instanzen auf den verschiedenen Gebieten müßte unter arbeitspolitischen Gesichtspunkten systematisiert, der ersichtliche finanzpolitische Partikularismus zum Zweck einer besseren Abstimmung und Durchsetzung der öffentlichen Ziele abgebaut werden. Nur durch ,,Flankenschutz'' auch auf dieser Ebene erscheint die gebotene Verknüpfung zwischen Arbeits-, Struktur- und Regionalpolitik machbar. Nur durch deren Verknüpfung unter übergreifenden Zielsetzungen kann ein Unterlaufen der arbeitspolitischen Ziele durch konkurrierende Maßnahmen unterbunden werden. Nur so sind beschäftigungswirksame Auflagen vor Ort durchsetzbar und schließlich auch kontrollierbar. (Schmarotzertum sollte nicht nur bei sogenannten Arbeitsunwilligen, sondern auch bei arbeitspolitisch Böswilligen geahndet werden!)

Neben dieser Veränderung der Organisations- und Finanzierungsstruktur aus arbeitspolitischer Sicht kommt es in gleichem Maße auch auf die Schaffung entsprechender Finanzvolumina an. Es bedürfte dazu unmittelbar der Bündelung der einschlägigen Ausgabentitel in einem eigenen ,,Vollbeschäftigungsbudget''. Dies wäre die konkrete Aufgabenstellung des bereits seit Jahren von berufenen Gremien geforderten, aber von den Politikern immer noch nicht aufgegriffenen Vollbeschäftigungsgesetzes. Die bereits bestehenden, unverbundenen Sonderprogramme der öffentlichen Hände könnten durchaus als Einstieg in ein solches finanzielles Gesamtprogramm dienen.

Eine Modellrechnung des Deutschen Instituts für Wirtschaftsforschung (DIW) in Berlin vom April 1978 ergab, daß zur Wiedergewinnung der Vollbeschäftigung bis zum Jahre 1985 ein zusätzlicher Nachfrage- und Konsumstoß von insgesamt 130 Milliarden DM nötig ist. Abzüglich Steuermehreinnahmen und Entlastungen gegenüber dem Aufwand für das soziale Netz müßte der Staat von diesem Programmpaket netto 65 Milliarden DM finanzieren (in Preisen von 1970 — vgl. DIW-Wochenbericht 15/1978). Dies bedeutete praktisch Jahr für Jahr ein zusätzliches Konjunktur- und Strukturprogramm von etwa 15 bis 20 Milliarden DM.

Diese Finanzmassen sollten vor allem im personalintensiven tertiären Sektor (soziale Versorgung, Städtebau, Infrastrukturausstattung, Umwelt), in der Bauwirtschaft und nicht zuletzt für eine energie- und rohstoffsparende Technologieförderung eingesetzt werden.

Es handelt sich dabei also um ein Maßnahmenpaket qualitativ völlig anderer Natur als das auf dem Weltwirtschaftsgipfel 1978 in Bonn geborene vermeintliche Konjunktur-Sonderprogramm. Dieses entpuppte sich nämlich in der Öffentlichkeit sehr rasch als eine ,,Mischung aus Steuer- und Sozialpolitik'', als Geschenkpaket weitgehend überfälliger Anpassungsreformen ohne unmittelbare arbeitspolitische Wirkungen.

Eine Weichenstellung wurde damit allerdings vorgenommen, die in eine gänzlich andere Richtung als die DIW-Projektion weist. Durch Steuernachlässe aller Art beraubt sich der Staat nämlich seiner für die Bewältigung der Krise notwendigen Finanzierungsspielräume. Statt in einer kritischen Situation an die Solidarität aller zu appellieren, wurden nur Steuergeschenke an alle und insbesondere an bestimmte soziale Gruppen (Unternehmer und Besserverdienende) in Aussicht gestellt. Die Umverteilung von der öffentlichen Hand in die private Hände ist — wie sich nach der anfänglichen subjektiven Freude an Steuerentlastungen sehr rasch herausstellen wird — keine passable Antwort auf die Frage, wie die notwendigen Zukunftsaufgaben finanziell bewältigt werden können. Umgekehrt wäre anstelle eines sorglosen Wechsels auf die Zukunft heute im Sinne eines Lastenausgleichs zwischen den Generationen die Forderung zu erheben, die Staatsquote zusammen mit der staatlichen Verschuldungsgrenze drastisch anzuheben. Die sich an den gesellschaftlichen Schalthebeln befindliche Generation darf nicht nur auf ein bequemes Altenteil schielen. Sie darf die heute gestellte politische Aufgabe „Arbeit für Alle" nicht einer fernen Zukunft überlassen; sie muß jetzt schon gewissermaßen in Vorhand auch in finanzieller Sicht treten. Dies wäre gleichzeitig ein Stück der nötigen Solidarität zwischen den Generationen. Vollbeschäftigung ist ebensowenig wie Arbeitslosigkeit kostenlos. Beide gesellschaftliche Zustände fordern ihren Preis. Die sozialen Kosten andauernder Massenarbeitslosigkeit werden jedoch mit Sicherheit den erreichten Wohlstand in der Gesellschaft mit nachteiligen Folgen für alle unterminieren.

Statt an die noch vorhandenen Reste an Solidarität in der Gesellschaft anzuknüpfen, programmiert man mit einer kurzsichtigen kameralistischen Fiskalpolitik neue soziale Konflikte quer durch alle Gesellschaftsgruppen. Gibt es eine Alternative zum Kampf aller gegen alle?

4.5 Exkurs: Das Beispiel Schweden

Stellt man die Frage, ob es irgendwo ein Land gibt, wo Arbeitspolitik in dem hier diskutierten Sinne mit vorzeigbaren Ergebnissen Wirklichkeit ist, so stößt man unweigerlich auf das Beispiel Schweden. Dieser skandinavische Industriestaat macht wegen seiner aktiven Vollbeschäftigungspolitik immer wieder Schlagzeilen. Es bleibt dabei jedoch weitgehend unbekannt, mit welcher Geheimmixtur die Schweden dieses für uns unerreichte Ziel schaffen. Bei näherem Zusehen stehen dahinter nicht nur ein paar andere Instrumente oder Patentrezepte, die man etwa mit einem Parlamentsbeschluß flugs auf die Bundesrepublik übertragen könnte. Eine Befassung mit dem schwedischen System einer integrierten Arbeitspolitik vermag konkrete und bedenkenswerte Anstöße zu vermitteln. Daß es auch anders geht, stellt sich bei einem Exkurs zu unserem nördlichen Nachbarn heraus.

In Schweden — dies ist eingangs zu betonen — gehen die weltwirtschaftlichen Uhren keineswegs anders. Auch dieses Land steht vor den Problemen der Bewältigung eines drastischen rezessiven Einbruchs. Die Problemlösungen und deren Ergebnisse unterscheiden sich jedoch überwiegend von unseren Erfahrungen.

Zur besseren Verdeutlichung der Lage mögen zunächst einige allgemeine Rahmendaten von Nutzen sein: Schweden zählt gut acht Millionen Einwohner — auf einer doppelt so großen Fläche wie der Bundesrepublik. Ein Drittel davon lebt in dem südlichen und dem mittleren Ballungszentrum um Stockholm, Malmö und Göteborg. Für das vergleichsweise menschenleere Mittel- und Nordschweden ergeben sich daraus eine Reihe bisher ungelöster regionalpolitischer Fragestellungen. 36 v.H. der Erwerbstätigen sind in der Industrie und im Baugewerbe tätig, weit mehr, nämlich 57 v.H., im Handel, Verkehr und in den übrigen Dienstleistungszweigen. Die Landwirtschaft spielt eine untergeordnete Rolle, ähnlich wie in der Bundesrepublik. Der Trend zur ,,Dienstleistungsgesellschaft'' ist eindeutig. Knapp ein Drittel der Berufstätigen — doppelt so viele wie bei uns — sind im öffentlichen Sektor beschäftigt. Der Staat spielt in der Vollbeschäftigungspolitik also eine ungleich gewichtigere Rolle.

Dieser Sachverhalt wird auch aus einigen anderen Zahlen deutlich. Die Erwerbstätigkeit hat in Schweden in der Vergangenheit als Folge einer gewissen Arbeitskräfteknappheit einerseits sowie als Ergebnis des gewerkschaftlichen Hauptziels ,,Arbeit für Alle'' kontinuierlich zugenommen. Mehr als vier Millionen, also über die Hälfte der Einwohner, stehen derzeit im Arbeitsleben (BRD zum Vergleich: 43 v.H.). Das Beschäftigungsvolumen hat sich in den zehn Jahren zwischen 1965 und 1975 insgesamt um 10 v.H. erhöht. Die damit geschaffenen 300 000 Arbeitsplätze kamen in erster Linie den Frauen zugute, deren Anteil an den Erwerbstätigen sich in diesem Zeitraum um gut 5 v.H. auf jetzt 42 v.H. erhöhte. Der Anteil der ausländischen ,,Einwanderer'' (so die offizielle Bezeichnung) an sämtlichen Beschäftigten beträgt im übrigen lediglich 6 v.H. — gegenüber 10 v.H. in der Bundesrepublik.

Die Ausweitung der Beschäftigung geht neuerdings vor allem auf das Konto staatlicher Tätigkeit. Die öffentlichen Dienste verzeichneten allein zwischen 1974 und 1977 einen Zuwachs von 150 000 Personen — während bei uns in dieser kritischen Phase eine absolute Stagnation und bei Bahn und Post sogar ein prozyklisches Verhalten, d.h. allgemeiner Personalabbau durch rigorosen Einstellungsstopp vorherrschte. Auch im Bereich des Handels wurde in Schweden die Beschäftigung noch ausgeweitet. Die Zahl der Arbeitnehmer hat seit 1974 damit um knapp 4 v.H. zugenommen — genau umgekehrt wie in Westdeutschland (— 4,3 v.H.).

Dabei verlief die gesamtwirtschaftliche Wachstumsentwicklung bei unserem nördlichen Nachbarn deutlich ungünstiger: Es gibt dort seit Beginn der Krise sogar überhaupt kein Wachstum mehr, sondern nur noch Schrumpfung von jährlich etwa 1 v.H. Die Inflationsrate verharrt auf einem hohen Sockel von ca. zehn Prozent im Jahr. Ungünstigere Rahmenbedingungen also als bei uns — und dennoch nahm in der Industrie die Beschäftigtenzahl vergleichsweise um weniger als die Hälfte ab wie in der Bundesrepublik (Schweden — 5 v.H.; BRD — 11 v.H.). Welches sind die Gründe für diese grundverschiedenen arbeitspolitischen Wirkungen?

131

Offensichtlich gibt es Möglichkeiten, rezessive Einbrüche auch anders, nämlich durch eine aktive Arbeitspolitik abzufangen, die sich nicht der kapitalorientierten Logik unterordnet und nur mit konjunkturpolitischen Mitteln operiert. Ihre Funktion und ihre Ergebnisse sind einigen Nachdenkens wert.

Mitte 1978, also nach vier Krisenjahren, zählte Schweden gut 90 000 Arbeitslose. In dieser Zahl ist wegen einer anderen Erhebungsmethode (Befragung im Stichprobenverfahren) auch die sogenannte Stille Reserve enthalten, also derjenige Personenkreis, der die Arbeitssuche bereits frustriert aufgegeben hat und in den bundesrepublikanischen Arbeitsmarktstatistiken gar nicht mehr auftaucht. (Die Stille Reserve wird bei uns auf knapp 700 000 Personen geschätzt).

Die registrierte Arbeitslosenzahl in Schweden entsprach damit zu dem genannten Zeitpunkt einer Arbeitslosenquote von 2,4 v.H. Betroffen sind davon vor allem Jugendliche und junge Männer, da in den Betrieben nach dem im Kündigungsschutzgesetz festgelegten Senioritätsprinzip verfahren wird: Wer zuletzt eingestellt wurde, wird als erster entlassen. Frauen genießen durch Gleichstellungsabkommen und Quotenregelungen auf sektoraler und regionaler Ebene einen vergleichsweise besseren Beschäftigungsschutz. Die ausgewiesene Arbeitslosenquote wäre indessen ohne gezielte staatliche Vollbeschäftigungsmaßnahmen mehr als doppelt so hoch. Etwa 160 000 Personen wurden zu diesem Zeitpunkt in ihrem beruflichen Status durch Arbeitsbeschaffungsmaßnahmen, geschützte Werkstätten sowie nicht zuletzt durch öffentlich betriebene oder geförderte Fortbildung gesichert.

Allein 60 000 Arbeitnehmer (= 1,5 v.H. der Beschäftigten) befinden sich ständig in Fortbildungs- und Umschulungsmaßnahmen. Dafür gibt es sowohl die ,,25-Kronen-Regelung'', wonach die Arbeitsmarktbehörde den Unternehmen einen Lohnersatz leistet, wenn diese den Beschäftigten statt ansonsten fälliger Kurzarbeit oder Blockstillstand (,,Beurlaubung'') eine betriebliche Weiterbildung bis zu einem halben Jahr zukommen lassen (25 skr = 12 DM). Davon profitierten 1978 durchschnittlich etwa 45 000 Arbeitnehmer. Der übrige Personenkreis beteiligt sich darüber hinaus an überbetrieblichen Fortbildungs- und Umschulungsangeboten, die nach einer neueren Statistik zu 75 v.H. zu einer anschließenden Wiederaufnahme eines Arbeitsverhältnisses führen. Arbeitsplätze können demnach vor allem für Männer über 25 Jahre gesichert werden.

Daneben gibt es für Frauen, die in traditionellen Männerberufen ausgebildet und eingestellt werden, erhebliche Lohnkostenzuschüsse. Dadurch erhöht sich die Weiterbildungsquote weiterhin beträchtlich. (Nach *L. Forsebäck*, Sozialpartner und Arbeitsmarkt in Schweden, Stockholm 1977, S. 95, haben ,,während der siebziger Jahre ... jährlich über 100 000 Schweden eine Weiterbildung auf dem Arbeitsmarkt begonnen.'') Wichtig ist in diesem Zusammenhang die Feststellung, daß geförderte Weiterbildungsaktivitäten nie mit einem Einstellungsstopp verknüpft werden dürfen. Dies ist bei dem in Deutschland als Hauptinstrument zur Überbrückung von Produktionseinbußen dienenden Kurzarbeitssystem hingegen zwangsläufig der Fall.

Daneben werden ständig für weitere 45 000 Schweden Arbeitsbeschaffungsmaßnahmen mit öffentlicher Hilfe organisiert. Sie werden nach Möglichkeiten auf bestimmte Gruppen mit überdurchschnittlichen Arbeitsrisiken zugeschnitten. Ausschließlich für die Problemgruppe der Jugendlichen wurde in jüngster Zeit eine Reihe von ,,Notstandsmaßnahmen'' in staatlicher, kommunaler und privater Trägerschaft lanciert. Das Programm derartiger Arbeitsbeschaffungsprojekte, das ständig planmäßig ergänzt und auf bestimmte Problemgruppen zugeschnitten wird, umfaßt dabei öffentliche Infrastruktur- und Dienstleistungstätigkeiten (einschließlich Archivarbeiten) ebenso wie auch Arbeiten im Industriesektor.

Wollte die Bundesanstalt für Arbeit in gleichem Maße aktiv werden, so müßte sie ihre Anstrengungen und ihren Aufwand um ein Vielfaches ausweiten. Schweden bindet durch organisierte Fortbildung und Arbeitsbeschaffung mehr Arbeitskräfte, als Arbeitslose ausgewiesen sind. Das Ausmaß der tatsächlichen Unterbeschäftigung wirkt sich nur zu 45 v.H. in unmittelbarer Arbeitslosigkeit aus. Die genannten öffentlich organisierten Alternativen zu Arbeitslosigkeit (d.h. Nichtstun, unfreiwillige Freizeit, Perspektivlosigkeit) nehmen sich in der Bundesrepublik mit etwa 10 v.H. (ungeachtet der Stillen Reserve) demgegenüber mehr als bescheiden aus. Vergleicht man die Intensität von Fortbildung und Arbeitsbeschaffung, bezogen auf die tatsächliche Unterbeschäftigung, so ergibt sich ein Verhältnis zwischen beiden Ländern von jeweils 6:1. Wir müßten also für sechsmal so viele Personen umfassendere Chancen und Alternativen zur Arbeitslosigkeit schaffen, um den schwedischen Standard zu erreichen. Die Konsequenz in Zahlen wäre: Rund 400 000 Personen wären ständig weiterzubilden und umzuschulen; weitere 250 000 müßten ihren Unterhalt durch öffentlich geschaffene oder subventionierte Arbeitsplätze erhalten. Sie alle wären damit weg von der Straße und hätten eine andere Zukunftsperspektive.

Geschützte und halbgeschützte Arbeitsplätze in öffentlichen Behörden oder Privatunternehmen sind in Schweden ein weiteres wichtiges Instrument der Beschäftigungssicherung von Problemgruppen. Während es sich bei den geschützten Arbeitsplätzen um eine Art staatlicher Behindertenwerkstätten handelt — mit tarifgemäßer Bezahlung der Beschäftigten, — beinhaltet das System halbgeschützter Arbeit staatlichen Subventionierungen für Behinderte im Betrieb. Die Weiterbeschäftigung von Behinderten oder Leistungsgeminderten im Unternehmen anstelle von Entlassungen wird mit degressiven Subventionen über mehrere Jahre unterstützt. (1. Jahr: 75

v.H. der Lohnkosten; 2. Jahr: 50 v.H.; 3. Jahr: 25 v.H. jeweils für den Fall, daß zusätzlich ein Arbeitssuchender eingestellt wird.) Eine äußerst wichtige Rolle spielen in diesem Zusammenhang die von den Vertretern des Arbeitgebers, der Betriebsgewerkschaft sowie des örtlichen Arbeitsamtes gebildeten „Anpassungsgruppen" auf betrieblicher Ebene. In diesen personalplanerischen Gremien arbeiten die zuständigen Vermittler oder Abteilungsleiter der Arbeitsamtes mit. Die rechtlichen Möglichkeiten personalpolitischer Auflagen gegenüber dem Unternehmen brauchen sie normalerweise nicht auszuschöpfen, da freiwillige Übereinkünfte die Regel sind. Ihr Ziel ist die dauerhafte berufliche Eingliederung oder Rehabilitierung älterer, leistungsgewandelter oder schwer zu vermittelnder Arbeitnehmer durch Anpassung und Bereitstellung entsprechender Arbeitsplätze. Gegenwärtig bestehen über 4 500 derartige Anpassungsgruppen, d.h. in mehr als 50 v.H. der Unternehmen über 50 Beschäftigte. Dennoch sind nach Mitteilung der schwedischen Gewerkschaften zur Zeit immer noch 25 000 Behinderte ohne Arbeit. Sie stellen damit ein Viertel aller registrierten Arbeitslosen.

Eine weitere beschäftigungssichernde Maßnahme wurde von der Arbeitsverwaltung im Jahre 1977 eingeführt, um negative Rationalisierungsfolgen einzudämmen. Unternehmen krisenbedrohter Branchen (wie z.B. der Stahl-, der Holz- und der Papierindustrie), die den lokalen Arbeitsmarkt beherrschen, erhalten für den Fall der Weiterbeschäftigung anstelle sonst notwendiger Entlassungen einen (zeitlich befristeten) staatlichen Lohnkostenzuschuß von 75 Prozent. In den betroffenen Unternehmen werden auf diese Weise gegenwärtig zwischen 10 und 15 v.H. der Arbeitnehmer geschützt.

In bestimmten Fällen werden darüber hinaus an die Arbeitgeber Lohnbeihilfen von 12 000 skr pro Jahr (= rund 6000 DM) bei Neueinstellungen mit mindestens einjähriger Beschäftigungsdauer gewährt. Dieses Mittel dient vor allem der regionalpolitischen Beschäftigungssteuerung. Die Weiterbeschäftung von Textilarbeitern über 50 Jahre wird mit 15 skr pro Stunde subventioniert.

Die arbeitspolitischen Erfolge der Schweden sind ohne eine Bewertung der unterschiedlichen Stellung und Funktion der *Gewerkschaften* in diesem Land nicht erklärbar. Die Arbeitnehmerschaft ist dank ihres im internationalen Vergleich äußerst hohen Organisationsgrades von knapp 80 v.H. (Arbeiter allein: ca. 95 v.H.) ein ungemein starker politischer Faktor. Gewerkschaftliche Interessenvertretung in zentralen Arbeitnehmerfragen ist daher entsprechend effektiv, potenziert durch den (intern nicht ganz unumstritten) Kollektivanschluß an die Sozialdemokratie.

Die Struktur des kapitalistischen Wirtschaftssystems wurde allerdings in der Vergangenheit trotz dieser Machtstellung der Arbeiterbewegung praktisch nie in Frage gestellt — mit Ausnahme vielleicht der neuerlichen Forderung nach Bildung kollektiver Arbeitnehmerfonds aus den Unternehmergewinnen. Diese Forderung, die 1976 auf dem Kongreß der großen Arbeitergewerkschaft LO beschlossen wurde und in *Olof Palmes* Wahlprogramm Eingang fand, wurde von der Opposition zum Bürgerschreck aufgebauscht. Darüber wie auch über das Für und Wider der Kernenergie ist die regierende Sozialdemokratie 1976 letztlich gestolpert. Da die Gewerkschaften jedoch ihre Ziele in erster Linie durch Kollektivvereinbarungen durchsetzen und die derzeitige bürgerliche Regierung die bestehenden Arbeits- und Mitbestimmungsgesetze respektiert, hat sich an der praktischen gewerkschaftlichen Politik dadurch kaum etwas geändert.

Die Gewerkschaften selbst zerfallen nach den traditionellen Berufsgruppen in drei selbständige Organisationen: Die LO (Arbeiter), TCO (Angestellte) und SACO/SR (öffentlich Bedienstete, Akademiker). Die LO, mit 1,9 Millionen Mitgliedern größter Gewerkschaftsbund, besteht wiederum aus 25 überwiegend nach dem Industrieprinzip organisierten Gewerkschaften. Wegen der klaren organisatorischen Abgrenzung herrscht offensichtlich kein Konkurrenzverhältnis zwischen den berufsspezifischen Gewerkschaftsbünden sowohl an der Spitze als auch an der Basis.

Die Gewerkschaften haben eine ungleich stärkere Stellung in der Arbeitspolitik und -verwaltung als bei uns. Die Arbeitslosenversicherung beruht auf freiwilliger Basis und ist eine Angelegenheit autonomer Gewerkschaftstätigkeit. Die entsprechenden Beiträge der (freiwilligen) Mitglieder werden mit den Gewerkschaftsbeiträgen eingezogen. Wer dieser Versicherung nicht angeschlossen ist, erhält die (geringeren) Sätze der staatlichen Arbeitslosenhilfe, die nicht dem Versicherungsprinzip unterworfen ist. Arbeitslosengeld bzw. -hilfe werden in der Regel für ein Jahr gewährt. Ausnahmen bestehen für Ältere.

Die Arbeitsmarktdirektion als staatliche Zentralbehörde (etwa vergleichbar mit der BA) hat ein breites Aufgabenfeld. Neben Arbeitsvermittlung und Arbeitsbeschaffung, Eingliederungshilfen für Problemgruppen in Zusammenarbeit mit den Betrieben („Anpassungsgruppen") ist sie für die Regionalpolitik (Ansiedlungs- und Beschäftigungszuschüsse) zuständig und hat ferner bei der Handhabung des schwedischen Investitionsfonds (Kreditverbilligung und Abschreibungserleichterungen bei arbeitsplatzschaffenden Investitionen) ein Wort mitzureden.

Diese Aufgaben werden von der Arbeitsmarktdirektion und ihren Provinzialarbeitsämtern wahrgenommen. Die Arbeitsbehörde selbst unterliegt einem starken Einfluß der Sozialparteien. Diese besetzen im dreizehnköpfigen Verwaltungsrat die Mehrheit der Sitze, jedoch mit eindeutigem gewerkschaftlichen Übergewicht. Der Arbeitgeberverband (SAF) und die LO verfügen jeweils über drei Sitze. Hinzu kommen zwei weitere Vertreter der Angestelltengewerkschaft (TCO) und ein Vertreter der Beamten- bzw. Akademikergewerkschaft (SACO/SR). Die Öffentlichkeit ist zusammen mit der Generaldirektion (bzw. deren Stellvertretung) durch vier Stimmen repräsentiert und kann damit bei Kampfabstimmungen den Ausschlag geben.

Im Gegensatz zur BA ist die schwedische Arbeitsmarktdirektion autonom, also nicht weisungsgebunden. Ihr weiter Aufgabenbereich und der dazugehörige Etat verleihen ihr eine arbeitspolitisch zentrale Position. Über 7 Prozent des Staatshaushaltes stehen der schwedischen Arbeitsverwaltung gegenwärtig zur operativen Verfügung, während sich die BA im Jahre 1979 mit einem vergleichsweise verschwindenden Anteil von 2,2 Mrd. DM an staatlichen Zuschüssen für ihre ungleich umfangreicheren Aufgaben begnügen muß. Die Steuerungschancen sind damit umfassender, die Arbeitspolitik wird wirksamer. Die ihr zur Verfügung stehenden Instrumente und Kompetenzen erscheinen den Beteiligten in Schweden als zur Bewältigung der Arbeitskrise im Prinzip ausreichend.

Dies hat unter anderem zur Folge, daß sich die schwedischen Gewerkschaften nicht gezwungen sehen, Maßnahmen der Humanisierung der Arbeit nur unter Vollbeschäftigungsaspekten zu sehen. Sie betonen im Gegenteil, daß für sie jedwede Arbeitszeitverkürzung kein Mittel der Arbeitsmarktsteuerung oder der Umverteilung des Arbeitsvolumens, sondern in erster Linie ein Instrument menschengerechter Arbeitsgestaltung darstellt. Beides läßt sich in der Praxis jedoch nicht trennen.

So besteht beispielsweise für über Sechzigjährige neuerdings die Möglichkeit, die tägliche Arbeitszeit bis zur Pensionierung auf die Hälfte zu reduzieren. Dafür werden in den Betrieben teilweise Zwillingsarbeitsplätze eingerichtet, die z.B. jeweils halbtags von zwei Personen besetzt werden. In Unternehmen mit Nachtschicht ist die Arbeitszeit pro Schicht rechnerisch auf 7,2 Stunden verkürzt worden. Eine weitere Verkürzung der Spätschicht wird gegenwärtig diskutiert. Die Zahl der aufeinanderfolgenden zulässigen Nachtschichten ist teilweise per Tarifvertrag auf maximal vier begrenzt.

Die Debatte über Arbeitszeitverkürzungen besitzt in Schweden einen anderen Stellenwert als bei uns. Um das Ziel ,,Arbeit für alle'' zu erreichen, dienen direktere Maßnahmen, die unmittelbar im Betrieb ansetzen. Das Verzahnungsproblem zwischen betrieblicher und überbetrieblicher Arbeitspolitik stellt sich somit auch in ganz anderer Weise. Der erste Verteidigungsring für bedrohte Arbeitsplätze liegt nach dieser Praxis im Betrieb. Also muß der Staat zusammen mit der Arbeitsbehörde auch viel stärker arbeitspolitisch in die Betriebe einwirken. Hauptinstrumente sind dabei Direktsubventionen, flankiert durch institutionalisierte Verhandlungen zwischen den beteiligten Parteien (Arbeitsbehörde, Arbeitgeber, Betriebsgewerkschaften). 1977 wurden so beispielsweise 4,6 v.H. aller Beschäftigungsverhältnisse in irgendeiner Form subventioniert. Dazu dienen neben der oben geschilderten öffentlich geförderten Fortbildung (statt Kurzarbeit) und der Arbeitsbeschaffung selektive Beschäftigungsprämien (in Problemregionen oder für Problemgruppen). Subventionen für Lagerhaltung oder Produktion auf Halde (Beispiel: Werftindustrie) spielen weiterhin eine erheblich Rolle.

Das Vollbeschäftigungsziel hat Vorrang

Hinter dem beschriebenen Einsatz selektiver Maßnahmen und Direktsubventionen steht bei den Arbeitsmarktorganisationen einschließlich der Arbeitgeberseite die Konzeption, daß das Vollbeschäftigungsziel auf jeden Fall Priorität gegenüber den übrigen wirtschaftspolitischen Zielen wie insbesondere gegenüber der Preisstabilität besitzen müsse. Der Vorrang der Anti-Inflationspolitik der Deutschen und der Japaner — unter Inkaufnahme hoher gleichzeitiger Dauerarbeitslosigkeit — bereitet den Schweden eingestandenermaßen erhebliche außenwirtschaftliche Schwierigkeiten. Ihre Exportchancen verschlechtern sich naturgemäß infolge einer vergleichsweise höheren Inflationsrate. An diesem Beispiel wird die Notwendigkeit der internationalen Abstimmung der Zielprioritäten deutlich.

Das Konzept der Subventionierung der Arbeit geht von der Tatsache aus, daß es gesamtwirtschaftlich sinnvoller und billiger ist, Menschen zu beschäftigen als sie der Arbeitslosigkeit zu überlassen. Damit wird der Arbeitsmarktgedanke bisheriger Prägung abgelöst durch eine aktive Arbeitspolitik. Wesentlich ist dabei, nicht nur Strukturen zu konservieren, sondern qualitative Neuentwicklungen zu fördern. Beschäftigungszuschüsse werden daher nicht nur zur Erhaltung, sondern gleichermaßen auch zur Schaffung von Arbeitsplätzen gewährt, selbst wenn in dem betreffenden Unternehmen ohnehin Gewinne erzielt werden.

Als ausschlaggebend für dies Konzeption bezeichnet *Gösta Rehn,* Leiter des Stockholmer Instituts für Sozialforschung (in seiner Funktion vergleichbar mit dem Nürnberger IAB) in diesem Zusammenhang folgende Überlegung: Arbeitslosigkeit bedeutet immer eine Polarisierung, Entsolidarisierung und Disziplinierung der Arbeitnehmer und ihrer Vertretung. Sie tritt unabhängig von der Inflationsrate auf, die nicht von den Rationalisierungsprozessen, sondern von verteilungs- und ertragspolitischen Entscheidungen bestimmt wird. Wolle man Unterbeschäftigung durch harte antiinflationäre Maßnahmen (wie Geldpolitik oder Lohnkostenzurückhaltung) bekämpfen, so bedeute dies in der Praxis nur eine fühlbare Verschlechterung der Chancen der schwächeren Arbeitsmarktrandgruppen infolge verschärfter Arbeitsplatzkonkurrenz. Die Stammbelegschaften würden immer auch mit schwierigeren Situationen fertig werden und den Druck nach unten weitergeben. Insofern kann sie auch hohe Arbeitslosigkeit kaum zu besonderer Lohnzurückhaltung veranlassen. Dagegen stehe der bekannte Gewöhnungseffekt — auch an hohe Arbeitslosenziffern.

Der typisch schwedische Weg sei infolgedessen die Unterstützung von Grenzarbeitsplätzen durch Erstattung der Grenzarbeitskosten an den Arbeitgeber sowie öffentlich geförderte Arbeitsbeschaffung und Lagerhaltung. Dadurch entstehe ein gewisser Rationalisierungsschutz bei gleichzeitiger Senkung der Profitrate durch hohe Besteuerung. Die Öffentlichkeit und die Gewerkschaften hätten keine Skrupel, Zahlungen selbst an ,,Milliardäre'' zu leisten, wenn dadurch nachweislich Arbeitsplätze geschaffen und erhalten würden. Dies müsse möglichst unbürokratisch geschehen, um effektiv zu sein. So werde in der Provinz Norrland jede Neueinstellung unabhängig von der Rentabilität des Unternehmens staatlich prämiert. (Vgl. dazu u.a. *Rehn, G.,* Manpower Policy in the Fight against Stagflation in: *Schmid/Freiburghaus* (Hrsg.), Konferenz über aktive Arbeitsmarktpolitik in ausgewählten Ländern, Berlin 1975, S. 12 ff.; *ders.,* Reflections on the Seminar on Growth without Inflation, Kiel, Juni 1976 — unveröffentlichtes Manuskript.)

Arbeitslosigkeit gilt in Schweden offensichtlich als derartiges gesellschaftliches Übel, daß für ihre Überwindung auch individuelle Belastungen hingenommen werden. Für die Erreichung des allgemein anerkannten Ziels der Vollbeschäftigung akzeptieren die Schweden sowohl eine hohe Inflationsrate als auch eine international extrem hohe Steuerlastquote von über 40 v.H.

Solidarität — auch wenn sie Geld kostet

Der solidarische Grundzug, der Hintergrund der geschilderten Politik ist, zeigt sich insbesondere auch in der in Schweden praktizierten ,,solidarischen Lohnpolitik'', die von einer breiten Zustimmung auch der besser verdienende Gewerkschaftsmitglieder getragen wird, wie eine neuere Untersuchung ergab. Ziel der seit den fünfziger Jahren betriebenen solidarischen Lohnpolitik ist einem Bericht des LO-Kongresses 1971 zufolge ,,die Schaffung gerechter Lohnrelationen'', d.h. eine Lohndifferenzierung nach der Art der Arbeitsanforderungen unabhängig ,,von der unterschiedlichen finanziellen Stärke, der Wirtschaftlichkeit und dem Zahlungsvermögen der verschiedenen Wirtschaftszweige''. Eine vorrangige Orientierung an der Wirtschaftlichkeit bedeutet nämlich, ,,daß die Arbeitnehmer mit Hilfe von niedrigen Löhnen gezwungen werden, stagnierende oder schlecht geführte Unternehmen zu subventionieren''.

Das Ergebnis dieser in den siebziger Jahren intensivierten und mit der Angestellten-gewerkschaft TCO abgestimmten Politik ist, daß die Lohnspannen 1975 um den mittleren Industriedurchschnitt nur noch um sieben Prozent nach oben und unten schwankten — gegenüber einer Streuung von + 17 und - 13 v.H. im Jahre 1959. Die Lohnspanne zwischen Höchst- und Niedrigsteinkommen hat sich also innerhalb von 15 Jahren in der Industrie um über die Hälfte von 30 v.H. auf 14 v.H. verringert. (Vgl. dazu auch: *Pfromm, H.-A.*, Solidarische Lohnpolitik, Köln — Frankfurt 1978, insbesondere S. 129 ff.)

Die Gewerkschaften streben für die Zukunft an, die Niedriglohngrenze auf 96 v.H. des durchschnittlichen Stundenlohnes eines Industriearbeiters anzuheben. Der Solidaritäts- und Gleichheitsgedanke ist also in der schwedischen Gesellschaft breit entfaltet. Er läßt sich in der Praxis allerdings nur dadurch realisieren, daß die Tarif-parteien jeweils zentrale Lohnabkommen zwischen ihren Dachverbänden abschlie-ßen, die dann in Branchenverträgen und Betriebsvereinbarungen geringfügig diffe-renziert und ergänzt werden können. Diese Vorgehensweise unterscheidet sich grundsätzlich von dem dezentralen Tarifvertragssystem in der Bundesrepublik.

Gleichzeitig läßt sich eine gewisse Akzentverschiebung hin zu qualitativen Forde-rungen auch bei den organisierten Mitgliedern feststellen. Nach einer Repräsentativ-befragung im Jahre 1977 sehen 53 v.H. der Mitglieder als Hauptziel der Gewerk-schaftsbewegung die Schaffung besserer Arbeitsbedingungen; die Forderung höhe-rer Löhne wird dagegen nur von 48 Prozent der Organisierten an die erste Stelle ge-setzt. Hier zeigen sich gegenüber der bundesdeutschen Gewerkschaftsbewegung, bei der das (nicht erreichte) Vollbeschäftigungsziel sowie die Einkommenssteigerung stets die ersten Ränge ausmachen, veränderte Arbeitnehmerpräferenzen.

Dem offenen Bedürfnis nach einem besseren „Arbeitsmilieu" haben findige Arbeit-geber schon relativ früh Rechnung getragen. Das Volvo-Werk in Kalmar mit seiner neuartigen Arbeitsorganisation ist in seiner Vorreiterfunktion aber immer noch eine der wenigen Ausnahmen. Den schwedischen Gewerkschaften, die von diesem Ar-beitgebervorstoß nach eigenem Bekunden selbst überrascht wurden, geht es derzeit zunächst offensichtlich in erster Linie um ergonomische Verbesserungen und Siche-rungen. Nach dem Arbeiterschutzgesetz von 1974 und entsprechenden Tarifverträ-gen gibt es nunmehr in den Betrieben gewerkschaftliche Sicherheitsbeauftragte, die an allen Planungsprozessen über neue Arbeitsmethoden zu beteiligen sind und im Zweifelsfall das Recht haben, gesundheitsbelastende oder gefährdende Arbeiten un-mittelbar zu stoppen.

Aus einem 1972 geschaffenen drittelparitätisch verwalteten Arbeitsmilieu-Fonds werden jährlich eine große Zahl von Forschungs- und Trainingsprogrammen zur

Arbeitssicherheit, zur Verbesserung der physischen Arbeitsumgebung, zu Belastungsproblemen, zu Fragen der Schichtarbeit und einer veränderten Arbeitsorganisation durchgeführt. In einem der vom Autor aufgesuchten Großbetriebe in Malmö wurde von Gewerkschaftsseite berichtet, daß dort die ,,Arbeitslädare'' (Arbeitsgruppenleiter, Vorarbeiter) gewählt würden, die nun die Meister ersetzten und in dem jeweiligen Team selbst kooperativ mitarbeiteten. Für die Veränderung der Arbeitsorganisation wie Job rotation auf freiwilliger Basis usw. bestehe für die Gruppen eine Diskussionsmöglichkeit während der Arbeitszeit.

Als Ausfluß dieser Initiativen ist das neue Gesetz über die Umwelt am Arbeitsplatz zu sehen, das am 1. Juli 1978 in Kraft trat. Darin wird generell die Gestaltbarkeit der Arbeitsbedingungen sowohl unter ergonomischen als auch unter organisatorischen Aspekten geregelt, wobei gesundheitsbezogene Mindeststandards (Auflagen und Verbote), das Vorgehen der Sozialparteien bei der Umsetzung der Humanisierungsbemühungen wie auch die Kontrollmöglichkeiten des Reichsamtes für Arbeitsschutz und Arbeitshygiene und der Gewerbeaufsicht eine Rolle spielen.

Die Vielzahl der neueren Arbeitsgesetze — mittlerweile gut zwei Dutzend in den letzten fünf Jahren — könnte den Anschein erwecken, als bewege sich Schweden auf eine allumfassende Verrechtlichung der Arbeitsbeziehungen jenseits der Gewerkschaften — wie in der Tendenz analog in der Bundesrepublik — zu. Dieser Schein trügt, da alle diese Gesetze — einschließlich des Mitbestimmungsgesetzes 1977 — nur die Rahmenbedingungen abstecken, innerhalb derer die Detailregelungen durch Tarifvertrag (auf zentraler, Branchen- und nachfolgend Unternehmensebene) auszufüllen sind. Aufgrund der Gesetze beginnen in vielen Fällen erst die eigentlichen Verhandlungen. Die Verhandlungslösung mit einer Selbstverpflichtung der Beteiligten, autonom zu einer Einigung in der Sache zu gelangen, hat in Schweden Vorrang vor obrigkeitlichen Anordnungen.

Die erzielten arbeitspolitischen Ergebnisse geben diesem Prinzip recht. Dies funktioniert aber nur solange, als übergreifende gemeinsame Zielsetzungen von allen anerkannt werden. Der Solidaritätsgedanke hat dann seine Bewährungsprobe bestanden, wenn er trotz individueller Opfer bestehen bleibt, die von allen gleichermaßen zu erbringen sind.

5. Ergebnis: Arbeit für alle —
die Zukunft der Demokratie steht auf dem Spiel

Will man sich nicht mit dem billigen Trost abfinden, daß Arbeitslosigkeit „die notwendige Kehrseite unserer Marktwirtschaft" sei, wird man aus der in den vergangenen Jahren entstandenen Lage bestimmte Konsequenzen ziehen müssen. Ist dies nicht der Fall, wird die Marktwirtschaft selbst sehr rasch in Frage gestellt werden. Der Arbeitsmarkt funktioniert ohnehin durch die neue Lage nur noch in Grenzbereichen. Dieser Zustand ist dadurch verursacht, daß das knapper werdende Arbeitsvolumen für die wachsende Erwerbsbevölkerung nicht mehr ausreicht, also zunehmend weniger ein Ausgleich zwischen Angebot und Nachfrage unter Marktgesichtspunkten möglich ist. Bestimmte benachteiligte Arbeitnehmergruppen bleiben schon jetzt auf der Strecke.

Für den Arbeitgeber ist Arbeit ein funktionaler Begriff, ein Faktor, der zur Produktion von Gütern und Dienstleistungen und in der besonders qualifizierten Form von Forschungs- und Entwicklungstätigkeit notwendig, aber gleichwohl ersetzbar ist, wenn billigere Maschinen, Automaten oder Mikroprozessoren dies ermöglichen. Personalplanung bleibt damit aus dieser Sicht immer eine abgeleitete Planung, die in der menschenleeren Fabrik beispielsweise gänzlich entfällt. Die Produktion ist dann möglicherweise sogar wesentlich störfreier. Sozialpartnerschaft besteht daher immer nur auf Zeit, solange der Faktor Arbeit gebraucht wird. Sie ist insofern einseitig und endet dann, wenn — wie der vormalige BDI-Präsident *Fasolt* es ausdrückte — die Zeit zum „Angriff" gekommen ist und das Personal gnadenlos „abgespeckt" werden muß.

Für den Arbeitnehmer bedeutet Arbeit mehr als sein Leistungsbeitrag für ein ihm nicht gehörendes Produkt. Sie ist in aller Regel mehr als sein purer Broterwerb. Trotz wachsendem instrumentellem Verhältnis zu Arbeit und Beruf infolge der Taylorisierung der Arbeit, trotz zunehmender Freizeitorientierung ist Arbeit immer noch in erster Linie für die Mehrheit der Bevölkerung die Bewältigung sich verändernder Aufgabenstellungen. Sie ist sachliche und zeitliche Existenzmitte, in der wegen ihres gesellschaftlichen Beitrags ein überwiegend positiver Sinn gesehen wird.

Die Humanisierung der Arbeit ist nicht umsonst eine Zielsetzung, die die Arbeitnehmer zunehmend — bis hin zum Streik — zu mobilisieren vermag.

Ein Leben ohne Arbeit scheint heute nur in Tagträumen, als Form des Widerstands gegen entfremdeten und als sinnlos empfundenen, monotonen und nicht menschengerechten Arbeitszwang, nicht jedoch als praktische und 'alsbald zu realisierende Wirklichkeit denkbar. Und dennoch überfällt diese Wirklichkeit heute völlig unvorbereitet viele Menschen — wenn auch nicht in freiwilliger Form. Sie wehren sich individuell, so gut es geht, mit aller Kraft. Ihr existenziell notwendiger Drang, wieder Arbeit zu finden, läßt viele nicht eher ruhen, bis sie dieses Ziel — wenn auch unter Opfern — erreicht haben. Zwei von drei Arbeitslosen, die wieder eine neue Beschäftigung erhalten, finden diese Stelle ohne die erfolgreiche Mithilfe der dafür geschaffenen Institution Arbeitsamt. Ihre Eigenaktivität ist enorm. Sehr viele resignieren aber auch und fallen dem sozialen Netz gezwungenermaßen dauerhaft anheim.

Da der einzelne nicht allein seines Glückes Schmied ist, sondern nur im Rahmen der gesellschaftlichen Grundbedingungen, kann die Lösung der Arbeitsfrage nicht im altliberalen Sinne der Durchsetzungsfähigkeit des Individuums überlassen bleiben. Immer mehr müßten hierbei zwangsläufig auf der Strecke bleiben. Der Verdrängungswettbewerb innerhalb der Arbeitnehmerschaft macht sich ohnehin schon breit genug. Er darf nicht dazu führen, daß sich insgesamt eine Mentalität durchsetzt, die dem einen bescheinigt: Du hast eben Pech gehabt, während sich die anderen insgeheim zuraunen: Wir sind noch einmal davongekommen; den letzten beißen wie immer die Hunde.

Dieses ,,Wolfsgesicht des Kapitalismus'' (*H.O. Vetter*) kann nur duch eine solidarische Arbeitspolitik gebändigt werden. Ihre Notwendigkeit wird durch professionelle Arbeitsmarktpolitiker und -theoretiker auch schon klar ausgesprochen. (Vgl. Anhang IV.) Eine solche Arbeitspolitik erfordert nicht mehr und nicht weniger, als alle diejenigen Entscheidungsebenen politisch zu koordinieren, die an den maßgeblichen Schalthebeln für die Bestimmung des individuellen und kollektiven Arbeitsvolumens sitzen und über die Verteilung wie auch die Formen und Inhalte der Arbeit entscheiden. Dies mag zunächst relativ abstrakt klingen, verlangt aber zumindest eine stärkere Verzahnung der betrieblichen und der überbetrieblichen Beschäftigungspolitik in dem Sinne, wie es aus der Schilderung des schwedischen Modells deutlich werden konnte. Verharrt die Arbeitsmarktpolitik traditionell weiterhin über den Wolken des arbeitspolitischen Geschehens in Unternehmen und Behörden, so werden ihre gutgemeinten Absichten im rauhen Klima der privaten Konkurrenzwirtschaft ebenso wie auch im Alltag des öffentlichen Dienstes (der sich diesem Klima längst angepaßt hat) immer in·der Tendenz unterlaufen. Ohne mehr Kompetenzen für die Durchsetzung, ohne den dauernden Versuch und, wenn es sein muß, den

Zwang zu mehr Kooperation und ohne wirksame Erfolgskontrollen ist von ihr kaum mehr als die bisherigen Erfolge zu erwarten.

Ein Programm unter der Devise ,,Arbeit für alle'' muß den konkreten Tatsachen in der Alltagspraxis der Unternehmen Rechnung tragen. Es muß konkrete Nahziele umschreiben und durchsetzbare Einzelschritte enthalten. Gegenüber dem Prozeß der Rationalisierung und fortwährenden Personaleinsparung sind entsprechend den im einzelnen abgehandelten Ergebnissen dieser Untersuchung folgende Forderungen sehr nachdrücklich zu stellen:

- Die Tarifpolitik als einer der entscheidenden Verteilungsmechanismen der Arbeit erhält neue Aufgaben. Sie muß eine Offensive gegen die ,,Freisetzungs''-Welle starten, indem sie das kollektive Arbeitsvolumen reduziert und mehr Mitbestimmungsrechte bei der Festsetzung des individuellen Arbeitsvolumens, d.h. hinsichtlich der Belastung und der Verteilung der einzelnen Arbeitnehmer im Rahmen des Produktionsablaufs bzw. der Verwaltungssysteme schafft. Es geht heute nicht mehr nur um die Fixierung des Verhältnisses von Leistung zu Lohn, sondern auch von Leistung zu Person. Tarifpolitik ist das ureigene Tätigkeitsfeld der Gewerkschaften. Die Arbeitnehmer müssen sich auf ihre eigene Kraft und die durch Solidarität erreichbaren Möglichkeiten erneut besinnen.

- Ein konkretes und von breiter Zustimmung getragenes Ziel ist die Verkürzung der Arbeitszeiten. Sie muß in Zukunft über den bisherigen Durchschnittswert von knapp einem Prozent jährlich hinaus intensiviert werden. Hierbei empfiehlt sich aus Gründen der Gesundheitsvorsorge und der Humanisierung der Arbeit ebenso wie wegen der besser handhabbaren, wünschbaren personalpolitischen Konsequenzen die Einführung zusätzlicher (bezahlter) Erholpausen, die Verlängerung des Urlaubs sowie die Verkürzung der täglichen Arbeitszeit für besonders belastete Arbeitnehmer (wie z.B. Schichtarbeiter in kontinuierlich arbeitenden Betrieben) oder Ältere. Änderungen der Zeitgerüste, die den Arbeitsfluß unterbrechen, ist wegen ihres höheren und immer weniger zu umgehenden Zwangs zur Organisation von Springern, Ablösern oder Einspringkandidaten, also einer Stellvertretung nach Plan, der Vorzug gegenüber einer z.B. pauschalen Verkürzung der Wochenarbeitszeit ohne unmittelbare personalpolitische Konsequenzen zu geben. Die denkbaren und durchsetzbaren Arbeitszeitverkürzungen der nächsten Jahre werden allein genommen aber nicht imstande sein, den Prozeß wachsender Arbeitslosigkeit zu stoppen, geschweige denn, diese zu beseitigen.

- Arbeitszeitverkürzungen dürfen neben dem Lohnausgleich auf keinen Fall ohne den notwendigen Personalausgleich stattfinden. Diese Konsequenz ist bei den angeführten Arbeitszeitverkürzungen unmittelbar einsichtig und gerade aufgrund der bisherigen Erfahrungen eines gleichbleibend hohen Überstundendrucks notwendig. Geschieht dies nicht, verpuffen die beabsichtigten Wirkungen auf dem Umweg über nachfolgende Leistungsverdichtung. Zielsetzung muß es sein, anstelle von Abbaureserven zusätzliche Springerstellen und Personalreserven zu schaffen. Dazu bedarf es einer exakten vorausschauenden Personalplanung im Rahmen von unternehmens- und arbeitsbezogenen Kennziffernsystemen. Ihr Aufbau und ihre Möglichkeiten wurden im einzelnen dargestellt.

● Um die Erweiterung und Verfestigung von Problemgruppen zu verhüten, müssen neue Initiativen für deren berufliche Eingliederung ergriffen werden. Eine wesentliche Alternative wird in einem Programm umfassender Weiterbildung statt Kurzarbeit gesehen. Dadurch werden ständig bestimmte Arbeitnehmergruppen aus dem Arbeitsprozeß genommen und dessen veränderten qualifikatorischen Anforderungen angepaßt. Dies erfordert unter anderem eine Veränderung der Praxis nach dem AFG. Die Förderleistungen der BA sind zu Lohnersatzleistungen auszubauen. Sie dienen dann weit eher als Anreiz für Bildungsaktivitäten. Den Unternehmen sollten Mittel zumindest in gleicher Höhe wie das Kurzarbeitergeld für Fortbildungs- und Umschulungsmaßnahmen zur Verfügung gestellt werden, auch wenn eine solche Anpassung ,,betrieblichen Zwecken'' und nicht unbedingt der Vermittlung klassischer Bildungsabschlüsse dient. Derartige Förderung schränkt die Arbeitsverwaltung jedoch in einem nicht mehr zeitgemäßen einseitigen Mobilitätsdenken bisher weitgehend ein, statt die mangelnde Bildungsmotivation gerade benachteiligter Gruppen massiv zu unterstützen. Die schwedischen Erfahrungen belegen die auch in Zahlen nachprüfbaren großen arbeitspolitischen Vorteile einer solchen Regelung. Für Jugendliche ist eine entsprechende Qualifizierungsstrategie besonders dringlich. Teilzeitarbeit für Frauen und Männer bietet darüber hinaus noch weitgehend ungenutzte Anpassungschancen, die verbreiteten subjektiven Bedürfnissen entgegenkommen würde.

● Alle diese Maßnahmen können per Saldo höchstens verhüten, daß die Arbeitslosigkeit weiter anwächst. Der Staat ist in der Pflicht, den Abbau des erreichten hohen Sockels dauerhaft Stellungsloser durch eine direkte statt durch eine indirekte Arbeitspolitik, durch Arbeitsbeschaffungsmaßnahmen und damit Neueinstellungen auf breiter Front anzupacken. Im marktwirtschaftlichen System gehorcht eine indirekte Ankurbelungspolitik, auch wenn sie arbeitspolitische Ziele verfolgt, letztlich Marktgesetzen, die immer Personalkosteneinsparungen und Personalabbau bewirken. Das Ziel einer integrierten Arbeits- und Vollbeschäftigungspolitik erfordert eine Stärkung der Finanzkraft des Staates und nicht dessen Schwächung (durch Steuernachlässe und -geschenke).

● Eine aktive Arbeitspolitik ohne eine aktive Arbeitsverwaltung ist undenkbar. Sie hat eine zentrale Funktion, da sie im wesentlichen die Aufgabe der Verzahnung betrieblicher und gesamtwirtschaftlicher Arbeitspolitik zu leisten oder zumindest deren Koordination in Gang zu setzen hat. Das Prinzip der Selbstverwaltung ermächtigt sie, in Richtung auf mehr Kooperation zwischen den und mit den Betriebsparteien tätig zu werden. Ohne eine wirksame Verzahnung zwischen der ausschlaggebenden betrieblichen und der überbetrieblichen Arbeitspolitik bleibt ,,Arbeit für alle'' ein unerreichbares Fernziel. Das Selbstverwaltungsprinzip muß zukünftig besonders auch auf der Basisebene (Arbeitsamt, Betrieb) durchgesetzt werden. Die Einrichtung ständiger arbeitspolitischer Kooperationsgremien sowie von ,,Anpassungsgruppen'' auf dezentraler bzw. Betriebsebene ist zu diesem Zweck verstärkt in die Diskussion einzubringen. Die notwendigen Schritte dazu sollten ohne Aufschub eingeleitet werden.

Dies sind in groben Strichen wesentliche Konsequenzen einer arbeitspolitischen Konzeption, wie sie umrißhaft aus konkreten Erfordernissen der Arbeitnehmerinteressen und aktuellen Diskussionen heraus entwickelt wurden.

Wer sorgt jedoch für die drängende Verwirklichung und die Durchsetzung dieser Konzeption? Dies ist die entscheidende abschließende Frage. Es mag aufgefallen sein, daß die Parteien in dieser Abhandlung noch so gut wie nicht erwähnt wurden. Dies ist kein Zufall oder Versäumnis, denn man wird bei ihnen im fünften Jahr der Krise vergeblich nach einem umfassenden Programm zur Überwindung der Arbeitslosigkeit als der Geißel des ausgehenden 20. Jahrhunderts suchen. Dies ist eine Feststellung und eine Anklage zugleich. Dieser Umstand mag daran liegen, daß die Politiker noch nach Konzepten suchen. Mancher kurzsichtige Pragmatiker alter Schule scheut wohl auch die nötigen bitteren Konsequenzen. Einige stecken einfach den Kopf in den Sand und hoffen auf künftige Besserung. Da zuviele für die Krise verantwortlich gemacht werden, fühlt sich niemand alleinverantwortlich für deren Lösung. Der Staat wirkt flügellahm und mitunter ohnmächtig und kopflos.

Die Hauptlast in der öffentlichen Erwartungshaltung konzentriert sich dann vielfach auf die Gewerkschaften. Sind diese für die immensen Aufgabenstellungen, die sich aus einer umfassenden arbeitspolitischen Konzeption zwangsläufig ergeben, eigentlich stark genug? Sind sie dafür überhaupt ausreichend gewappnet? Wird ihre organisatorische Kraft zum Schutz und zur entscheidenden Mitgestaltung einer lebenswerten Zukunft in einer Arbeitnehmergesellschaft denn ausreichen? Die Antworten bleiben vorerst noch offen. Mit Sicherheit reicht das ,,Prinzip Hoffnung'' nicht aus, müssen die Mitglieder über das bisher übliche Maß hinaus informiert und mobilisiert, muß die gewerkschaftliche Organisation vor allem auch in den Betrieben bedeutend gestärkt werden. Das gegenwärtige ,,roll back'' der Gewerkschaftsrechte darf nicht kampflos hingenommen werden. Die Widerstände werden damit allerdings wiederum wachsen. Die Gewerkschaften als Interessenvertreter der Arbeitnehmer brauchen daher in jedem Falle Bündnispartner auch bei den Parteien, bei den freien Verbänden bis hin zu kirchlichen Organisationen sowie bei der Arbeitsverwaltung, die sich nicht hinter dem breiten Rücken des Arbeitsministers verschanzen kann und darf.

Und wie steht es mit dem Beitrag der Arbeitgeber zur Krisenbewältigung? Sie zeigen den meisten der bisherigen Vorschläge die kalte Schulter. (Vgl. Anhang II.) Man darf ihnen zwar abnehmen, daß sie unter einem harten internationalen Wettbewerbsdruck stehen. Sie sollten jedoch nicht nur auf die Notwendigkeit verweisen, sich wechselseitig durch Niederkonkurrieren aus dem Rennen zu werfen. Es könnte sonst sein, daß die Hauptbefürworter des Rationalisierungswettbewerbs nach den Gesetzen der Wahrscheinlichkeit schließlich selbst auf der Strecke bleiben. Vorbeugende Rationalisierung mag eigene Arbeitsplätze schützen, gefährdet aber durch ihren Vorlaufcharakter in der Tendenz letztlich irgendwo andere Arbeitsplätze, die weniger ,,modern'', aber dadurch vielleicht noch humaner sind.

Unsere Gesellschaft ist in der Lage und reich genug, Arbeit für alle zu verschaffen; sie ist aber nicht reich genug, sich den Luxus wachsender Arbeitslosigkeit auf Dauer zu leisten. Es wäre um die Zukunftschancen einer demokratischen Gesellschaft schlecht bestellt, wenn für die breiten Massen nur noch ,,billige'', unterwertige oder überhaupt keine Arbeitsplätze mehr übrigblieben. Die Durchsetzung des Ziels ,,Arbeit für alle'' ist somit eine Existenzfrage und Herausforderung der Demokratie als solcher. Das wachsende Heer von Arbeitslosen wird sich auf Dauer nicht in anonymer Vereinzelung halten lassen. Bereits jetzt bilden sich örtliche Arbeitslosengruppen, unterstützt und motiviert durch sozialpolitische und kirchliche Verbände. Es scheint eine Frage der Zeit, bis diese sich vernehmlicher als bisher zu Wort melden und lautstark auf ihr Anspruchsrecht auf Arbeit in einem Sozialstaat pochen werden. Sollte man nicht auch sie — etwa nach dem ermutigenden Beispiel der kanadischen Arbeitslosen-Initiativen — an lokalen Diskussions- oder Arbeitsgremien zur Schaffung neuer Arbeitseinsatzmöglichkeiten beteiligen?

Eine ihrem Anspruch nach demokratische Gesellschaft kann es sich nicht leisten, die vitalen Interessen der Mehrheit in Frage zu stellen oder mit Füßen treten zu lassen. Die erreichte Gleichheit der Lebenschancen, so wenig befriedigend sie auch sein mag, steht in Gefahr, um ein gewaltiges Stück zurückgeworfen zu werden. Beträchtliche Energien in der Gesellschaft müssen mobilisiert werden, um die bedrohliche, abstoßende Szenerie kommender Jahre, wie sie eingangs mit Blick auf das Jahr 1990 beschrieben wurde, abzuwenden. Eine Alternative zu der hier umrissenen Konzeption einer dezentralen, demokratischen Arbeitspolitik unter Wahrung und Weiter-

entwicklung der Tarifautonomie sowie Erhöhung der Lebensqualität aller durch gezielte Freizeitpolitik kann entweder nur in einem ,,Computer-Faschismus'' der Machteliten mit einer öffentlichen Arbeitsdienstverpflichtung u.ä. (,,Kraft durch Freude'') für die überzählig gewordenen Massen oder aber in einer zentralen Arbeitsverteilungswirtschaft mit geringeren Freiheitsgraden für alle gesehen werden. Noch sind die Weichen für die Zukunft nicht endgültig gestellt. Je länger jedoch klare und vor den jetzt schon absehbaren Zukunftsentwicklungen verantwortbare Entscheidungen hinausgeschoben werden, desto enger werden die verbleibenden Spielräume an Wahlfreiheiten durch den massiv anschwellenden Problemlösungsdruck infolge eben dieser Entwicklungen ganz plötzlich werden können.

Die jetzt schon Betroffenen und Gefährdeten werden sich in Zukunft mit Sicherheit stärker zur Wehr setzen — möglicherweise in bisher noch ungekannter Form und Härte. Je mehr ihre Zahl anwächst und je eher die sich auswachsende Gefahr für alle erkannt wird, desto schnelleren und durchschlagenderen Erfolg verspricht die notwendige Gegenwehr gegen den endgültigen Abschied von der Vollbeschäftigung.

6. Anhang: Arbeitspolitische Dokumente

**Vorschläge des DGB
zur Wiederherstellung
der Vollbeschäftigung (1977)**

(Auszüge)

I. Arbeitslosigkeit und Beschäftigungsperspektiven

1. Es ist nicht damit zu rechnen, daß die Arbeitslosigkeit unter „unveränderten" Bedingungen in diesem oder dem nächsten Jahr nennenswert unter die Ein-Millionen-Grenze gesenkt werden kann. Nach bisherigen Erfahrungen kann ein neuer konjunktureller Abschwung in den nächsten Jahren nicht ausgeschlossen werden. Er würde zu einer weiteren Erhöhung der Arbeitslosigkeit führen.

2. Auf mittlere Sicht (bis 1985) muß diesem Bestand an Arbeitslosen noch ein Zuwachs von Erwerbspersonen von etwa 1 Million hinzugerechnet werden. Weiterhin dürfte selbst bei optimistischen Erwartungen die durch Produktionssteigerungen erfolgende Zunahme der Beschäftigung kaum ausreichen, um die durch Rationalisierungen bedingten Freisetzungen auszugleichen, so daß Entlassungen und Arbeitslosigkeit nicht zu vermeiden sind. Zusätzlich sind strukturbedingte Beschäftigungsungleichgewichte durch Veränderungen der in- und ausländischen Nachfragestruktur zu erwarten, die teilweise ebenfalls zu Arbeitslosigkeit führen können.

II. Schlußfolgerungen für die Beschäftigungspolitik

Gesicherte Beschäftigung und menschengerechte Arbeitsbedingungen sind die Grundlage der wirtschaftlichen und sozialen Existenz der Arbeitnehmer und die Voraussetzung für die Entfaltung der Persönlichkeit der Arbeitnehmer in Arbeit, Beruf und Gesellschaft. Die Verwirklichung des Grundrechts auf Arbeit, d.h. des Rechtes jeden Arbeitnehmers, der arbeiten kann und will, auf einen angemessenen Arbeitsplatz unter menschengerechten Arbeitsbedingungen, muß in einem sozialen Rechtsstaat Vorrang vor privaten Gewinninteressen haben. Dabei ist die Chancengleichheit nach Alter und Geschlecht zu wahren.

Die gesellschaftliche Wirklichkeit ist durch anhaltende hohe Arbeitslosigkeit in der Gegenwart und die Gefahr einer wachsenden strukturellen Beschäftigungslücke in der absehbaren Zukunft gekennzeichnet. Im Grundsatzprogramm des Deutschen Gewerkschaftsbundes wird das Recht auf Arbeit als eines der Grundrechte des Menschen herausgestellt. Die Gewerkschaften bekräftigen erneut mit Nachdruck ihre Forderung nach Verwirklichung des Vollbeschäftigungsziels.

Anhaltende beschäftigungspolitische Fehlentwicklungen stellen eine massive Bedrohung für den sozialen Besitzstand der Arbeitnehmer, für die humane Gestaltung der Wirtschaft und für die demokratische Entwicklung der Gesellschaft dar. Im Zeichen verschärfter Konjunkturschwankungen und wachsender struktureller Umstellungsprobleme bekräftigt der Deutsche Gewerkschaftsbund die Forderung der organisierten Arbeitnehmer nach einer Neuorientierung der Wirtschaftspolitik, der Arbeitsmarktpolitik und der Unternehmenspolitik, die der Wiederherstellung der Vollbeschäftigung absoluten Vorrang einräumen müssen. Prinzipielle Ansatzpunkte einer solchen autonomen Beschäftigungspolitik sind

1. die Beschleunigung des qualitativen Wachstums,

2. die soziale Beherrschung der Produktivitätsentwicklung,

3. die Verkürzung der Arbeitszeit.

Die Strategien zur Durchsetzung dieser drei Zielbündel erfordern bestimmte, vielfach miteinander verzahnte Maßnahmen, vor allem im Bereich der Wirtschafts-, Sozial-, Tarif- und Bildungspolitik, wobei die Rangfolge der Aufzählung keinerlei Werturteile enthält.

1. Zur Beschleunigung des qualitativen Wirtschaftswachstums

Gefordert wird ein beschleunigtes qualitatives Wachstum, das gleichermaßen auf die Wiederherstellung der Vollbeschäftigung und die Verbesserung der Lebensqualität ausgerichtet ist. Im Mittelpunkt einer solchen Wachstumspolitik stehen:

— gesellschaftlich vorrangige Bereiche, wie z.B. sozialer Wohnungsbau und Städtebau, Einrichtungen des Bildungs- und Gesundheitswesens, humane Dienstleistungen und Infrastrukturinvestitionen, öffentlicher Nahverkehr in Ballungsräumen und Umweltschutz,

— zukunftsträchtige Industriezweige mit hohen Qualifikationsanforderungen an die Arbeitnehmer und hochentwickelten Technologien.

Vorausschauende Strukturpolitik

Die globale Wachstumspolitik muß durch eine vorausschauende regionale und sektorale Strukturpolitik ergänzt werden. Ihr zuzuordnen sind ferner die Maßnahmen der öffentlichen Infrastruktur- und der öffentlichen Vorsorgepolitik, vor allem in bezug auf die Energie- und Rohstoffversorgung. Durch eine vorausschauende Strukturpolitik müssen die künftigen Veränderungen der in- und ausländischen Nachfrageströme sowie der Wandel der wirtschaftlichen, technischen und organisatorischen Produktionsbedingungen transparenter als bisher gemacht werden. Strukturelle Beschäftigungsungleichgewichte in einzelnen Branchen, Regionen und für bestimmte Bevölkerungsgruppen müssen rechtzeitig erkannt werden, indem ihnen beschäftigungspolitisch vorgebeugt werden kann. Der Gesamterfolg der Strukturpolitik und die Wirksamkeit ihrer Mittel müssen an der Zahl und Qualität der langfristig vorhandenen und zusätzlich geschaffenen Arbeitsplätze orientiert werden.

Die beschäftigungspolitischen Erfolge oder Mißerfolge strukturpolitischer Maßnahmen sind daher laufend zu kontrollieren. Schon eine entsprechende Ausgestaltung der Förderungsmaßnahmen könnte die Erfolgsaussichten steigern. So sollten strukturpolitische Förderungsmaßnahmen nicht oder zumindest nicht in erster Linie an die Investitionssumme gekoppelt werden, sondern vielmehr an die Zahl und Qualität der mit staatlichen Finanzmitteln neu geschaffenen Arbeitsplätze. Die Informationsbasis für strukturpolitische Planungen und Entscheidungen sollte durch die Entwicklung einer gesellschaftsbezogenen Rechnungslegung verbessert werden. Mit ihr sollen die Unternehmen Auskunft geben über staatliche Vorleistungen für die private Produktion (z.B. Subventionen, Infrastruktureinrichtungen) und über die Folgen der privaten Produktion für die Allgemeinheit (z.B. Umweltbelastungen).

Eine entscheidende Voraussetzung für eine derartige vorausschauende Strukturpolitik ist eine umfassende Strukturentwicklungsanalyse, die die unterschiedlichen strukturellen Entwicklungschancen einzelner Produktionsbereiche mit ihren Auswirkungen auf die Beschäftigung unter den jeweiligen Standortbedingungen darzustellen hat. Die Errichtung von Investitionsmeldestellen erachten wir für eine wichtige Vorbedingung.

Die Konkretisierung dieser Aufgabe steckt in der Bundesrepublik noch in den Anfängen. Richtungsweisende Grundforderungen sind in den Beschlüssen des 10. Ordentlichen DGB-Kongresses zur Strukturpolitik und Investitionslenkung enthalten. Die notwendige Programmkoordinierung, die letztlich zu einem bundesweiten Entwicklungskonzept führen muß, erfordert die Zusammenarbeit aller Ministerien auf Bundes- und Länderebene sowie die Einbeziehung der Bundesanstalt für Arbeit.

Für die Durchsetzung strukturpolitischer Ziele, vor allem gegenüber unternehmerischen Gewinninteressen, ist die demokratische Beteiligung der Arbeitnehmer und ihrer Gewerkschaften von entscheidender Bedeutung. Grundlage hierfür ist das DGB-Konzept zur gesamtwirtschaftlichen Mitbestimmung.

Steigerung der Massenkaufkraft

Ein wichtiger Bestimmungsgrund für das wirtschaftliche Wachstum ist eine genügend starke Ausweitung der binnenwirtschaftlichen Nachfrage. Dabei kommt der Steigerung der Massenkaufkraft eine besondere Bedeutung zu. Ein beschäftigungssicherndes Wachstum der privaten Investitionen ist mittelfristig ohne eine stetige Zunahme der Kaufkraft der privaten Haushalte nicht denkbar. Die Durchsetzung von Lohnerhöhungen, die diese wachsende Massenkaufkraft schaffen, muß uneingeschränkt im Verantwortungsbereich der Tarifparteien bleiben.

Beschäftigungssichernde Finanzpolitik

Eine optimale Erfüllung aller wachstumspolitischen Maßnahmen dürfte eine langfristige Förderung des wirtschaftlichen Wachstums erwarten lassen, das die durchschnittlichen Jahreszuwachsraten von 3,5 % in den Jahren 1970 bis 1975 deutlich übertreffen könnte. Es sind jedoch z.Z. keine Wachstumsstrategien erkennbar, die langfristig so hohe Produktionszuwächse im Verhältnis zu der gleichzeitigen Entwicklung der Arbeitsproduktivität erwarten lassen, daß ein weiterer Rückgang der Arbeitsplätze im privaten Wirtschaftssektor (Industrie und private Dienstleistungen zusammen) ausgeschlossen werden kann. Aus diesem Grunde ist eine zusätzliche Beschäftigungsförderung im Bereich der öffentlichen Infrastrukturvorhaben sowie der sozialen Dienstleistungen in dem Umfang wünschenswert, wie auf beiden Gebieten noch ungesättigte Bedürfnisse bestehen. Es ist ferner unbestritten, daß diese Maßnahmen auch eine zusätzliche Förderung des allgemeinen Wirtschaftswachstums bewirken.

Daraus ergeben sich für eine expansivere, beschäftigungssichernde staatliche Ausgabentätigkeit die folgenden konkreten Forderungen:

151

— Der öffentliche Sektor muß wieder für den Arbeitsmarkt geöffnet werden. Dabei ist stets zu bedenken, daß Neueinstellungen im öffentlichen Dienst in dem Umfang, wie sie effektiv zu einer anders nicht möglichen Verringerung der Zahl der arbeitslosen Unterstützungsempfänger beitragen, zugleich den Aufwand für diese Unterstützungsleistungen in Höhe von durchschnittlich DM 18 500 pro Kopf und Jahr einsparen.

— Die öffentlichen Investitionen müssen verstärkt werden. Einen Ansatzpunkt für die Förderung und gezielte beschäftigungsorientierte Steuerung des Wirtschaftswachstums bietet das vom DGB geforderte und von der Bundesregierung kürzlich verabschiedete öffentliche mittelfristige Investitionsprogramm (1977-1980). Allerdings ist der bisher beschlossene Umfang dieses Programms mit 16 Mrd. DM niedriger als die DGB-Forderung nach mindestens 20 Mrd. DM.

Über die Notwendigkeit einer weiteren Aufstockung hinaus ist das Programm unverzüglich in Gang zu setzen, wobei alle Möglichkeiten zur Schaffung von Arbeitsplätzen auszuschöpfen sind.

Da es sich hierbei um ein öffentliches Investitionsprogramm handelt, könnte die Bundesregierung bei seiner Durchführung beispielhaft mit der Wiedereingliederung der sogenannten arbeitsmarktpolitischen Problemgruppen vorangehen.

Bei der Vergabe einzelner Investitionsprojekte sind strukturschwache Regionen mit überdurchschnittlich hoher Arbeitslosigkeit vorrangig zu berücksichtigen. Dabei wäre ein koordinierter Einsatz mit der Förderung privater Investitionen und öffentlicher Infrastruktureinrichtungen im Rahmen der Gemeinschaftsaufgabe von Bund und Ländern zur Verbesserung der regionalen Wirtschaftsstruktur anzustreben. Auch ist eine Erfolgskontrolle über die anzustrebende arbeitsplatzschaffende Wirkung der staatlich geförderten Investitionen einzuführen.

— Die staatliche Wohnungsbauförderung, insbesondere im Bereich des sozialen Wohnungsbaus, muß wieder angekurbelt werden, zumal von einer Wiederbelebung der Baukonjunktur erhebliche zusätzliche Auftrags- und Beschäftigungswirkungen auf andere Wirtschaftssektoren ausgehen. Mit der Aufstockung und Weiterführung des Regionalprogramms hat die Bundesregierung hierzu einen begrüßenswerten Auftakt gemacht.

In diesem Zusammenhang muß insbesondere auch die Erfolgskontrolle der Subventionen ausgebaut und verfeinert werden. Sie muß darauf abzielen, mit einem möglichst geringen Subventionsvolumen ein Optimum an struktur- und insbesondere beschäftigungspolitischer Wirkung zu erzielen. Dazu sind u.a. erforderlich:

— Einbindung der Subventionen in Strukturentwicklungspläne,

— mit diesen Entwicklungsplänen verknüpfte Merkmale zur Erfolgskontrolle,

— Institutionen für begleitende und nachgehende Kontrollen subventionierter Projekte,

— Verknüpfung der Subventionsvergabe mit Auflagen vor allem beschäftigungspolitischer Art,

— Anwendung von Subventionstechniken, die eine optimale Erfolgskontrolle ermöglichen (Beispiele: offene Subventionen statt Steuervergünstigungen, Befristung von Subventionsgesetzen und degressiv auslaufende Förderung, Anwendung des Prinzips „Schwerpunkt statt Gießkanne", Rückzahlungsverpflichtungen und staatliche Erfolgsbeteiligung).

In den Bereichen, wo mit Subventionen die entsprechenden politischen Ziele nicht wirksam verfolgt werden können, müssen alternative Planungs- und Lenkungsmaßnahmen entwickelt werden, wie z.B. Auflagen, Verbote und staatliche Kapitalbeteiligungen, mit denen sich die öffentliche Hand die Rechte eines Eigentümers zur Durchsetzung wirtschaftspolitischer Ziele in stark subventionierten Sektoren sichert.

Was die Finanzierung der notwendigen zusätzlichen Ausgaben für eine expansivere beschäftigungssichernde Finanzpolitik anbetrifft, so muß davon ausgegangen werden, daß eine Obergrenze für die Staatsverschuldung nicht eindeutig bestimmbar ist. Bei der Beurteilung der Staatsverschuldung sollten daher vor allem folgende Gesichtspunkte berücksichtigt werden:

— Eine Notwendigkeit, die übertriebenen ehrgeizigen Ziele der Bundes- und Länderregierungen zum Abbau der Defizite bis 1980 zu verfolgen, besteht nicht.

— Der Kapitalmarkt ist nach wie vor ergiebig und erfordert zusätzliche staatliche Aktivitäten, um die privaten Ersparnisse, die zu einem beträchtlichen Teil auch aus nicht investierten Unternehmergewinnen stammen, in beschäftigungspolitisch notwendige Nachfrage umzuwandeln. Aus stabilitätspolitischer Sicht bestehen auch keine Bedenken für eine zusätzliche Staatsnachfrage, da die Produktionskapazitäten nicht ausgelastet sind und daher keine nachfragebedingten Preissteigerungen zu erwarten sind.

Erhöhung der beruflichen Qualifikation und Mobilität

Die wirtschaftliche, technologische und gesamtgesellschaftliche Situation der Bundesrepublik erfordert eine erstrangige Priorität in der Qualitätsverbesserung allgemeiner und beruflicher Qualifikationen. Die Qualifikation der Erwerbstätigen und der Staatsbürger ist ein Schlüsselproblem für die Weiterentwicklung der sozialen Demokratie und für ein sinnvolles und ansteigendes Wirtschaftswachstum.

Dies ist eine gewerkschaftliche Erkenntnis der letzten Jahrzehnte, die sich in den konkreten Forderungen nach Bildungsreformen niederschlägt.

Im Zeichen einer aktiven und an Arbeitnehmerinteressen orientierten Beschäftigungspolitik müssen jetzt vorrangig folgende Aufgaben realisiert werden:

— Verlängerung der Schulzeit um ein 10. allgemeinbildendes Pflichtschuljahr, unter besonderer Berücksichtigung eines berufsbezogenen Unterrichtsangebots. Dabei geht es um verbesserte allgemeine Grundqualifikationen und um eine ausgebaute und systematische Vorbereitung auf die Berufs- und Arbeitswelt. Für die Einführung des generellen 10. Schuljahres liegen Erfahrungen und Modelle vor, die zugleich auch die Bildungsinhalte und Bildungsabschlüsse der Schule neu bestimmen. Es darf sich also keinesfalls nur um die unveränderte Fortschreibung des 9. Schuljahres der Hauptschule oder um die Übernahme des 10. Schuljahres an Realschulen handeln.

Die Gewerkschaften fordern insbesondere die Ergänzung des Unterrichtsangebots um einen umfassenden Bereich „Arbeitslehre", durch die alle Schüler kritisch auf die Bedingungen der

Arbeitswelt und ihre soziale Lage vorbereitet und in die Lage versetzt werden, ihre politischen, kulturellen und sozialen Interessen wahrzunehmen.

— Einführung des schulischen Berufsgrundbildungsjahres als 11. Schuljahr, das als erstes Jahr der Berufsausbildung voll auf die Ausbildungszeit anzurechnen ist. Damit kann eine vergleichbare und angehobene Grundqualifikation auf Berufsfeldebene verwirklicht werden. Dies ist insbesondere im Zusammenhang mit einer stärkeren beruflichen Mobilität und Flexibilität in Verbindung mit den Wachstumsnotwendigkeiten von Bedeutung. Die Ausbildungsintensität kann dabei regional und sektoral verbessert und weiterentwickelt werden.

— Schaffung außerbetrieblicher und Verstärkung schulischer Berufsbildungsmöglichkeiten. In wirtschaftlich schwach entwickelten Gebieten verschärfen sich die Beschäftigungsrisiken Jugendlicher, wenn nicht zusätzliche Anstrengungen unternommen werden, verwertbare Berufsqualifikationen außerhalb der vorhandenen und in diesen Bereichen unzulänglichen betrieblichen Ausbildungsstätten zu vermitteln. Die bisherigen Erfahrungen in der Arbeitsmarktpolitik haben gezeigt, daß eine qualifizierte Ausbildung Jugendlicher zu besseren Vermittlungschancen führt. Ein Investitionsprogramm für die Zukunft kann an diesen Fragen angesichts der geburtenstarken Jahrgänge und der sich verschlechternden Ausbildungschancen auch kurzfristig nicht vorbeigehen. Mit diesen Berufsbildungsstätten könnten zugleich wichtige Institutionen für ein funktionsfähiges Weiterbildungssystem geschaffen werden.

— Ausweitung eines qualifizierten betrieblichen Ausbildungsplatzangebotes. Dabei sollen in Groß- und Mittelbetrieben sowie in Verwaltungen Ausbildungsplätze in Höhe von mehr als 5 v.H. der Arbeitsplätze bereitgestellt werden. Die Ausbildung muß dabei in qualifizierten Berufen mit breiter beruflicher Verwertbarkeit stattfinden. Die Arbeitsmarkt- und Berufsforschung sowie die Berufsbildungsforschung müssen die dafür notwendigen Daten und Aussagen zur Verfügung stellen. Mädchen sind stärker als bisher in den „traditionell männlichen Ausbildungsberufen" zu berücksichtigen.

— Ablösung der einzelbetrieblichen Ausbildungsfinanzierung durch ein allgemeines Umlagesystem im Rahmen eines Berufsbildungsfonds. Die Vorschläge der wissenschaftlichen Sachverständigenkommission und des DGB müssen im Interesse der Qualität der beruflichen Bildung und zur Sicherung des Anspruchs einer qualifizierten beruflichen Bildung für alle verwirklicht werden.

— Verbesserung der finanziellen Förderung von beruflicher Umschulung und Weiterbildung. Die im Haushaltsstrukturgesetz verfügten Beschränkungen in der finanziellen Förderung nach dem Arbeitsförderungsgesetz müssen wieder aufgehoben werden. Die berufliche Umschulung und die Förderung beruflicher Weiterbildung für Arbeitnehmer sind wichtige Instrumente zur beruflichen Qualitätsentwicklung und -verbesserung. Die Förderleistungen müssen zu Lohnersatzleistungen ausgebaut und als ein wichtiges Anreizmittel genutzt werden.

2. Soziale Beherrschung der Produktivitätsentwicklung

Produktivitätsfortschritte durch technische Neuerungen sollen grundsätzlich im Interesse der wirtschaftlichen Wettbewerbsfähigkeit und eines steigenden Lebensstandards ausgeschöpft werden. Notwendig ist jedoch ein umfassender Schutz der Arbeitnehmer vor unsozialen Folgen des technischen Wandels.

Produktivitätsfortschritte, die allein durch Intensivierung der Arbeit angestrebt werden, müssen im Interesse der Beschäftigten und der arbeitslosen Arbeitnehmer gleichermaßen bekämpft werden.

Darüber hinaus muß eine zeitliche Streckung und eine vorübergehende Minderung von Rationalisierungsgewinnen im Interesse des Beschäftigungszieles von den Unternehmen in Kauf genommen werden.

Auf diese Weise ist sicherzustellen, daß öffentliche Konjunktur- und Beschäftigungsprogramme ihre arbeitsmarktpolitischen Zielsetzungen nicht verfehlen.

Technologiepolitik

Eine beschäftigungsorientierte Technologiepolitik muß das Schwergewicht auf arbeitsplatzschaffende sowie rohstoff- und energiesparende Technologien legen. Im Interesse der Erhaltung und Schaffung von Arbeitsplätzen müssen kleinere und mittlere Unternehmen verstärkt in die Technologiepolitik einbezogen werden. Bestandteil einer solchen beschäftigungsorientierten Technologiepolitik ist das Konzept der Innovationsberatungsstellen.

Humanisierung der Arbeit

— Soweit Arbeitsplätze von Rationalisierung und Stillegung bedroht und betroffen werden, sind die Betriebe oder Verwaltungen stärker als bisher zur Finanzierung notwendiger Anpassungsmaßnahmen und zur Schaffung von Ersatzarbeitsplätzen heranzuziehen.

— Die Stammbelegschaften in den Betrieben sind zur Verwirklichung des Vollbeschäftigungszieles und als Voraussetzung für menschengerechtere Arbeitsbedingungen angemessen zu erweitern.

— Dementsprechend sind der Einsatz von Leiharbeitnehmern sowie der Abschluß befristeter Arbeitsverträge im Betrieb zurückzudrängen.

— Das arbeitsmarkt- und sozialpolitisch schädliche Gewerbe der Arbeitnehmerverleiher ist gesetzlich zu verbieten.

— Der gesetzliche Kündigungsschutz ist für alle Arbeitnehmer mit dem Ziel auszubauen, die berufliche und soziale Stellung der Arbeitnehmer im Betrieb und ihren Lebensstandard zu sichern und zu festigen.

— Den besonders benachteiligten und im Betrieb immer wieder von der Negativauslese bedrohten Arbeitnehmern sind ein besonderer rechtlicher Schutz sowie umfassende Hilfestellungen zur Erhaltung bzw. Erlangung eines angemessenen Arbeitsplatzes und Einkommens und zur Förderung ihrer beruflichen Qualifikation zu gewährleisten.

— Tarifvertragliche Maßnahmen mit einer unmittelbaren beschäftigungspolitischen Schutzfunktion sind zu verstärken — insbesondere: Verbesserung des Kündigungsschutzes, der Verdienstsicherung und der Erholzeiten.

— Tarifvertragliche, betriebliche und gesetzliche Maßnahmen zur menschengerechten Gestaltung der Arbeitsbedingungen in bezug auf Arbeitszeit, Arbeitsplatz, Arbeitsorganisation, Arbeitsablauf und Arbeitsumgebung sind zu verbessern — insbesondere: Festlegung von Mindestarbeitsinhalten mit dem Ziel einer Arbeitserweiterung, Arbeitsbereicherung oder eines Arbeitsplatzwechsels, verbunden mit einer entsprechenden Erhöhung des Entgelts; Bestimmungen über die menschengerechte Gestaltung von technischen Anlagen und Arbeitsmitteln, von Arbeitsverfahren und Arbeitsabläufen, von Arbeitsbereichen und Arbeitsplätzen; keine Abgeltung von Arbeitserschwernissen und Gesundheitsgefährdungen durch Geld, sondern Abbau der nicht menschengerechten Belastungen.

— Die Schwerpunkte des Regierungsprogramms „Humanisierung des Arbeitslebens" sind umgehend umzusetzen — insbesondere: Verbesserungen der Arbeitsinhalte und der Arbeitsbeziehungen; Abbau von Über- und Unterbeanspruchung; Erhöhung der Arbeitssicherheit.

3. Verkürzung der Arbeitszeit

Strategien der Arbeitszeitverkürzung im weitesten Sinne sind seit jeher eigenständige Reformziele der Gewerkschaftsbewegung. Das wird auch weiterhin der Fall bleiben, weil sie

— einen wirksamen Beitrag zum Schutz der Arbeitnehmer vor den negativen Folgen wachsender Arbeitsbelastungen leisten können;

— zugleich die Voraussetzung für die umfassende Beteiligung der Arbeitnehmer und ihrer Familien am gesellschaftlichen, sozialen und kulturellen Leben darstellen.

Angesichts anhaltend hoher Arbeitslosigkeit in der Gegenwart und der absehbaren Gefahr wachsender Arbeitslosigkeit in der Zukunft gewinnen Maßnahmen der Arbeitszeitverkürzung im weitesten Sinne darüber hinaus unter beschäftigungspolitischen Gesichtspunkten an Bedeutung.

Verkürzung der jährlichen, wöchentlichen und täglichen Arbeitszeit

Erforderlich sind gesetzliche, tarifliche und betriebliche Maßnahmen zur Nutzung eines Teils des Produktivitätsfortschritts zu einer Ausdehnung der arbeitsfreien Zeit für Bildungs- und Erholungszwecke sowie die Humanisierung der Arbeit.

— Für alle Arbeitnehmer muß deshalb der sechswöchige Mindesturlaub verwirklicht werden.

— Vereinbarungen über Arbeitszeitverkürzung sind je nach Situation und Zielvorstellung durch Veränderung der Jahres-, Wochen-, Tages-, Schicht- und Stundenarbeitszeit mit vollem Lohnausgleich anzustreben.

Hierbei sind folgende Grundsätze zu berücksichtigen:

— Alle Maßnahmen müssen der Erhaltung der bestehenden Arbeitsplätze und der Schaffung neuer Dauerarbeitsplätze dienen.

156

— Die Verkürzung der Arbeitszeit darf nicht zu einer Erhöhung der Belastung und zur Leistungsverdichtung für den einzelnen Arbeitnehmer führen.

Für verschiedene Arbeitnehmergruppen gilt, daß sie ihre Arbeit nur unter erschwerten Belastungen ausführen können. Daraus ergibt sich die Notwendigkeit, zusätzliche tarifliche Änderungen der Arbeitszeit zu verlangen.

Dies könnte beispielhaft geschehen durch:

— Abschluß von tariflichen Regelungen, die der physischen und psychischen Belastung des Arbeitnehmers Rechnung tragen und ihm angemessene Erholzeiten und Pausenregelungen sicherstellen;

— Einschränkung der täglichen und wöchentlichen Mehrarbeit, ggf. Zwang zum Abfeiern bei gleichzeitiger Zahlung der Mehrarbeitszuschläge als ,,Erschwerniszuschlag'' für arbeitsorganisatorisch erzwungene Arbeit zu gesellschaftlich unerwünschten Zeiten;

— Verkürzung der regelmäßigen Wochenarbeitszeit bei Nacht- und Wechselschichtarbeit;

— Einführung von Feierschichten für Nacht- und Wechselschicht und ggf. Sonntags- und Feiertagsarbeit;

— Begrenzung von Nachtschichten auf Arbeitnehmer bis zu einer festgesetzen Altersgrenze;

— Verkürzung der wöchentlichen regelmäßigen Arbeitszeit für ältere Arbeitnehmer, ggf. bei Finanzierung der Lohnausfälle durch einen speziellen Fonds;

— schwere gesundheitsgefährdende Arbeiten müssen mit zusätzlich bezahlter Freizeit ausgeglichen werden;

— Einbeziehung der Pausen auf Grund der Arbeitszeitordnung in die regelmäßig bezahlte Arbeitszeit.

Novellierung der Arbeitszeitordnung

Die Arbeitszeitordnung aus dem Jahre 1938 entspricht schon lange nicht mehr den Erfordernissen einer modernen Industriegesellschaft. Ein neues Arbeitszeitrecht muß einerseits die gewerkschaftlichen Erfolge bei der Verkürzung der Arbeitszeit gesetzlich festschreiben und darüber hinaus ein arbeitsmarktpolitisches Instrumentarium anbieten, um die arbeitsphysiologisch sowie auch arbeitsmarktpolitisch schädlichen Wechselbäder zwischen Kurzarbeit und Sonderschichten zu vermeiden. Vorzusehen ist die umgehende Verkürzung der gesetzlichen regelmäßigen Höchstarbeitszeit auf wöchentlich 40 Stunden. Mehrarbeit soll nur zur Abdeckung von unvorhergesehenen und unvermeidbaren wirtschaftlichen Zwangssituationen zulässig sein. Sie darf auf keinen Fall, wie das heute häufig der Fall ist, zur Regel werden.

Verbesserung der finanziellen Förderung von beruflicher Umschulung und Weiterbildung

Die Zahl der in die Förderung der Bundesanstalt für Arbeit neu eintretenden Teilnehmer in der beruflichen Fortbildung und Umschulung ist von 118 600 in den ersten vier Monaten des Jahres 1975 auf 67 000 im Vergleichszeitraum des Jahres 1977 gesunken. Dies bedeutet einen unmittelbaren Rückgang um über 40 %. Durch die Verschlechterung der Förderungsbedingungen aufgrund des Haushaltsstrukturgesetzes hat die berufliche Bildungsförderung kaum mehr eine Entlastungsfunktion für den Arbeitsmarkt. Hier müssen auch aus beschäftigungspolitischen Notwendigkeiten heraus wieder Möglichkeiten zu einem gezielten und zahlenmäßig effektiven Ausbau geschaffen werden. Die Zahl der Teilnehmer in beruflicher Erwachsenenbildung sowie bei der beruflichen Rehabilitation ist um die zusätzliche Einbeziehung von 250 000 Personen in die Bildungsförderung zu erhöhen. Dabei sollten Bildungsangebote und Bildungsinhalte sowohl benachteiligten Gruppen helfen als auch auf künftig verstärkt verwertbare berufliche Qualifikation abgestellt sein.

Herabsetzung der flexiblen Altergrenze

Die flexible Altersgrenze ist auf 60 Jahre für Männer und Frauen herabzusetzen. Dadurch könnte die Anzahl der Erwerbspersonen erheblich verringert werden. Die Inanspruchnahme einer Herabsetzung der flexiblen Altersgrenze wird entscheidend von der Höhe des Renteneinkommens abhängen. Versicherungsmathematische Abschläge sind daher nicht nur unter sozialpolitischen Gesichtspunkten abzulehnen, sondern können darüber hinaus die erforderlichen beschäftigungspolitischen Entzugseffekte auf dem Arbeitsmarkt erheblich einschränken.

Die Herabsetzung der flexiblen Altersgrenze ist mit Maßnahmen zu verbinden, die sicherstellen, daß nicht lediglich eine Stillegung von Arbeitsplätzen erfolgt, sondern Neueinstellungen vorgenommen werden. Die dadurch mögliche Einsparung an Kosten der Arbeitslosigkeit kann zur Finanzierung der zusätzlichen Aufwendungen für die Herabsetzung der flexiblen Altersgrenze verwendet werden.

Arbeitslosen über 59 Jahren ist auch ohne Erfüllung der derzeit bestehenden 1-Jahres-Arbeitslosigkeit der vorzeitige Bezug der Altersrente zu ermöglichen. Dabei sollte für den dann erfolgenden Ausfall an Renteneinkommen ein finanzieller Ausgleich gewährt werden.

ANHANG II

Bundesvereinigung der Deutschen Arbeitgeberverbände

Mit Wachstum gegen Arbeitslosigkeit

Auszüge aus der „Strategie zur Rückgewinnung eines hohen
Beschäftigungsstandes" (1977)

I. Arbeitskräfteangebot und Wirtschaftswachstum

Die Beschäftigungssituation von heute und morgen ist wesentlich dadurch gekennzeichnet,
daß die Zahl der deutschen Erwerbspersonen — anders als in der Vergangenheit — in den
nächsten Jahren erheblich zunehmen wird. Gegenüber 1976 wird diese Zahl bis 1980 um rund
eine viertel Million und bis 1990 sogar um 1 Million steigen. Selbst unter der Annahme, daß
weitere ausländische Arbeitnehmer in ihre Heimatländer zurückkehren, wird sich deshalb
auch das gesamte Arbeitskräfteangebot in der Bundesrepublik in den nächsten Jahren erheblich erhöhen. Damit stehen wir vor der Aufgabe, die zur Zeit unbesetzten, aber wirtschaftlich
noch nutzbaren Arbeitsplätze zu reaktivieren und darüber hinaus eine große Zahl neuer Arbeitsplätze zu schaffen. Sie werden nicht nur zur Eingliederung der gegenwärtig Arbeitslosen,
sondern auch für die in den nächsten Jahren ins Erwerbsleben eintretenden Personen benötigt. Diese Aufgabe läßt sich dauerhaft nur bei einem kräftigen Wirtschaftswachstum lösen.
Bei einem jährlichen Zuwachs der gesamtwirtschaftlichen Produktion von 3 bis 4 Prozent läßt
sich die Beschäftigungssituation in den nächsten Jahren nicht verbessern. Erst bei einem Zuwachs des realen Sozialprodukts von mindestens 4,5 Prozent pro Jahr könnte die Arbeitslosigkeit von Jahr zu Jahr allmählich verringert werden. Soll dagegen der Abbau der Arbeitslosigkeit rascher verwirklicht werden, bedarf es einer noch erheblich stärkeren Wachtumsrate. Ein
solches Ziel ist zwar nicht unrealistisch, doch konnten sich unter den bisherigen wirtschafts-
und verteilungspolitischen Bedingungen die Wachtumskräfte nicht so entfalten, daß ein
Wachstum in dieser Größenordnung zu verwirklichen war. Von entscheidender Bedeutung ist
deshalb eine mittelfristig angelegte wirtschafts- und verteilungspolitische Strategie, die neben
einer allgemeinen Nachfragebelebung eine dauerhafte Verbesserung der investitionspoliti-
schen Rahmenbedingungen gewährleistet.

Die beschäftigungspolitische Bedeutung von Investition

Vorrangig für die Schaffung einer ausreichenden Zahl von Arbeitsplätzen ist eine überduch-
schnittliche Ausweitung der Investitionen der privaten Wirschaft, daneben auch eine Stärkung
der öffentlichen Investitionen.

Das überdurchschnittlich zu steigernde Investitionsvolumen sollte sich auf alle Investitionsar-
ten, also auf Ersatz-, Rationalisierungs- und Erweiterungsinvestitionen erstrecken. Das von
Gewerkschaftsseite vorgetragene Argument, Rationalisierungsinvestitionen würden durchweg
negative Beschäftigungseffekte auslösen, entbehrt jeder Berechtigung. Es wird von der Wissenschaft, der amtlichen Regierungspolitik und durch die Erfahrung widerlegt. Rationalisierungsinvestitionen sind schon deshalb notwendig, weil ohne sie immer mehr Arbeitsplätze an

Wettbewerbsfähigkeit einbüßen und aus dem Wettbewerb ausscheiden würden. Außerdem gehen von Rationalisierungsinvestitionen positive Beschäftigungswirkungen vor allem bei den Investitionsgüterherstellern aus. Nur bei unzureichender Ausweitung des gesamten Investitionsvolumens können die Freisetzungseffekte, die sich in den rationalisierenden Unternehmen zum Teil ergeben, gegenüber den positiven Beschäftigungswirkungen überwiegen. Eine solche Entwicklung wird jedoch vermieden, wenn — ähnlich wie in den 60er Jahren — die Unternehmen neben den notwendigen Rationalisierungsmaßnahmen gleichzeitig auch eine Erweiterung ihres Produktionsapparates vornehmen und wenn darüber hinaus neue Unternehmen gegründet werden.

II. Empfehlungen an die Betriebe

Die Erhöhung der Transparenz auf dem Arbeitsmarkt ist ein erster aber notwendiger Schritt zur differenzierten Verbesserung der Beschäftigungssituation und eine wichtige Voraussetzung dafür, daß flankierende beschäftigungspolitische Maßnahmen gezielter eingesetzt werden können. Der Präsident der Bundesvereinigung der Deutschen Arbeitgeberverbände hat deshalb bereits Mitte des Jahres 1977 die Betriebe aufgerufen, mitzuwirken, um die Vorgänge und Entwicklungen auf dem Arbeitsmarkt durchsichtiger zu machen. Dazu schlug er zugleich ein Bündel von praktisch wirksamen Maßnahmen vor:

● Teilen Sie ihrem zuständigen Arbeitsamt in jedem Falle Ihren Bedarf an Arbeitskräften mit, und erteilen Sie entsprechende Vermittlungsaufträge. Das sollte schriftlich geschehen. Vermittlungsaufträge an das Arbeitsamt sollten auch dann erfolgen, wenn Sie außerdem versuchen, Ihren Arbeitskräftebedarf auf andere Weise zu decken (z.B. durch Zeitungsanzeigen, Anschläge am Werkstor usw.). Je vollständiger und je differenzierter die Vermittlungsaufträge den Arbeitsämtern erteilt werden, desto wirksamer kann vermittelt und das Bild über die Arbeitsmarktlage in der Öffentlichkeit objektiviert werden.

● Prüfen Sie in diesem Zusammenhang die Möglichkeit, vom Arbeitsamt angebotene Arbeitskäfte dadurch für ihren Betrieb zu gewinnen, daß Sie diese durch betriebliche berufliche Anpassungsmaßnahmen qualifizieren. Hierzu genügt möglicherweise eine nur kurzfristige Einarbeitung bzw. Anlernung. Das Arbeitsamt wird Ihnen aufgrund der Bestimmungen des Arbeitsförderungsgesetzes dabei behilflich sein. Die vorhandenen gesetzlichen Möglichkeiten sollten noch besser ausgeschöpft werden.

● Über Ihre Arbeitsplatzangebote sollten Sie auch den Betriebsrat und Ihre Belegschaft informieren; denn auch sie sind daran interessiert, die den Betrieb betreffenden Arbeitsmarktprobleme zu kennen.

● Bei dieser Gelegenheit unterstreiche ich noch einmal die Appelle an die Betriebe, mehr Ausbildungsstellen für die Jugendlichen zu schaffen und diese auch den Arbeitsämtern zu melden. Erneute Meldungen sollten unbedingt auch dann erfolgen, wenn Ausbildungsplatzbewerber zwischenzeitlich von ihren Verträgen zurückgetreten sind.

● Ich empfehle den Betrieben erneut, den Arbeitsämtern die tatsächlichen Gründe für das Nichtzustandekommen eines Arbeitsverhältnisses mitzuteilen. Um gezielt vermitteln zu können, muß das Arbeitsamt erkennen können, aus welchen Gründen der arbeitsuchende Arbeitnehmer nicht eingestellt worden ist.

Die Beitragszahler zur Bundesanstalt für Arbeit und auch die Arbeitsverwaltung haben außerdem ein Interesse daran, daß diejenigen Arbeitslosen, die an der Aufnahme einer zumutbaren Arbeit nicht interessiert sind, die Solidargemeinschaft der Arbeitslosenversicherung nicht belasten. Entsprechende Vorkehrungen können aber nur getroffen werden, wenn das Arbeitsamt von den Arbeitgebern sachlich über die Gründe unterrichtet wird, die ein Arbeitsverhältnis nicht zustande kommen ließen.

● Wir alle haben ein Interesse daran, daß sich die kurzfristigen Arbeitsmarktprognosen verbessern. Ich bitte deshalb, die hierauf zielenden Bemühungen der Arbeitsverwaltung zu unterstützen. Sie muß in die Lage versetzt werden, den voraussichtlich kurzfristigen Bedarf an Arbeitskräften abzuschätzen, damit rechtzeitig Vermittlungsbemühungen eingeleitet werden können. Aus diesem Grund beabsichtigt die Arbeitsverwaltung, mit Beginn des kommenden Jahres bei einem ausgewählten Kreis von Betrieben vierteljährlich Befragungen über die kurzfristig abschätzbaren Personalbewegungen durchzuführen.

● Ein vertrauensvolles Kooperationsverhältnis zwischen Arbeitsamt und Betrieb ist entscheidende Voraussetzung für eine wirksame Beschäftigungspolitik. Vielerorts ist es gut, mancherorts verbesserungsbedürftig. Beide Partner, Betrieb und Arbeitsamt, sind aufgerufen, die Wirksamkeit zu steigern.

Deshalb habe ich mich mit nachstehenden Anregungen an die Bundesanstalt für Arbeit gewandt. Sie können nur unter aktiver Beteiligung der Betriebe sowie der Arbeitgebervertreter in den Selbstverwaltungsorganen der Arbeitsämter, der Landesarbeitsämter und der Hauptstelle der Bundesanstalt verwirklicht werden.

● Zur besseren Durchleuchtung der Arbeitsmarktstruktur wird die Einrichtung eines öffentlichen Informationsaustauschs empfohlen. Arbeitsverwaltung und Presse könnten, wo es möglich ist, die Voraussetzungen dafür schaffen, daß — vor allem in den Lokal- und Regionalzeitungen — im Rahmen einer regelmäßigen Rubrik verwertbare Informationen über das Arbeitsstellenangebot veröffentlicht werden, denen an gleicher Stelle aufgeschlüsselt die Zahl der Arbeitslosen des gleichen Einzugsbereichs gegenübergestellt werden sollten. Dabei wären die besonderen Verhältnisse von städtischen und ländlichen Einzugsräumen kenntlich zu machen und zu berücksichtigen. Informatorische Initiativen dieser Art haben sich bereits mancherorts bewährt.

● Ganz allgemein empfehle ich den Arbeitsämtern, vergleichbare unkonventionelle Methoden anzuwenden, die zu einem besseren regionalen und überregionalen Ausgleich von Angebot und Nachfrage verhelfen.

● Einer betriebsnahen Vermittlungspraxis dürften auch häufigere Betriebsbesuche von Vermittlungskräften der Arbeitsverwaltung dienlich sein. Die Vermittlungsarbeit muß noch intensiver und praxisnäher sein. In der Verwaltung bedarf es dazu einer Entlastung der Vermittlungskräfte von Routinearbeiten. Die vorgesehene personelle Verstärkung der Arbeitsämter eröffnet entsprechende Möglichkeiten.

● Ich habe angeregt, die Bundesanstalt sollte gemeinsam mit der Wirtschaft in einem repräsentativen Arbeitsamtsbezirk eine empirische Untersuchung durchführen, mit der sowohl die Arbeitslosen und die offenen Stellen als auch die Vermittlungsbemühungen im einzelnen und konkret nicht nur die Zahl nach, sondern auch nach der Person, Qualität, Intensität und nach sonstigen Merkmalen erfaßt und durchleuchtet werden könnten. Solche Untersuchungen würden mehr Klarheit über die Gründe und die Auswirkungen der Arbeitslosigkeit einerseits und über die Gründe für die Nichtbesetzung angebotener Arbeitsplätze andererseits ergeben. Daraus können dann entsprechende Konsequenzen gezogen werden.

III. Zur Verknappung des Arbeitskräftepotentials

Verkürzung der Wochenarbeitszeit

Zum Abbau der Arbeitslosigkeit wird verschiedentlich eine Verkürzung der wöchentlichen Arbeitszeit gefordert, und zwar sowohl durch eine Herabsetzung der Wochenstundenzahl als auch indirekt durch die Einführung zusätzlicher Pausen.

Der quantitative Beschäftigungseffekt einer Verkürzung der Wochenarbeitszeit kann zwar modelltheoretisch als relativ groß angesehen werden. Die tatsächliche Beschäftigungswirkung wäre aber höchst unsicher, abgesehen davon, daß solche Möglichkeiten bei Klein- und Mittelbetrieben selbst rechnerisch überaus begrenzt sind. Für alle Unternehmensgrößen gilt außerdem, daß der Arbeitsmarkt bereits heute ein gravierendes Ungleichgewicht in berufsspezifischer und regionaler Hinsicht aufweist. Soweit also ein zusätzlicher Arbeitskräftebedarf durch Arbeitszeitverkürzung überhaupt ausgelöst würde, stehen der Realisierung häufig nachhaltige Mobilitätshemmnisse entgegen.

Dies ist auch durch die Ifo-Unternehmensbefragung von Frühjahr 1977 bestätigt worden, die ergeben hat, daß mehr als zwei Drittel aller Industrie- und Baubetriebe bereits heute vor dem Problem stehen, daß sie bestimmte Arbeitskräfte auf dem Arbeitsmarkt nicht finden können.

Darüber hinaus ist jede Form der wöchentlichen Arbeitszeitverkürzung mit erheblichen Kosten verbunden. Selbst wenn die Arbeitszeitverkürzung ohne Lohnausgleich durchgeführt würde — was jedoch auf die ablehnende Haltung der Gewerkschaften stößt — ergäbe sich in den Unternehmen eine Kostenverteuerung aus den zusätzlichen Anpassungs- und Fixkostenbelastungen. Angesichts des bereits heute bestehenden Kostendrucks wären hierdurch negative Wirkungen auf den Geldwert, das Wachstum und den Beschäftigungsstand unvermeidlich. Denn viele Unternehmen, denen der intensive Wettbewerb eine Kostenüberwälzung auf den Preis nicht ermöglicht, müßten dann verstärkte Rationalisierungsmaßnahmen durchführen, was die von einer Arbeitszeitverkürzung erhofften positiven Beschäftigungseffekte zunichte machen könnte. Teilweise wäre sogar zu befürchten, daß die Unternehmen deswegen Wettbewerbseinbußen erleiden und daher genötigt wären, ihre inländische Produktion einzuschränken. Damit wäre letztlich die Gefahr gegeben, daß sich die angestrebten Beschäftigungsgewinne in der Realtität soweit reduzierten, daß sie in keinem vernünftigen Verhältnis zu den gesamtwirtschaftlichen Verlusten stehen.

Dies wird sowohl von jüngeren internationalen Untersuchungen als auch durch die historischen Erfahrungen während der Weltwirtschaftskrise zu Beginn der 30er Jahre bestätigt. Die damaligen Bemühungen, die Verkürzung der Wochenarbeitszeit als Instrument zur Verringerung der Arbeitslosigkeit einzusetzen, erwiesen sich in keinem Land als effiziente beschäftigungspolitische Maßnahmen. Zum gleichen Ergebnis kommen die in jüngster Zeit in mehreren EG-Ländern durchgeführten Untersuchungen über die Beschäftigungseffekte von Arbeitszeitverkürzungen. Die Untersuchungen führten zu dem Ergebnis, daß Arbeitszeitverkürzungen mit vollem Lohnausgleich sogar zu Produktions- und Beschäftigungsrückgängen führen, die höher sind als die zur Kompensierung einer Arbeitszeitverkürzung ausgelöste Zunahme des Arbeitskräftebedarfs.

Die Untauglichkeit einer Arbeitszeitverkürzung als wirksames beschäftigungspolitisches Instrument wird auch durch die Ifo-Unternehmensbefragung dieses Jahres bekräftigt. Danach liegt der Schwerpunkt der unternehmerischen Reaktionen auf eine Arbeitszeitverkürzung selbst ohne Lohnausgleich eindeutig bei den Rationalisierungsmaßnahmen. Dies gilt für den Produktionsbereich und — verstärkt — für den Verwaltungsbereich der Wirtschaft. Selbst mittelfristig würde sich nur bei relativ wenigen Unternehmen ein Bedarf an zusätzlichen Arbeitskräften ergeben, von dem aber nicht einmal sicher ist, ob er am Arbeitsmarkt gedeckt werden könnte.

Damit zeigt sich, daß alle modelltheoretischen Berechnungen über die Beschäftigungswirkung einer Arbeitszeitverkürzung der Realität nicht entprechen.

Verkürzung der Schichtarbeitszeit

Schichtarbeit ermöglicht es, die vorhandenen betrieblichen Kapazitäten durch verstärkten Einsatz von Arbeitskräften besser auszulasten. Nach einer 1975 durchgeführten Repräsentativerhebung waren 5,8 Millionen Arbeitnehmer in Schichtarbeit tätig. Diese Zahl erfaßte alle Schichtarbeitnehmer, unabhängig ob sie in Tag- oder Nachtschicht beschäftigt waren. Eine Zusatzbefragung zum Mikrozensus 1972 hatte ergeben, daß 1972 rund 1,9 Millionen Schichtarbeitnehmer Nachtarbeit geleistet hatten.

Entgegen der weitläufigen Vorstellung, daß die Verkürzung der Schichtarbeitszeit einen eigenständigen und zusätzlichen Beitrag zum Abbau der Arbeitslosigkeit leisten könnte, ist das bei realistischer Betrachtung nicht der Fall. Außer den Gesichtspunkten, die auch gegen eine generelle Verkürzung der Wochenarbeitszeit sprechen, werden bei einer Verkürzung der Schichtarbeitszeit noch weitere erhebliche arbeitsorganisatorische Probleme aufgeworfen, und zwar sowohl im Falle einer Verkürzung der täglichen als auch der wöchentlichen Schichtarbeitszeit.

Für den Bereich der kontinuierlich arbeitenden Betriebe würde z.B. eine Umstellung der Schichtzeiten von täglich 3 × 8 Stunden (mit 4 Schichtbelegschaften) auf 4 × 6 Stunden[1]) die Einführung einer weiteren (5.) Schichtbelegschaft bedeuten. Anstelle der bisher wöchentlich 21 Schichten müßten 28 Schichten gefahren werden. Bei der Aufteilung dieser größeren Schichtzahl auf mehr Schichtbelegschaften würde sich neben organisatorischen Anpassungsproblemen ein weit über das Maß hinausgehender Ausfall an Wochenarbeitsstunden ergeben. Entsprechend überproportionale Kostenerhöhungen wären die notwendige Folge, die sich durch weitere von der Zahl der Beschäftigten abhängige Personalzusatzkosten[2]) noch potenzieren würden. Ähnliche Probleme ergeben sich bei der Verkürzung der Schichtzeiten in Betrieben mit nichtkontinuierlicher Schichtarbeit.

Unabhängig von der Kostenfrage spricht aber auch der gerade für diesen Bereich heute schon zu verzeichnende Mangel an Fach- und Hilfskräften, die noch bereit sind, Schichtarbeit zu leisten, gegen die Erwartung, daß von einer Verkürzung der Schichtarbeitszeiten ein arbeitsmarktpolitischer Effekt ausgehen kann.

Urlaubsverlängerung

Von einer Urlaubsverlängerung sind insgesamt keine positiven arbeitsmarktpolitischen Wirkungen zu erwarten. Die Unternehmen, die bereits heute geschlossene Betriebsferien durchführen, oder sich hierzu wegen der Urlaubsverlängerung entschließen, würden auf eine solche

Jahrsarbeitszeitverkürzung lediglich mit einer Verlängerung der Betriebsferien und nicht mit Neueinstellungen reagieren.

Abgesehen von den organisatorischen Anpassungsproblemen müßten sich aus einer Urlaubsverlängerung noch größere Kostenbelastungen für die Unternehmen ergeben als dies bei einer wöchentlichen Arbeitszeitverkürzung der Fall wäre. Denn jeder zusätzliche Urlaubstag würde nicht nur zwangsläufig einen Lohnausgleich erfordern, sonder darüber hinaus würde aufgrund der tarifvertraglichen Abmachungen in vielen Wirtschaftsbereichen eine Erhöhung des zusätzlichen Urlaubsgeldes eintreten. Wegen dieser erheblichen Kostenwirkung wären positive Beschäftigungseffekte noch fraglicher als bei einer Verkürzung der Wochenarbeitszeit, zumal sich der durch die Urlaubsverlängerung ergebende Produktionsausfall organisatorisch nur sehr schwer durch Neueinstellungen kompensieren ließe. Insbesondere würden hierdurch die Klein- und Mittelunternehmen vor fast unüberwindbare Schwierigkeiten gestellt.

Einschränkung von Überstunden

Eine Erschwerung von Überstunden durch gesetzliche Reglementierung oder eine zusätzliche Überstundenabgabe führt nicht zu Neueinstellungen. Die in der Wirtschaft anfallenden Überstunden gehen nicht über das produktionstechnisch und wirtschaftlich notwendige Maß hinaus. Nur mit ihrer Hilfe lassen sich Reparaturen durchführen und Auftragsspitzen bewältigen, denen jede Firma gerecht werden muß, will sie ihre Kunden auf Dauer zufriedenstellen und behalten. Vielfach sind Überstunden gegenwärtig auch ein Indiz für das erhebliche qualitative Ungleichgewicht auf dem Arbeitsmarkt. Häufig läßt sich auch nur so der Engpaß bei den Facharbeitskräften ausgleichen. Insgesamt sind deshalb die durchgeführten Überstunden unerläßlich; sie entsprechen im übrigen den langfristig festgestellten und unabweisbaren Größenordnungen. Ihre erzwungene Einschränkung müßte die betriebliche Flexibilität empfindlich einengen, die innerbetrieblichen Organisationsprobleme besonders verschärfen und die Produktionskosten spürbar erhöhen.

Die im Zusammenhang mit der Überstundenfrage geführte Diskussion über eine Novellierung der Arbeitszeitordnung verkennt die Sachnotwendigkeiten. Das öffentlich-rechtliche Arbeitszeitrecht, ein klassischer Bereich des Arbeitnehmerschutzrechts, eignet sich generell nicht als Instrument arbeitsmarktpolitischer Steuerung. Auch scheint es sehr zweifelhaft, ob sich mit einer Gesetzesänderung überhaupt beschäftigungspolitische Effekte erzielen ließen. Innerhalb des geltenden gesetzlichen Rahmens besteht ein Geflecht tarifvertraglicher und betrieblicher Bestimmungen, die als Ergebnis von Verhandlungen in den einzelnen Wirtschaftsbereichen den Notwendigkeiten der Praxis gerecht werden. Gesetzliche Rechtsänderungen würden vor allem in diese gewachsenen Tarifstrukturen in bedenklicher Weise eingreifen und die tariflichen Gestaltungsräume mit der besonderen Möglichkeit, differenzierten Anforderungn entsprechend Rechnung zu tragen, einschränken. Eine weitgehend gesetzliche Festschreibung tariflicher Normen brächte überdies das grundsätzliche Problem mit sich, daß eine staatliche Stelle die Kontrolle der Einhaltung von tariflichen Bestimmungen durchzuführen hätte.

Anmerkungen

1) Eine andere Verkürzung — etwa 7-Stunden-Schichten — würde noch weitere organisatorische Probleme aufwerfen, da dann mit täglich wechselndem Schichtbeginn bzw. -ende gearbeitet werden müßte.

2) Darunter fallen erhöhte Kosten für die Personalverwaltung, sozialen Betriebseinrichtungen (Kantine, Werksarzt, Deputate, Belegschaftswohnungen, Mietkostenbeihilfen u.ä.), betrieblichen Pensionszusagen, Fahrtkostenerstattung, individuelle Arbeitsgeräte und Unfallschutzausstattungen, Kontrolleinrichtungen und Aufsichtskräfte.

ANHANG III

Thesen der Arbeitsgruppen des Internationalen Erfahrungsaustauschs des DGB 1978 in Inzell zum Thema:

„Neue Tendenzen in Technik und Arbeitsorganisation — Tarifvertrag kontra Rationalisierung?"

Thesen der Arbeitsgruppe I:

Rationalisierung und Besitzstandssicherung durch Tarifvertrag

1. Die Auswirkungen der Rationalisierung auf die Arbeitsbedingungen und die Beschäftigungslage, die durch geringe Wachstumsraten und hohe Arbeitslosenquoten verschärft werden, machen diese Entwicklung zum drängenden gewerkschaftlichen und gesellschaftlichen Problem.

2. Unter den derzeitigen gesellschaftlichen Verhältnissen bestimmt im Rahmen der gesetzlichen, kollektivvertraglichen bzw. der betrieblich vereinbarten Einschränkungen allein der Arbeitgeber,

— was, wie, wo, wann, von wem und unter welchen Bedingungen produziert wird.

Die Voraussetzungen für die Bestimmungen der bezahlten Qualifikation, für die Arbeitsorganisation, für die Investitionspolitik des Unternehmens hängen von den Entscheidungen des Unternehmens ab.

3. Wie die Erfahrung zeigt, gehen die Veränderungen zu Lasten der Mehrzahl der Arbeitnehmer:

— Verlust von Arbeitsplätzen,
— Verlust von Qualifikationen,
— Mehrleistung und höhere Belastung bzw. Beanspruchung,
— Einengung von Spielraum bzw. Handlungsfreiheit,
— Verdiensteinbußen.

4. Nur eine kleine Gruppe von Arbeitnehmern profitiert durch:

— Höherqualifikation,
— Verdienstzuwachs.

5. Die bisherigen Tarifverträge über Rationalisierungsschutz schützen den sozialen Besitzstand der Arbeitnehmer nicht.

6. Die Tarifvertragsbestimmungen über Qualifikation sind auf Vorstellungen begründet, die überholt sind: Sie fördern geradezu den Abbau von Qualifikation und damit unter anderem auch den Verdienstverlust.

165

Die analytische Arbeitsbewertung z.B. berücksichtigt für die Lohndifferenzierung ca. 40 Prozent Einflußgrößen, die nicht menschengerecht sind oder Opfer von Gesundheit bedeuten; sie stehen unserer Forderung nach einer menschlichen Arbeitswelt und den gesetzlichen Bestimmungen bzw. Verordnungen geradezu diametral gegenüber.

7. Entgegen den Unternehmerbehauptungen wird die technische Entwicklung nicht durch Sachzwänge bestimmt, die zur Arbeitsteilung, zur Hinnahme unmenschlicher Arbeitsbedingungen oder zu Dequalifizierungen auf breiter Front zwingen. Die technische Entwicklung kann durch gesellschaftlich wirksame Kräfte, wie die Gewerkschaften, beeinflußt werden, um dem Wohle der Beschäftigten zu dienen.

Die Gewerkschaften lehnen eine technische Entwicklung ab, die den Menschen verunsichert, arbeitslos macht und den Arbeitnehmer enteignet, indem sie seine Arbeitskraft und seine Qualifikation entwertet.

8. Die Gewerkschaften wollen verhindern, daß aus der planlosen und unkontrollierten Anwendung von Wissenschaft und Technik Schaden für den einzelnen und die Gesellschaft entsteht. Sie fordern, daß neue technische Entwicklungen zu menschlichem und gesellschaftlichem Fortschritt führen. Deshalb verlangen sie die gesellschaftliche Planung und Kontrolle sowie die gewerkschaftliche Mitbestimmung bei der Entwicklung und Anwendung neuer Technologien.

9. Die Rationalisierungsmaßnahmen verlangen gewerkschaftliche Gegenstrategien, um Arbeitslosigkeit zu verhindern und den sozialen Status der Beschäftigten zu erhalten. Dazu sind sowohl tarifvertragliche (kollektivvertragliche) wie auch gezielte wirtschaftspolitische und strukturelle Maßnahmen erforderlich, die eine Erhaltung und Verbesserung bestehender sowie die Schaffung neuer menschengerechter Arbeitsplätze gewährleisten.

10. Die kollektivvertraglichen Maßnahmen werden von der wirtschaftlichen, politischen und gewerkschaftlichen Situation jedes Landes geprägt. Ihre allgemeinen Zielsetzungen sind.:

— Sicherung des sozialen Besitzstandes,
— Erhöhung der Kaufkraft,
— Ausbau des Kündigungsschutzes,
— Verkürzung der Arbeitszeit bzw. des Arbeitsvolumens bei vollem Lohn- und Gehaltsausgleich ohne Leistungsverdichtung; hierfür bieten sich verschiedene Maßnahmen, z.B.
  — bezahlte Erholungszeiten,
  — Zeitausgleich für Überstunden und besondere Belastungen
    (z.B. Schichtarbeit),
  — längerer Jahresurlaub,
  — kürzere Wochenarbeitszeit,
  — bezahlter Bildungsurlaub,
— Sicherung und Erweiterung der Mitbestimmung zur Mitgestaltung von Arbeits- und Betriebsorganisation durch Einschränkung der Entscheidungsbefugnisse der Unternehmer,
— Schutz vor Abgruppierung und Dequalifikation,
— Abkehr von Taylorismus, Verringerung der Arbeitsteilung, Entwicklung neuer Arbeitsstrukturen mit erweitertem Handlungsspielraum für den Arbeitnehmer,
— Überprüfung der Kollektivverträge zur Beseitigung von Bestimmungen, die der Arbeitsteilung Vorschub leisten.

Thesen der Arbeitsgruppe II:

Rationalisierung und Personalplanung/betriebliche Beschäftigungspolitik

1. In der Praxis des Managements ist Personalplanung ein Mittel der Rationalisierung mit dem Ziel der Einsparung von Arbeitsplätzen und Personalkosten sowie ein Mittel zur Disziplinierung der Beschäftigten.

2. Neuere Strategien mit dem Ziel der Personalkostensenkung und der Leistungssteigerung sind die geplante personelle Unterdeckung der Sollstärke der Belegschaften sowie der Einsatz personeller Abbaureserven durch befristete Arbeitsverhältnisse, Leiharbeitnehmer, kapazitätsorientierte Teilzeitarbeit u.ä.. Die bisherigen tariflichen Sicherungen bieten hiergegen keine wirksamen Gegenmittel.

3. Betriebliche Personalplanung im Interesse der Arbeitnehmer soll

— die Beschäftigung sichern, d.h. insbesondere bestehende Arbeitsplätze erhalten und mindestens gleichwertige Arbeitsplätze schaffen,

— negative Auswirkungen, die durch den technischen und wirtschaftlichen Wandel entstehen, vermeiden helfen,

— die Verbesserung der Arbeitsbedingungen durch menschengerechte Gestaltung durchsetzen,

— Möglichkeiten der beruflichen Bildung für alle Arbeitnehmer schaffen und verbessern,

— die Arbeitnehmer entsprechend ihren Fähigkeitn einsetzen und fördern,

— die Probleme älterer Arbeitnehmer und gemindert Leistungsfähiger sowie aller übrigen schutzbedürftigen Arbeitnehmergruppen in allen Planungsbereichen berücksichtigen.

— zur Sicherung und Steigerung des Einkommens beitragen.

4. Peronalplanung hat zugleich auch gesellschafts- und arbeitsmarktpolitische Aufgaben zu erfüllen. Auf der überbetrieblichen Ebene soll sie dazu beitragen,

— die Beschäftigungsaussichten durch Nutzbarmachung betrieblicher Daten für die Arbeitsmarktpolitik in den einzelnen Regionen und Branchen transparent zu machen,

— Strukturveränderungen mit ihrem personellen Ausmaß rechtzeitig erkennen zu können,

— die Auswirkungen von Konjunkturschwankungen aufzufangen,

— den zwischenbetrieblichen Personalauslgeich zu ermöglichen,

— Erwerbs- und Arbeitsunfähigkeit sowie Unfälle und Krankheiten durch menschengerechte Arbeitsgestaltung zu reduzieren,

— die Mobilität der Arbeitnehmer durch planvolle Maßnahmen der Berufsbildung zu erhalten und zu fördern.

5. Personalplanung als Teil einer betrieblichen Personalpolitik im Interesse der Arbeitnehmer muß in erster Linie ein Frühwarnsystem sein. Rechtliche und sonstige Hilfsmittel müssen sicherstellen, daß Informationen über beabsichtigte Änderungen und deren soziale Folgen bereits im Planungsstadium dem Betriebsrat zur Kenntnis gelangen und zu beraten sind. Dazu bedarf es

— regelmäßiger Tarifstatusberichte und vorausschauender Planinformation (vgl. z.B. § 6 Sicherungsvertrag IGM),

— tarifvertraglicher Bestimmungen, die das Wirksamwerden der Maßnahmen bei Umgehen der Informationspflicht verzögern oder unmöglich machen (vgl. § 4 Sicherungsvertrag IGM),

— einer Ausweitung des Katalogs der erzwingbaren Mitbestimmung (BetrVG — insbesondere Einführung und Durchführung einer Personalplanung — § 92 Abs. 2).

6. Die Höhe des dem einzelnen Arbeitnehmer abverlangten Leistungsmaßes bestimmt überwiegend der Arbeitgeber. Daraus leitet sich der Personalbedarf ab. Solange über die Höhe des Personalbedarfs keine Betriebsvereinbarung zustande kommt, hat der Betriebsrat kein Rechtsmittel, die stetig steigende Arbeitsintensivierung zu stoppen.

Um zusätzliche Arbeitsbelastungen (wie z.B. Schicht- oder Fließbandarbeit) durch den Arbeitgeber zu stoppen, sollte eine Staffelung der Sozialversicherungsbeiträge des Arbeitgebers je nach der Höhe dieser Belastungen erfolgen. Durch derartige Regelungen werden weitere Möglichkeiten der Mitbestimmung über Fragen der Arbeitsorganisation geschaffen.

7. Arbeitszeitverkürzungen müssen mit einer Personalaufstockung zu fixierten Leistungsbedingungen verbunden sein. Bei der Personalbedarfsermittlung müssen die Fehlzeiten der durchschnittlich ausfallenden Arbeitnehmer (auch bei Zeitlöhnern und Angestellten) durch eine personelle Zuschlagsquote ausgeglichen werden.

8. Bei der Ermittlung des Personalbedarfs ist vom Acht-Stunden-Tag einschließlich der notwendigen Erholzeiten (AZO - und sonstige Pausen) auszugehen. Überstunden und bestimmte Arbeitserschwernisse wie z.B. Schichtarbeit und Umwelteinflüsse sind durch Freizeit abzugelten und nicht in Geld.

9. Bei Abgruppierungs- und Entlassungsabsichten des Arbeitgebers ist zu fordern,

— daß zumutbare und gleichwertige Ersatzarbeitsplätze betrieblich oder überbetrieblich angeboten bzw. geschaffen werden,

— eine Beschäftigung in einer Personalausgleichsabteilung (nach dem Beispiel der luxemburgischen Antikrisenabteilung in der Stahlindustrie) anstelle von Entlassungen bzw. als Alternative zur Leiharbeit eingerichtet wird,

— Weiterbildungsmaßnahmen statt Kurzarbeit oder Entlassungen durchgeführt werden,

— ein Interessenausgleich über produktions- und arbeitsplatzerhaltende Maßnahmen (wie Um- und Versetzungen, Fortbildung und Umschulung) *vor* Verhandlungen über einen materiellen Ausgleich (Sozialplan) unabhängig von der Zahl der Betroffenen vereinbart wird.

Ohne derartige Verhandlungen dürfen Entlassungen nicht wirksam werden bzw. müssen sich in ihrem Wirksamwerden um den Zeitraum bis zu ihrem Abschluß verzögern.

Bei rechtzeitiger Information über geplante Werksschließungen oder Entlassungen ist gegebenenfalls die Öffentlichkeit zur Unterstützung der gewerkschaftlichen Interessenvertretung zu mobilisieren.

10. Das individuelle und kollektive Qualifikationsniveau in den Unternehmen darf auf keinen Fall weiter absinken. Möglichkeiten der Höherqualifizierung für alle müssen geschaffen werden. Dies erfordert

— erzwingbare Mitbestimmung bei der Arbeitsgestaltung mit dem Ziel einer qualifikationsgerechten Veränderung der Arbeitsinhalte,

— verstärkte Planung und Beeinflussung der Berufsbildung mit der Zielsetzung, tätigkeitsübergreifende Qualifikationen durch neue Formen der Qualifikationsvermittlung sowie eine Absicherung der erreichten Qualifikation durch allgemein anerkannte Zertifikate für alle Arbeitnehmer und insbesondere auch für die Angelernten zu ermöglichen,

— tarifvertragliche Festsetzung von unternehmensbezogenen Aus- und Weiterbildungsquoten,

— stärkere Berücksichtigung personenbezogener Kriterien bei der Entgeltdifferenzierung anstelle der analytischen Arbeitsbewertung,

— individuelle Besitzstandssicherung und kollektive Sicherung des Qualifikationsniveaus.

11. Personal-, Arbeitszeit-, Arbeitsgestaltungs-, Qualifikations- und Entgeltpolitik müssen als zu regelndes Gesamtsystem gesehen werden.

12. Personalplanung ist mehr als ein rein technisches Instrument unternehmerischer ,,Personalwirtschaft". Sie ist notwendiger Bestandteil der betrieblichen Beschäftigungspolitik zum Schutz der Arbeitnehmer mit dem Ziel des Abbaus von Belastungen, der Sicherung der Arbeitsverhältnisse und der Qualifikation sowie verbesserter Chancen der Höherqualifizierung für alle.

Thesen der Arbeitsgruppe III:

Rationalisierung im Bereich der Dienstleistung und Verwaltung

1. Die Zahl der im Dienstleistungs- und Verwaltungsbereich Beschäftigten steigt weiter, während die Zahl der in der Produktion Beschäftigten abnimmt.

2. Die in der Produktion und Fertigung vernichteten Arbeitsplätze wurden früher durch neue Arbeitsplätze im Dienstleistungs- und Verwaltungsbereich ersetzt. Aufgrund vielfältiger Rationalisierungsmaßnahmen, der Einschränkung der Staatstätigkeiten und dem fast überall vorzufindenden Einstellungsstopp werden in diesem Bereich heute nicht mehr genügend neue Arbeitsplätze zur Verfügung gestellt und weitere Arbeitplätze vernichtet. In weiten Bereichen der staatlichen Dienstleistungen ist eine verstärkte Tendenz der Privatisierung zu beobachten,

was zu einer unerwünschten Kumulation von Rationalisierungseffekten und Rentabilitäts-
zwang mit allen negativen Folgen für die betroffenen Arbeitnehmer und die beschäftigungspolitische Gesamtsituation führt.

Anmerkung:
Unter den gesellschaftlichen Voraussetzungen, wie sie in Österreich vorzufinden sind, wird
der Personalstopp in Teilbereichen der staatlichen Verwaltung/Dienstleistung durch verstärkte Investitionen der Öffentlichen Hand insgesamt kompensiert. Für die Schweiz sind die Fest-
stellungen der These 2 zutreffend.

3. Vom Staat ist ein absoluter Vorrang der Beschäftigungspolitik zu fordern. Hierzu gehört
u.a., daß neue Arbeitsplätze dort, wo entsprechende gesellschaftliche Bedürfnisse vorhanden
sind, zur Verfügung gestellt werden müssen. Dies gilt insbesondere für die sozialen Bereiche,
den Umweltschutz und die öffentlichen Nahverkehrsmittel.

4. Der Dienstleistungs- und Verwaltungsbereich bildet den Schwerpunkt der Rationalisierungsmaßnahmen der privaten und öffentlichen Arbeitgeber. Rationalisierung wird auch in
diesem Bereich, wie in der Produktion, mit der Zielsetzung der Gewinnsteigerung bzw. der
Kostensenkung und Produktivitätssteigerung durchgeführt und geht zu Lasten der Beschäftigten. D.h. für den Dienstleistungs- und Verwaltungsbereich in erster Linie Arbeitsplatzvernich-
tung und Personalabbau.

5. Durch Arbeitsteilung und Standardisierung der Arbeit wurden viele Bereiche der Büroar-
beiten in eine Art ,,Fließbandarbeit" gepreßt.

Obwohl die negativen Auswirkungen der extremen Arbeitsteilung aus dem Produktionsbereich nicht nur von den betroffenen Arbeitnehmern und den Gewerkschaften, sondern auch
aus ökonomischer Sicht von den Unternehmern erkannt wurden, werden diese Fehler aus
kurzfristigen Überlegungen der Unternehmer im Dienstleistungs- und Verwaltungsbereich
nachvollzogen. Die entscheidenden Produktivkräfte, nämlich die Qualifikation, die Fähigkeiten und Kenntnisse, die Arbeitsbereitschaft, das Organisationstalent und die Kreativität der
Arbeitnehmer werden durch die Unternehmen so nicht genutzt bzw. langfristig zerstört.

6. Rationalisierungsmaßnahmen werden heute kaum noch als Einzelmaßnahmen gesehen und
durchgeführt. Im Bürobereich werden integrierte Systeme angestrebt, in denen Arbeitstechni-
ken weitgehend mit dem Einsatz von technisierten Arbeitsmitteln gekoppelt sind. Insbesondere die Klein- und Mittelbetriebe werden in den nächsten Jahren verstärkt Daten- und Text-
verarbeitungsgeräte einsetzen und zusätzliche Arbeitsplätze vernichten. Computerleistung soll
an jeden verbleibenden Arbeitsplatz gebracht werden.

7. Der Angestelltenanteil an der Arbeitslosenzahl steigt. Für die noch Beschäftigten sind De-
qualifizierung, Leistungsverdichtung, erhöhte Belastungen und Angst um den Arbeitsplatz die
Folgen der Rationalisierung. Allein im Bereich der Textverarbeitung werden in den nächsten
Jahren Hunderttausende von Arbeitsplätzen vernichtet werden.

Rationalisierungsmaßnahmen führen zur Zeit für eine Minderheit der betroffenen Angestellten zu einer Verbesserung der Arbeitsqualität, für die große Mehrheit jedoch ist Rationalisierung mit den genannten unerwünschten Auswirkungen verbunden.

8. Im Dienstleistungs- und Verwaltungsbereich gibt es bis auf wenige Ausnahmen keine tariflichen Regelungen über Leistungsbemessungen und -größen. Leistungsverdichtung und zuneh-
mende Belastungen sind in diesem Bereich kaum zu kontrollieren bzw. schwer zu verhindern.

170

Im tarifpolitischen und gesetzlichen Bereich müssen Rahmenbedingungen geschaffen werden, damit auf der betrieblichen Ebene unerwünschte Folgen der Rationalisierung (Arbeitsverdichtung, Folgen verschärfter Arbeitsteilung und anderes) verhindert werden können. Das bedeutet u.a.:

— Verkürzung der Lebens-, Jahres-, Wochen- und Tagesarbeitszeit und weitere Pausenregelungen sind vorrangig durchzusetzen.

— Auf Dauer müssen die Festlegung von Qualifikationsstrukturen und Arbeitsbelastungen in Verbindung zu Arbeitszeitverkürzungen gebracht werden.

— Die Entgeltdifferenzierung muß in Richtung Sicherung und Ausbau des sozialen Staates überwacht werden.

9. Die Veränderungen der Arbeitsbedingungen und die Auswirkungen der Rationalisierung werden von den Angestellten an der eigenen Situation erfahren und erkannt, so daß sich die individuelle Bewußtseinslage der Angestellten ändert.

Trotzdem ist die Bereitschaft, in einer solidarischen Interessenvertretung mitzuwirken, noch sehr gering. Wo ein schwacher Organisationsgrad im Dienstleistungs- und Verwaltungsbereich besteht, sind die Rationalisierungsmaßnahmen der Unternehmer einfacher durchzusetzen.

10. Die Arbeitsbedingungen von Arbeitern und Angestellten gleichen sich im Zuge des technisch-wissenschaftlichen Wandels mehr und mehr an. Daraus ergeben sich gleiche Probleme in bezug auf die Arbeitsbedingungen und den Schutz vor Rationalisierung. Angestellte, Arbeiter und Beamte haben daher gemeinsame Interessen und Forderungen.

Um diese gemeinsame Forderung durchsetzen zu können, ist es für die gewerkschaftliche Interessenvertretung in den nächsten Jahren von entscheidender Bedeutung, den Angestelltenorganisationsgrad erheblich zu erhöhen.

11. Die Organisationsstruktur der Gewerkschaften muß den branchenübergreifenden Problemen angepaßt werden. Darüber hinaus haben die Gewerkschaften auf der Grundlage gemeinsamer Problemstellungen und Forderungen verschiedener Berufs- und Branchengruppen ihre Tätigkeit verstärkt zu koordinieren.

ANHANG IV

Ausblick auf eine integrierte Arbeitspolitik
(Bundesanstalt für Arbeit)

Der geforderte Vorrang für Vollbeschäftigung und der hinter den Erwartungen und Zielen zurückgebliebene Abbau der Arbeitslosigkeit und Qualifikationsprobleme machen es erforderlich, sich noch stärker mit dem grundsätzlichen Verhältnis zwischen menschlicher Arbeit und der Gesellschaftspolitik zu befassen. Besonders die konzeptionellen Grundlagen einer Gesamtpolitik für Vollbeschäftigung bedürfen weiterer Klärung.

Seit dem Inkrafttreten des Arbeitsförderungsgesetzes Mitte 1969 waren die ,,Überlegungen I'' 1974 ein Versuch, arbeitsmarktpolitische Konzepte zu beschreiben und konkret zu entwerfen. In der Zwischenzeit hat es eine Fülle von Bestandsaufnahmen nationaler und internationaler Arbeitsmarktpolitik gegeben.[1] Gleichzeitig wurden zahlreiche interessante Beiträge zur Weiterführung der Arbeitsmarktpolitik zur Diskussion gestellt.[2]

Die Fortentwicklung der gegenwärtigen Arbeitsmarktpolitik stellt eine der wichtigsten gesellschaftspolitischen Aufgaben der nächsten Jahre dar. Die Bundesanstalt allein ist zur Bewältigung dieser Aufgabe weder berufen noch befähigt. Sie kann jedoch ihren Sachverstand und ihre Erfahrungen mit konkreter Arbeitsmarktpolitik hierzu anbieten.

Die Entwicklung zu einer integrierten Arbeitspolitik sollte begrifflich zumindest die folgenden Bereiche einschließen und miteinander verzahnen: Dabei wird versucht, die einzelnen Aktionsfelder einmal getrennt zu umschreiben, obwohl sie eng zusammengehören und die Übergänge zwischen ihnen fließend sind.

1. Beschäftigungspolitik: Dazu zählen alle Maßnahmen öffentlicher und privater Institutionen, die auf die Vollauslastung der vorhandenen Arbeitsplätze und auch Ausbildungsplätze sowie auf deren Vermehrung abzielen und die eine möglichst vollwertige Beschäftigung auf einem hohen Stand stabilisieren.

2. Arbeitsplatzpolitik: Dieser Politikbereich hilft, Arbeits- und Ausbildungsplätze zu schaffen oder zu sichern. Hierzu gehört auch eine aktive, vorausschauende Bewältigung des Strukturwandels, der im Zuge von technologischen Veränderungen, tiefgreifenden Wandelungen der Produktions- und Endnachfragestrukturen sowie neuartigen Formen internationaler Arbeitsteilung nötig und unvermeidlich ist. Daneben tritt deren ständige qualitative Verbesserung als wichtige Teilaufgabe. Schließlich ist auch die Teilung von Vollzeitarbeitsplätzen für freiwillige Teilzeitarbeit im Rahmen der Arbeitsplatzpolitik anzusiedeln.

3. Arbeitskräftepolitik und Arbeitskräfteschutzpolitik: Hierzu zählen einmal die klassischen Aufgaben der Förderung der Erwerbsbeteiligung und der beruflichen Qualifizierung sowie nachhaltige Eingliederungshilfen für benachteiligte und behinderte Arbeitskräftegruppen. In

172

begrenztem Umfang gehört ferner eine Senkung des Arbeitsangebots sowohl im Hinblick auf die Zahl als auf die gewünschte Arbeitszeit der Arbeitskräfte hierher. Solche Angebotssenkungen können einerseits sozial-, bildungs- oder gesellschaftspolitisch sinnvoll sein. Andererseits können sie sich nur auf freiwilliger Basis ergeben, wenn die starren Grenzen zwischen Arbeit, Bildung und freiwilliger Enthaltung von Arbeit zugunsten von mehr Optionen und mehr Flexibilisierung der Ein- und Austrittsgrenzen des Erwerbslebens überwunden werden.

Zur Arbeitskräfteschutzpolitik gehören alle gesetzlichen, tarifvertraglichen oder betrieblich vereinbarten Regelungen, die auf einen gesundheitlichen, technologischen und ökonomischen Schutz der Erwerbstätigen abzielen. Sie soll vor Freisetzungen ohne Anschlußbeschäftigung bewahren und die Ausrichtung des Erwerbsprozesses an der Arbeitsfähigkeit und den sonstigen Erwerbsinteressen der Arbeitskräfte sicherstellen.

4. Arbeitsmarktpolitik und Arbeitsmarktausgleichspolitik: Arbeitsmarktpolitik ist die Summe aller Regulierungen, Aktivitäten und Einrichtungen, welche die Beziehungen zwischen Angebot und Nachfrage auf den Arbeitsmärkten außerhalb, zwischen und innerhalb der Betriebe/Verwaltungen beeinflussen.

Hierzu zählen einmal die Verteilung der Erwerbschancen und der damit zusammenhängenden beruflichen Bildungschancen. Ferner ist die wichtige Vermittlungsaufgabe, die richtige Kraft an den richtigen Platz zu bringen, anzuführen.

Es ist aber auch die Arbeitsmarktordnung angesprochen. Die Aufteilung des Gesamtarbeitsmarktes in berufsfachliche, sektorale oder regionale Teilarbeitsmärkte, die durch besondere Verhaltensweisen, durch Verdrängungsprozesse bestimmter Arbeitskräftegruppen vom Arbeitsmarkt und durch immer wiederkehrende Selektionsprozesse allmählich grundsätzlich voneinander zu unterscheiden oder gar gegenseitig abgeschottet sind, ist ebenfalls ein Aktionsfeld der Arbeitspolitik. Auf diesem Gebiet liegen wichtige Erfolgsvoraussetzungen für eine global angelegte Beschäftigungspolitik.

5. Betriebliche und betriebsinterne Arbeitsmarktpolitik: An der entscheidenden Nahtstelle zwischen innerbetrieblicher Arbeitsmarktpolitik und globaler Beschäftigungspolitik stellen die zahlreichen gesetzlichen, tarifvertraglichen und betrieblich vereinbarten Regelungen eine der notwendigen Voraussetzungen für eine erfolgreiche Arbeitspolitik dar.[3]) Es liegt nahe, die Fülle von gesetzlichen Regelungen, Verwaltungsvorschriften und auch möglichen Finanzleistungen zur Bewältigung von Arbeitslosigkeit und Unterqualifikation nicht zu perfektionieren, sondern eher neue Verhandlungssysteme zu finden bzw. die vorgesehenen wirksam zu nutzen.

Vielmehr wären gemeinsame Vorgehensweisen zwischen Betrieben und den für die Arbeitsmarktpolitik Verantwortlichen besonders immer dann vorzusehen, wenn die Personalplanungen öffentlicher und privater Betriebe vom quantitativen wie qualitativen Arbeitskräfteangebot abzuweichen drohen. Es wäre für alle Beteiligten wünschenswert, daß die Betriebe für eine mehr vorausschauende Arbeitsmarktpolitik die Arbeitsämter über ihre quantitativen und qualitativen Personalplanungen so frühzeitig wie möglich in Kenntnis setzen.

Eine systematische Aufarbeitung der genannten Bestandsaufnahmen und Entwicklungsvorschläge zur Arbeitsmarktpolitik im Rahmen dieses begrifflichen Rasters kann hier nicht geleistet werden. Die Selbstverwaltungsorgane der Bundesanstalt könnten jedoch auf diesem Gebiet mit allem Nachdruck die erforderlichen Arbeiten anregen und dabei wichtige Schrittmacherdienste leisten.

Einer integrierten Arbeitspolitik, welche die fünf genannten Aktionsbereiche aufeinander zu beziehen trachtet und die planvoll, vorausschauend, tatsachenorientiert und zielbewußt handelt, kommt in den nächsten 10 bis 15 Jahren größte Bedeutung zu.[4] Als Realisierungsschritte auf dem Weg dorthin werden vor allem zwei miteinander zusammenhängende Forderung vertreten:

(1) Zur Weiterentwicklung der Arbeitsmarktpolitik bedarf es — nach Aussagen der Bundesvereinigung der Deutschen Arbeitgeberverbände und der Kommission für wirtschaftlichen und sozialen Wandel — einer Einordnung in eine konsistente und klar umrissene gesamtwirtschaftliche und gesellschaftliche Rahmenkonzeption.[5] Von einer solchen Rahmenkonzeption sind weitere Fortschritte in der gegenseitigen Verzahnung wichtiger Politikbereiche zu erwarten. Gerade auf beschäftigungspolitischem Gebiet ist ein abgestimmtes Zusammenwirken sowohl zwischen den Bundesressorts als auch zwischen Bund und Ländern notwendig.

(2) In diesem Zusammenhang ist auch die Forderung nach einer verfassungsmäßigen Verankerung des Rechts auf Arbeit als weitverbreitet zu erwähnen. Es ist hauptsächlich als staatlicher Programmsatz zu verstehen, der ständig zur Vollbeschäftigungspolitik verpflichtet und dadurch stets einen hohen Stand der Beschäftigung an vollwertigen Arbeitsplätzen gewährleistet.[6] Die staatlichen Instanzen sind durch das Stabilitäts- und Wachstumsgesetz sowie durch das AFG bemüht, in diesem Sinne das Recht auf Arbeit zu verwirklichen. Durch den Artikel 104 des EWG-Vertrages und durch die Europäische Sozial-Charta wurde ein entsprechender Vorrang für die Vollbeschäftigungspolitik auch zu einer international verankerten Verpflichtung. Eine abschließende Würdigung dieser Diskussionsvorschläge ist gegenwärtig noch nicht möglich. Die Bundesanstalt beobachtet diese neueren Entwicklungen aufmerksam.

Anmerkungen

1) Vgl. G. Schmid: Steuerungssysteme des Arbeitsmarktes, Schriftenreihe der Kommission für wirtschaftlichen und sozialen Wandel, Band 84, Göttingen 1975. U. Engelen-Kefer: Beschäftigungspolitik, Köln 1976. D. Mertens, J. Kühl: Artikel Arbeitsmarktpolitik im Handwörterbuch der Wirtschaftswissenschaft, Stuttgart u.a. 1977 und die dort angegebene Literatur.

2) Hier kann nur eine recht beliebige Auswahl von Beiträgen erfolgen: (Vgl. auch die auf S. 58 f. angegebene Literatur) H. Lampert (Hrsg): Neue Dimensionen der Arbeitsmarktpolitik in der BRD, Berlin 1975. IG Metall: Materialband und Protokoll der Tagung ,,Krise und Reform in der Industriegesellschaft'', Frankfurt/Main 1976; darin vor allem D. Mertens: Alternative Strategien einer Vollbeschäftigungspolitik, in: Protokollband, 1976, S. 171 ff. Kommission für wirtschaftlichen und sozialen Wandel: Wirtschaftlicher und sozialer Wandel in der Bundesrepublik Deutschland, Schlußgutachten, Bonn 1976. Die arbeitsmarktpolitische Konzeption der Kommission stellt H. Kohn heraus: Vollbeschäftigung als vorrangiges Ziel in: Der Arbeitnehmer, Heft 3/4, 5, 1977, S. 100 ff. J. Kühl: Arbeitsmarktpolitik bei mittelfristigen Ausbildungs-und Arbeitsplatzdefiziten, in: WSI-Mitteilungen, 2, 1976, S. 58 ff. OECD: Experts' Meeting on Structural Determinants of Employment and Unemployment, Paris, Mai 1977. Sozialausschuß der evangel. Kirche von Westfalen: Arbeitslosigkeit und soziale Gerechtigkeit, ein Zwischenbericht, Villigst 1976; B. Lutz, B. Meriaux, S. Mukherjee, G. Rehn: Beschäftigungsperspektiven in der Gemeinschaft bis 1980, Brüssel, 1976. H. Seifert, D.B. Simmert (Hrsg.): Arbeitsmarktpolitik in der Krise, Köln 1977. Bundesvereinigung der Arbeitgeberverbände: Mit Wachstum gegen Arbeitslosigkeit a.a.O.

3) Vgl. W. Spieker, H. Kohl: Betriebliche Beschäftigungspolitik und Mitbestimmung vor dem Hintergrund der wirtschaftlichen und sozialen Entwicklung in der Bundesrepublik, in: WSI-Mitteilungen 3, 1978, S. 153 ff.

4) Kernforderung einer gemeinsamen Entschließung der Arbeits- und Sozialminister der Länder vom März 1978 ist, daß die für die Arbeitsmarktpolitik zuständigen politischen und administrativen Instanzen in Bund, Ländern und Gemeinden zu einer integrierten Beschäftigungspolitik beitragen sollen. Maßnahmen anderer politischer Bereiche sollen so beschäftigungswirksam wie möglich gestaltet werden. Um die Arbeitsmarktpolitik zu stärken und ihre Instrument weiter zu entwickeln, fordert die Arbeitsministerkonferenz eine verbesserte Zusammenarbeit mit den Wirtschfts- und Kultusministerien, um in stärkerem Maße bei ihrer Programmgestaltung beschäftigungsbedeutsame Gesichtspunkte einbringen zu können. Handelsblatt vom 10.3.1978.

5) Bundesvereinigung der Deutschen Arbeitgeberverbände: Erklärung zu gesellschaftspolitischen Grundsatzfragen, Köln 1974, S. 65. Diese Forderung wird im Schlußgutachten der Kommission für wirtschaftlichen und sozialen Wandel aufgegriffen. Vgl. H. Kohn: Vollbeschäftigung als vorrangiges Ziel a.a.O. S. 103.

6) In diesem Zusammenhang ist auch ein u.a. bei H. Kohn: Vollbeschäftigung als vorrangiges Ziel a.a.O. S. 103, U. Engelen-Kefer: Beschäftigungspolitik, a.a.O. S. 317 und D. Mertens: Rationale Arbeitsmarktpolitik, Frankfurt, 1970 angesprochenes „Vollbeschäftigungsgesetz" zu sehen. Ein solches Gesetz müßte die vorrangige Bedeutung eines hohen Beschäftigungsstandes auch rechtlich betonen und quantitative wie qualitative Ziele, Maßnahmen und Finanzgrundlagen einer integrierten Arbeitspolitik auch im Zusammenwirken mit anderen Politikbereichen herausstellen. Die Kommission für wirtschaftlichen und sozialen Wandel hat in ihrem abschließenden Gutachten a.a.O. S. 522 die Forderungen nach einem Vollbeschäftigungsgesetz erläutert.

Entnommen aus:
Bundesanstalt für Arbeit (J. Kühl, A. G. Paul, D. Blunk):
Überlegungen II zu einer vorausschauenden Arbeitsmarktpolitik, Nürnberg, 1978, S. 127 ff.

Bundesanstalt für Arbeit
Der Präsident

Bundesanstalt für Arbeit, Postfach, 8500 Nürnberg 1

Nürnberg, im September 1978

Jugend und Arbeit -
ein offenes Wort an die Betriebe

Sehr geehrte Damen und Herren,

ich schreibe Ihnen einen ungewöhnlichen Brief in einer ungewöhnlichen Zeit. Ich will Ihnen ein Bild vor Augen führen, das mich betroffen gemacht hat. Das Bild stand in der sachlich-nüchternen Umgebung einer großen englischen Wirtschaftszeitung.

Die "Financial Times" brachte eine ganzseitige Anzeige der englischen Arbeitsverwaltung mit dem großformatigen Foto eines Jugendlichen, der hoffnungslos an einer Hinterhofmauer in einer Mülltonne sitzt. Ein ausdrucksstarkes Foto und darunter die Frage:

Is this the best future, we can offer our school leavers?

Ist dies die beste Zukunft, die wir unseren Schulabgängern bieten können? So fragen sich unsere englischen Nachbarn. Ist dies auch unsere Frage?

Es ist nicht meine Art, den Teufel an die Wand zu malen. Pessimismus halte ich nicht für eine Unternehmertugend. Übertriebenen Optimismus auch nicht. Nüchtern-sachliche Wirtschaftlichkeit hat auch bei den Investitionen in Ausbildung zu gelten. Dazu allerdings die Kalkulation, daß Jugendarbeitslosigkeit irgendwie immer von uns allen bezahlt werden muß. Wahrscheinlich ist sie sogar unterm Strich teurer, als ihre Beseitigung, ganz abgesehen von dem Mangel an gut ausgebildeten Fachkräften, die der deutschen Wirtschaft in den achtziger Jahren fehlen werden, um am Weltmarkt wettbewerbsfähig zu bleiben, wenn heute zu wenig ausgebildet wird.

Ich will nicht zu denen gehören, die der Wirtschaft mangelndes Verantwortungsgefühl für unsere Jugend an der Schwelle von Arbeit und Beruf vorwerfen. Ich will ausdrücklich allen danken, die über den eigenen Bedarf hinaus unternehmerische Risikobereitschaft bewiesen haben. Was ich von Ihnen erbitte, ist - gemessen am Problem - eine vergleichbar geringe Hilfe.

Wenn von 2 Millionen Betrieben jeder 20ste einen den Arbeitsämtern noch unbekannten offenen Arbeitsplatz und jeder 200ste einen noch offenen Ausbildungsplatz melden könnte, so wäre das Problem um Jugend und Arbeit um vieles kleiner.

Machen Sie den Service der Arbeitsämter zu Ihrem Service!

Melden Sie bei allen Ihren Wegen auf der Suche nach jugendlichen Mitarbeitern von morgen jede offene Stelle auch Ihrem Arbeitsamt. Der Service der Arbeitsämter wird flexibler zu Ihrem Nutzen. Darin liegt auch die Zukunft, die wir unseren Schulabgängern bieten können.

Ihr

[Unterschrift]

aus: Der Spiegel Nr. 37/1978

7. Weiterführende Literatur

Achten, U. u.a., Recht auf Arbeit — eine politische Forderung, Neuwied und Darmstadt 1978

Ad-hoc-Kommission ,,Berufsbildungsplanung'' der Engeren Mitarbeiter der Arbeitsdirektoren Eisen und Stahl, Aus- und Weiterbildung in mitbestimmten Unternehmen, Köln 1979

Arbeitsgruppe ,,Alternative Wirtschaftspolitik'', Memorandum: Alternativen der Wirtschaftspolitik, Köln 1978

Behr, M. von u.a., Zur Verbreitung und Institutionalisierung betrieblicher Personalplanung in der BRD. Bericht für die an der Betriebserhebung 1975 beteiligten Unternehmen, München (Institut für Sozialwissenschaftliche Forschung — ISF) 1976

Biedenkopf, K. H., Miegel, M., Wege aus der Arbeitslosigkeit, Stuttgart 1978

Blumschein, H., Scholl, W., Personalplanung in der Rezession. Bericht für die an der Umfrage beteiligten Unternehmen, München (Institut für Organisation) 1978

Böhle, F., Lutz, B., Rationalisierungsschutzabkommen, Göttingen 1974

Bundesanstalt für Arbeit (J. Kühl, A.G. Paul, D. Blunk), Überlegungen II zu einer vorausschauenden Arbeitsmarktpolitik, Nürnberg 1978

Bundesverband der Deutschen Industrie, Arbeitsplätze durch Wirtschaftswachstum, Köln 1977

Bundesvereinigung der Deutschen Arbeitgeberverbände, Mit Wachstum gegen Arbeitslosigkeit, Köln 1977

Busse, M., Arbeit ohne Arbeiter, Frankfurt 1978

Buttler, G., Hof, B., Bevölkerung und Arbeitsmarkt bis zum Jahr 2000. Band 1 der Materialien des Instituts der Deutschen Wirtschaft, Köln 1977

Dabrowski, H. u.a., Der Lohnrahmentarifvertrag II in der betrieblichen Praxis. Bericht über eine Erhebung bei Betriebsräten in der Metallindustrie von Nordwürttemberg/Nordbaden. SOFI (im Auftrag des BMFT), Göttingen 1977

Der Gewerkschafter (Monatsschrift für die Funktionäre der IG Metall), Schwerpunkthefte 3,4 sowie 7, 1978

Deutsche Gesellschaft für Personalführung (Hrsg.), Zukünftige Personalpolitik. Überlegungen zu einer Neuorientierung, Köln 1977

Deutscher Gewerkschaftsbund, Vorschläge des DGB zur Wiederherstellung der Vollbeschäftigung, Düsseldorf 1977

DGB-Bundesvorstand, Abteilung Bildung (Hrsg.), Gewerkschaften und Gesellschaft — Krise als gesellschaftspolitische Herausforderung für die Gewerkschaften. Schwerpunktthema für die örtliche Bildungsarbeit 1978/79

Deutsches Institut für Wirtschaftsforschung (DIW), Wochenberichte 2 sowie 15/1978

Ehreiser, H.-J., Nick, F., Betrieb und Arbeitsmarkt, Wiesbaden 1978

Engelen-Kefer, U., Beschäftigungspolitik, Köln 1978

Föppl, Chr., Die Vollbeschäftigungsformel. Wirksame Rezepte gegen die Arbeitslosigkeit, Frankfurt 1978

Forsebäck, L., Sozialpartner und Arbeitsmarkt in Schweden, Stockholm 1977

Friedrich, W., Nerb, G., Reyher, L., Spitznagel, E., Beschäftigungserwartungen, Arbeitsplatzreserven und Teilzeitarbeit. Ergebnisse einer repräsentativen Unternehmensbefragung in der Verarbeitenden Industrie und im Bauhauptgewerbe (des Instituts für Arbeitsmarkt- und Berufsforschung der BA und des Ifo-Instituts für Wirtschaftsforschung vom November 1977), in: Ifo-Schnelldienst 22/78 vom 21. Juli 1978; überwiegend wortgleich veröffentlicht ebenfalls in: Mitteilungen aus der Arbeitsmarkt- und Berufsforschung (MittAB des IAB Nürnberg) 2/1978

Gewerkschaftliche Monatshefte, Schwerpunktheft ,,Strukturpolitik und Vollbeschäftigung'' 8/1978

Habbel, W. R., Posth, M., Stichworte ,,Personalabbau'' sowie ,,Personalfreisetzung'', in: Handwörterbuch des Personalwesens, hrsg. von *E. Gaugler,* Stuttgart 1975

IG Chemie-Papier-Keramik (Hrsg.), Personalplanung. Teil I—VI (Bearbeitung: *H. Wiesner),* Hannover 1977

IG Metall (Hrsg.), Personalplanung und Betriebsrat (Red. *H. Jäger*), Band 65 der Schriftenreihe der IG Metall, Frankfurt 1976

IG Metall (Hrsg.), Personalplanung und personelle Einzelmaßnahmen (Red. *Ch. Rummel*), Band 70 der Schriftenreihe der IG Metall, Frankfurt 1978

Infratest Sozialforschung/Wirtschaftsforschung (Dr. W. Sörgel), Arbeitssuche, berufliche Mobilität, Arbeitsvermittlung und Beratung. Forschungsbericht im Auftrag und hrsg. vom *Bundesminister für Arbeit und Sozialordnung,* Bonn 1978

Jarr, K., Stochastische Personalplanungen. Ansätze zur Planung des betrieblichen Reservepersonals, Wiesbaden 1978

Kador, F.-J., Unternehmerische Personalpolitik (hrsg. von der *BDA*), Köln 1978

Kohl, H., Personalplanung und Gewerkschaften. Bericht über eine empirische Untersuchung bei Betriebsräten und Gewerkschaften, in: WSI-Mitteilungen 4/1978

Kohl, H. (Hrsg.), Betriebliche Beschäftigungspolitik und Personalplanung. Beiträge und Materialien zur DGB-Fachtagung 1977. Band 37 der Arbeits- und betriebskundlichen Reihe des Bund-Verlags, Köln 1978; darin insbesondere: *Kühl, J.*, Vorschläge einer besseren Verzahnung der betrieblichen und überbetrieblichen Arbeitspolitik (S. 219—235)

Kohl, H., Personalplanung — Arbeitsplatzsicherung — Tarifvertrag. Heft 3 der Reihe: Zur Sache. Informationen für Arbeitnehmer, Köln 1979

Kohl, H./Volkmann, G., Der Sozialplan als ultima ratio. Eine Einschätzung aus gewerkschaftlicher Sicht, in: Die Betriebswirtschaft 4/1979

Matthöfer, H., Humanisierung der Arbeit und Produktivität in der Industriegesellschaft, Köln — Frankfurt 1977

Meidner, R., Konzeption und Wirkung der aktiven Arbeitsmarktpolitik, in: Krise und Reform der Industriegesellschaft. Band II des Protokolls der IG Metall-Tagung 1976, Frankfurt 1976, S. 186—196

Mendius, H. G. u.a., Betrieb — Arbeitsmarkt — Qualifikation I, Frankfurt 1976

Mendius, H. G., Arbeitszeit und Arbeitsmarkt, in: WSI-Mitteilungen 4/1978

Michaels, H., Arbeitslosigkeit — und doch keine Arbeitskräfte. Arbeitsmarktprobleme der deutschen Automobilindustrie, Düsseldorf und Wien 1978

Mickler, O., Mohr, W., Kadritzke, U., Produktion und Qualifikation. Bericht über die Hauptstudie. Forschungsprojekt des Soziologischen Forschungsinstituts Göttingen (SOFI) im Auftrag des Bundesinstituts für Berufsbildungsforschung im Bundesinstitut für Berufsbildung, Göttingen 1977

Oehler, O., Checklist: Kostensenken Personalabbau, München 1976

Offe, C. (Hrsg.), Opfer des Arbeitsmarktes, Neuwied und Darmstadt 1977

Pfromm, H.-A., Solidarische Lohnpolitik, Köln — Frankfurt 1978

Projektgruppe im WSI, Betriebliche Beschäftigungspolitik und gewerkschaftliche Interessenvertretung. WSI-Studie Nr. 34, Köln 1977

RKW (Hrsg.), Mikroprozessoren und Mikrocomputer. Entwicklungstrends — Einsatzmöglichkeit — Auswirkungen auf Arbeitsplätze, Frankfurt 1977

Schmid, G., Freiburghaus, D. (Hrsg.), Konferenz über aktive Arbeitsmarktpolitik in ausgewählten Ländern. Seminar-Papiere des Internationalen Instituts für Management und Verwaltung, Berlin 1975

Schmid, G., Freiburghaus, D., Arbeitsmarktpolitik in Schweden und in der Bundesrepublik: Überlegungen zu einer möglichen Wende arbeitsmarktpolitischer Konzeption, Berlin 1977

Schulz-Wild, R., Betriebliche Beschäftigungspolitik in der Krise, Frankfurt 1978 (darin insbesondere: Spezifische Formen betrieblicher Beschäftigungspolitik in der Automobilindustrie, S. 173—323)

Seifert, H., Simmert, D. B. (Hrsg.), Arbeitsmarktpolitik in der Krise, Köln 1977

Sengenberger, W. (Hrsg.), Der gespaltene Arbeitsmarkt. Probleme der Arbeitsmarktsegmentation, Frankfurt 1978

Spieker, W., Mitbestimmung im Unternehmen — Idee und Wirklichkeit, in: WSI-Mitteilungen 8/1976

Strohauer, H., Einzelwirtschaftliche Mitbestimmung und Möglichkeiten der Einwirkung auf Personalplanung mit Hilfe von Kennziffern, in: *Brehm, H., Pohl, G.*, Interessenvertretung durch Information. Handbuch für Arbeitnehmervertreter, Köln 1978

Strohauer, H., Kennziffern für Mitbestimmungsträger, in: Das Mitbestimmungsgespräch 9/1978, S. 216—230

Wacker, A., Arbeitslosigkeit, Frankfurt — Köln 1976

Wiethold, F., Hypothesen zum Zusammenhang von technisch-organisatorischer Entwicklung des Arbeitsprozesses und Entwicklung der Qualifikationsanforderungen, in: WSI-Mitteilungen 6/1978

WSI-Mitteilungen, Schwerpunkthefte zur Arbeitspolitik 2/1975, 2/1976, 4 und 5/1977, 4/1978, 2/1979

Zeitschrift für betriebswirtschaftliche Forschung (zfbf), Sonderheft 8/1978: Leistung und Kosten im Personalbereich — aus der Sicht der Unternehmensführung (Bericht über die Arbeitstagung der Schmalenbach-Gesellschaft 1977 in Düsseldorf)

Zinn, K. G. (Hrsg.), Strategien gegen die Arbeitslosigkeit. Analysen zur wirtschaftlichen Fehlentwicklung und wirtschaftspolitische Handlungsvorschläge, Frankfurt — Köln 1977

Zöllner, W., Sind im Interesse einer gerechten Verteilung der Arbeitsplätze Begründung und Beendigung der Arbeitsverhältnisse neu zu regeln? Gutachten für den 52. Deutschen Juristentag in Wiesbaden, München 1978